지역사회 통일교육

통일교육

-경남지역을 중심으로

지역사회 통일교육

—경남지역을 중심으로

강명진 · 박균열 지음

한국학술정보㈜

머리말 |

　한국에서 통일교육은 남북통일에 대비하고, 통일 후 남북 상호 간의 이해와 이질성을 극복하여 민족통합을 효율적으로 이룩하기 위해서 중요하다. 남북통일은 복잡한 분단과정과 장기간의 분단으로 야기된 이질성의 확대, 그리고 남한 내 국민들의 상반된 통일의식 등을 동시에 고려해야 한다. 그중에서도 소위 '남남갈등'이라고 불리는 한국사회 내의 통일에 대한 서로 다른 통일 의식의 극복이 무엇보다 중요하다. 현재 우리 사회는 불특정하면서도 가변성이 있는 계층 간의 갈등을 안고 있으면서, 동시에 지역에 기반을 두고 있는 지방적 이념 갈등 구조는 그 정도가 더 심각하다고 볼 수 있다.

　남북한의 통일을 효율적으로 이루기 위해서는 통일에 대한 공동체 구성원 간의 갈등적 인식이 극복되어야 하고 통일에 대한 국민들의 바른 인식이 전제되어야 하는데 이러한 국민들의 바른 통일인식을 형성하기 위한 교육적인 활동을 통일교육이라고 한다. 특히 통일과업을 성취하는 데 주도적 역할을 담당할 성인들을 대상으로 하는 사회

통일교육은 성인들의 통일에 대한 이해, 가치태도를 바람직한 방향으로 고취한다는 점에서 중요하다. 더 나아가 지역사회 통일교육은 지방에서 실시하는 지역주민을 대상으로 하는 통일교육이므로, 지역사회의 통일교육 관련자의 특성을 고려해서 교육계획을 입안하고 실시해야 한다. 하지만 그동안 그들이 어떠한 특성을 가지고 있는지에 관한 심층적인 분석이 이루어지지 않았다.

이러한 입장에서 이 책은 지역사회 통일교육의 효과 증진의 방향 모색과 활성화 방안으로 통일에 대한 법령적 근거와 통일부의 통일교육지침을 바탕으로 하여, 지역단위의 사회통일교육에 있어서 피교육자의 통일에 대한 인식의 차이가 실증적으로 어떻게 반영되고 있는지를 살펴보았다.

또한 지역사회 통일교육과 관련된 이론과 문헌연구를 바탕으로 지역사회 통일교육에 대한 실태 파악을 위한 실증적인 연구를 병행하였다. 특히 자료수집 면에서는 양적 접근법을 주로 활용하고 그중에서도 최근의 지역통일교육 관련자의 통일의식을 조사하고 과거 자료 활용을 위해서는 질문지법을 활용하여 지역사회 속의 각 구성원들의 인식을 연구·분석하였다. 자유민주주의에서 '풀뿌리 민주주의' 개념이 중요한 것은 직접 민주주의 정신을 구현하기 때문이듯, 지역사회 통일교육은 국가통일교육의 출발점이자 도착점이다. 지역사회의 특성과 지역사회 통일교육 관련자의 특성을 복합적으로 고려하여, 국가통일교육정책을 수립하여 시행해나가야 할 것이다. 또한 이 책은 본인의 박사학위 논문인 「지역통일교육 관련자의 통일인식에 따른 지역사회 통일교육 활성화 방안: 경남지역을 중심으로」를 기초로 하여 구성되었음을 밝힌다.

　끝으로 본인의 학문적 스승이신 경상대학교 사범대학 윤리교육과 김용대 교수님과 박균열 교수님의 지도에 감사드린다. 또한 제 학문의 길을 굳건히 해주신 황두환 교수님께도 깊이 감사드린다. 이분들의 후원과 격려가 없었으면, 아마도 사회통일교육을 위한 공부의 여정은 불가능했을 것이다. 또한 순탄치 않은 나의 온 생애를 묵묵히 같이 해준 사랑하는 아내 계임에게 너무나 감사하며, 이제 새내기 법조인으로, 공군장교로 각기 사회 첫 출발을 내딛은 나의 사랑하는 두 아들, 남훈과 정훈에게 고마움을 전한다.

2011년 10월
경남 진주에서 강명진

contents | 차례

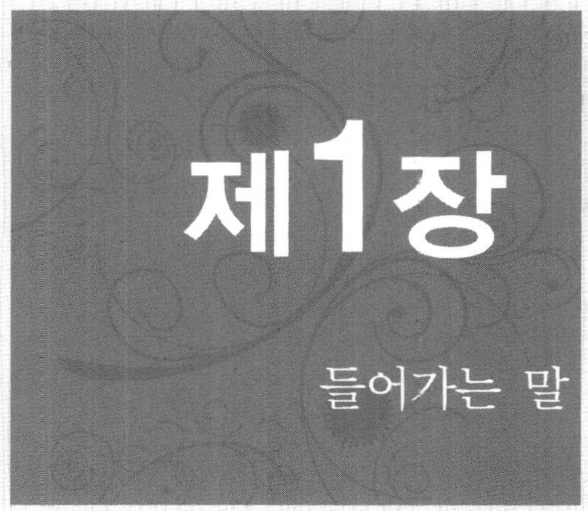

1. 연구목적
2. 연구방법

제1장 | 들어가는 말

1. 연구목적

남북한의 통일은 분단의 극복을 말한다.[1] 남북한의 분단은 민족 내부문제인 동시에 국제문제라는 이중성을 갖고 있다. 하지만 남북한 통일의 문제는 이러한 분단의 과정보다 훨씬 복잡하다. 즉 외형적 국토의 분단에 대한 통일의 문제뿐만 아니라 심리적 정서의 분단에 대한 통일까지도 고려해야 함이 그 유형상의 복잡함이라 할 수 있다. 다음으로 분단과정의 장기적 지속성을 들 수 있다. 다시 말해서 단일

---

[1] 남북한을 공히 지칭할 경우 '남한'고 '북한'이라는 용어를 사용하지만, '남한' 단독을 지칭할 경우 특별한 이유가 없는 한 '한국'이라 표기한다.

민족의 역사성이 장기간의 남북분단으로 말미암아 민족적 이질성으로 갈라지고 그 폭이 점차 넓어지고 있는 것이 큰 문제인 것이다. 그리고 관계적인 측면에서 보면, 통일을 위한 주변국과의 관계, 남북한의 상호관계, 대한민국 내의 국민 간의 통일에 대한 의식의 공감대 형성의 문제 등이 과제로 남아 있다. 이렇듯 한 국민에게 있어서 통일과 북한연구의 문제는 '의지와 관심의 필요성'[2]이 절실하다.

남북한의 통일은 이와 같은 복잡한 분단과정과 장기간의 분단으로 야기된 이질성의 확대, 그리고 남한 내 국민의 상반된 통일의식 등을 동시에 고려해야 한다. 그중에서도 특히 소위 '남남갈등'이라고 불리는 한국사회 내의 통일에 대한 서로 다른 통일의식의 극복이 무엇보다 중요하다. 즉 통일에 대한 상반된 의식을 극복하고 동일한 국민적 공감대를 형성하는 것이 중요한 것이다.[3] 현재 우리 사회는 불특정하면서도 가변성이 있는 계층 간의 갈등도 우려되지만 지역에 기반을 두고 있는 지방적 이념적 갈등 구조는 그 파장이 더 심각하다고 볼 수 있다.[4]

요컨대 남북한의 통일을 효율적으로 이루기 위해서는 통일에 대한 공동체 구성원 간의 갈등적 인식이 극복되어야 하고 통일에 대한 국

---

2) 김용대 외, 『북한의 정치와 사회 & 통일』, 경상대학교출판부, 2006, p.17.

3) 통일을 위해 공동체 구성원 간의 공감대 형성이 중요한데, 다양한 이념적 갈등 요소로 인해 남한 내의 극단적 인식의 갈등이 빚어지기도 했다. 이러한 현상을 '남남갈등'이라고 한다. 이에 대한 학술적 연구로는 우선 남남갈등의 양상과 원인, 국민합의 방안을 다루고 있는 연구(송정호, 2009; 김갑식, 2007; 김근식, 2004; 김재한, 2006; 손호철, 2004; 유영옥, 2003; 임혁백, 2004)가 있다. 남남갈등을 지역갈등·계층갈등·세대갈등 등 한국사회의 제반 갈등과 관련하여 분석한 연구(박종철 외, 2005; 오수열, 2005; 임희섭, 2006)가 있다. 남남갈등의 특성과 원인을 비교 고찰한 연구(강원택, 2004; 한준·설동훈, 2007)가 있다. 남남갈등의 양상을 대북관·통일인식을 중심으로 고찰한 연구(김병로, 2008; 김현옥, 2001; 이우영, 2004; 이정희, 2002; 최용섭, 2001)가 있다. 송정호, 「남남갈등 해소를 위한 국민합의의 민주적 제도: 참여적 의사결정을 중심으로」, 『정치·정보연구』제12권 1호, 한국정치정보학회, 2009, pp.203~223 참조. 가치교육과 연계한 통일교육에 대해서는 박찬석(2001; 2007)의 연구가 돋보인다.

4) 통일에 대한 지역 간의 인식 차이에 대한 주요 자료로는 서울대학교 통일평화연구소에서 연례적으로 실시하고 있는 다음의 조사가 있다: 김병로 외(2007), 박명규 외(2008; 2009).

민들의 바른 인식이 전제되어야 한다.[5] 바로 이러한 국민들의 바른 통일인식을 형성하기 위한 교육적인 활동을 통일교육이라고 한다. 그런 면에서 통일교육의 개념을 다시 정리해보면, 자유민주주의에 대한 신념과 민족공동체 의식, 그리고 건전한 안보관을 바탕으로 통일을 이룩하는 데 필요한 가치관과 태도를 기르도록 하기 위한 교육이라고 할 수 있다.[6]

이와 같은 통일교육의 목표를 선정함에 있어서 헌법을 통해 살펴보면 다음과 같다. 먼저 헌법 전문에서는 "조국의 평화적 통일의 사명에 입각하여 정의·인도와 동포애로써 민족의 단결을 공고히 하고, 자율과 조화를 바탕으로 자유민주적 기본질서를 더욱 확고히 하여"라고 명시하고 있으며, 헌법 제4조는 "대한민국은 통일을 지향하며, 자유민주적 기본질서에 입각한 평화적 통일정책을 수립하고 이를 추진한다"고 규정하고 있다. 이러한 법령적 근거에 의해, 통일부는 통일교육의 구체적인 목표로 첫째, 자유민주주의적 가치와 민족공동체 의식을 토대로 한 통일관 정립 둘째, 평화통일의 의지와 역량의 함양 셋째, 통일환경 및 북한에 대한 객관적 이해와 건전한 안보관 확립을 상정하고 있다.[7]

통일부는 통일교육의 효과 증진을 위해 다양한 지도방법을 제시하고 있다.[8] 그중에서 네 번째로 제시된 학습자의 특성에 따른 '맞춤형

---

5) 통일에 대한 정신적인 지향은 두 가지로 나뉜다. 우선 통일인식(Unification Comprehension)은 통일에 대한 일반적인 정신적 태도를 말하며, 통일의식(Unification Consciousness)은 전자의 일반적인 상태를 전제하고 일정한 형태의 외형적인 모습을 갖춘 것을 말한다. 이 연구는 건전한 통일의식 형성을 위한 일반적인 통일인식의 경향을 파악하여 통일교육의 시사점을 도출하는 데 초점을 두고 있기 때문에 전자의 용어를 선호하여 사용한다. 후자에 대해서는 전태극(2009: 101)의 연구가 돋보인다: "통일의식은 한국인들이 남북통일에 대하여 갖고 있는 사상, 관념, 감정, 의지, 열망을 통틀어 이르는 말이다."

6) 통일교육지원법 제2조

7) 통일부, 『통일교육지침서(일반용)』, 2009, pp.9~11.

교육'은 지역사회 통일교육에 있어서 피교육자의 특성이 중요함을 강조하고 있는 근거이다. 상세한 내용은 다음과 같다.

> 사회통일교육의 대상은 학교통일교육과 달리 연령적, 집단적 다양성을 지닌다. 학습자 중에는 6·25 전쟁을 경험한 세대도 있고, 전쟁을 경험하지 않은 전후 세대도 존재한다. 교사, 공무원, 군인에서부터 일반 사기업의 직장인이나 주부에 이르기까지 직업별 특성도 차이를 보인다. 사회통일교육의 효율성이 확보되기 위해서는 학습자 집단의 특성에 맞추는 교수내용이나 기법상의 변화가 필요하다. 학습자 집단의 연령별, 직능별 및 성별 가치와 사고의 정향성이나 지적 수준 등에서 차이를 나타낼 수 있기 때문이다. 한편 사회통일교육은 학습자의 전문성에 부응하는 특성화 교육을 병행해야 한다. 다시 말해 특정 그룹에 대한 특정 통일 분야의 교육을 강화하는 것이다. 예컨대 교사들의 경우 북한의 교육제도, 북한 청소년의 생활상 등 학교현장에서 실제 통일교육 시 활용할 수 있는 내용을 강화할 필요가 있다. 공무원이나 군인 혹은 일반 직장인의 경우도 직능별 특성에 맞는 통일교육이 이루어질 경우, 현재의 직무 수행에 도움이 되는 정보를 집중적으로 제공함으로써 학습자의 관심을 촉진시키고 교육효과를 제고할 것이다.[9]

따라서 이 연구는 통일에 대한 법령적 근거와 통일부의 통일교육 지침을 바탕으로 하여, 지역단위의 사회통일교육에 있어서 피교육자의 통일에 대한 인식의 차이가 실증적으로 어떻게 반영되고 있는지를 살피고, 이를 토대로 지역사회 통일교육의 활성화 방안을 모색하는 데 그 목적을 둔다.

---

8) 통일부, 『통일교육지침서(일반용)』, 2009, pp.59~64: 1) 사실적 접근에 기초한 통일문제의 이해, 2) 열린 대화와 토의의 중시, 3) 생활관련 소재를 통한 흥미와 호기심 유도, 4) 학습자의 특성에 따른 '맞춤형 교육', 5) 현안 쟁점과 사례 중심의 통일문제 접근, 6) 다양한 교수·학습방법의 활용, 그리고 7) 강의식 방법의 발전적 적용 등이다.

9) 통일부, 『통일교육지침서(일반용)』, 2009, pp.61~62.

2. 연구방법

본 연구의 방법은 지역사회 통일교육과 관련된 이론과 문헌연구를 바탕으로, 지역사회 통일교육에 대한 실태 파악을 위한 실증적인 연구를 병행하였다. 본 연구는 연구의 이용 측면에서 보면 새로운 모형을 설정한다는 점에서 기초연구(basic research)의 접근법을 지향하고 있고, 시간적으로는 금번 연구를 위해 실시한 조사에 근거한 횡단적 접근법을 주로 활용한다. 자료수집 면에서는 양적 접근법을 주로 활용한다. 그중에서도 최근의 지역통일교육 관련자의 통일인식을 조사하고 과거자료 활용을 위해서는 질문지법을 활용한다. 연구분석의 단위는 지역사회 속의 각 구성원들의 인식이다.[10]

본 연구의 분석을 위한 기초자료원은 질문지법을 통해 주로 확보되는데, 이 질문지법은 기술적, 설명적, 탐색적 목적으로 사용된다.[11] 그런데 본 연구는 응답자의 통일인식 경향을 파악하는 탐색적 목적을 지향한다. 응답자의 자유로운 응답 분위기를 조성하기 위해 개방형 질문(open-ended question)도 몇 가지 넣었다.

---

10) 연구방법의 개괄적인 개념 차용은 다음 참조: 김구, 『사회과학 연구조사 방법론의 이해: 양적 연구와 질적 연구의 접근』, 배인엠북스, 2008, pp.66~80, 97~99.

11) Earl Babbie, 고성호 외 역, 『사회조사방법론』, 도서출판 그린, 2002, p.305.

제2장

지역사회 통일교육에 관한 일반적 고찰

제2장 │ 지역사회 통일교육에 관한 일반적 고찰

1. 지역사회 통일교육의 이론적 배경

가. 시민사회

지역사회 통일교육을 추진하기 위해서는 누가 그 일을 추진하는가의 문제가 제일 먼저 제기된다. 그 주체에 해당되는 정치학의 주제가 곧 '시민사회'(Civil Society)라고 할 수 있다.[12]

---

12) 시민사회에 대한 이후 논의에 대해서는 대체로 다음의 의견에 의지하고 있음: 주성수, 「시민사회의 '민주화' 지표 국제비교: 대표성, 척무성, 투명성, 자율성, 인권을 중심으로」, 『시민사회와 NGO』, 제7권 제1호, 한양대학교 제3섹터연구소, 2009.

이 '시민사회'의 개념은 "정부도 사적 시장도 주권력이 없는 자유로운 사회생활의 독립적인 영역"(Barber, 1998: 4)으로, 또는 "사람들이 공동이해를 추구하기 위해 모인 가족, 국가 및 시장 사이에 위치한 제도, 조직 및 개인들의 영역"(Anheier, 2004: 22)으로 정의되고 있다. 시민사회의 영역을 지방, 국가, 지역, 세계 차원의 비정부단체(NGO: Non-governmental Organization)로서 국경을 초월하여 조직되는 것으로 확장하는 주장도 있다(Brown et al., 2000: 10~11).

한편 '민주주의'의 개념과 관련하여, 시민사회는 시민권의 복원과 민주적 참여를 조장시켜 정치적 무관심과 불신을 해소하는 주요수단으로 작용하며(Cohen and Arato, 1997), 또 중앙집중적 정치가 심각한 시민소외를 낳는 문제에 대해 정부와 시민을 연결하는 주요 중개기관으로 간주된다(Berger and Neuhaus, 1996). 국가가 오만한 권력을 행사하며 자율적인 사회영역의 존재를 위협하는 경우, 시민사회는 민주주의에 필수적인 요건이 될 수 있다는 주장도 있다(Van Til, 2000: 195).

이와 같이 시민사회는 민주주의에 필요요건으로 간주할 수 있다. 시민사회 단체는 공중들의 교육기능, 토론장의 제공 또는 지구 거버넌스 과정에의 직접참여 등을 통해 참여 또는 심의 민주주의적 기능을 강화하는 데 기여함으로써 민주적 정당성을 향상시키는 역할을 한다(Gross, 2004; Goodhart, 2005: 6; Collingwood, 2006; Scholte, 2005a).

다만 상황에 따라 시민사회가 민주주의에 장애물로 제기될 수 있다는 시각도 있다. 흔히 자유민주주의하의 정당한 정부는 시민들에 의해 선출되어 이들을 대표하여 제 법령에 의해 운영되고 그들의 선거공약을 이행하게 된다. 하지만 시민사회가 기존의 자유민주주의제도하에 작동하게 되는 여러 가지 체계에 대해 사사건건 개입하게 될 경우 민주주의 정당성에 있어서 위기를 초래할 수도 있다는 지적이다(Beetham, 1991). 또한 시민사회의 내부적 책무성과 관련한 비판도 제기되고 있는데, 이는 시민사회 내부의 민주적 정당성에 관한 문제제기라고 할 수 있다. 시민사회는 그들의 활동에 대해 이해당사자들에게 대답해야 할 의무를 가져야 한다는 지적이다(Edwards, 1999, 2000; Edwards and Fowler, 2002). 시민사회 내의 민주주의 원칙의 준수와 투명성의 문제점도 지적되고 있다(Scholte, 2005b).

나. 지방자치

지방자치는 민주주의 이념상 직접 민주주의를 보다 가까운 생활단위에서 시행하는 제도이다.[13] 지방자치에서 이와 같은 소규모 생활단위 내의 민주주의는 '풀뿌리 민주주의'(grass roots democracy)[14]에 대한 루소(J. J. Rousseau)의 『사회계약론』(1762)에서 그 사상적 연원을 찾을 수 있다. 여기서 루소는 민주주의를 실시하는 소도시 국가의 이상형 공동체를 서술하고 있다. 이 공동체에서 시민들은 개인적 이해나 여흥을 위한 자유보다는 공동체 전체의 이익을 위해 공유된 책임감을 갖는 자유를 누린다고 밝히고 있다. 그는 대의제정부가 도시국가의 직접 민주제를 대신하는 적절한 대안으로 보지 않았다. 정부의 결

---

13) 이하 내용은 다음을 주로 참고함: 주성수, 「풀뿌리 민주주의의 이론적 기초: '대의 대 직접' 민주주의 논의를 중심으로」, 『시민사회와 ＮＧＯ』, 제3권 제2호, 한양대학교 제3섹터연구소 2005.

14) 위의 논문, pp.8~9 참조: "'풀뿌리'란 무엇보다도 지리적 공간을 지칭한다. 통상 가장 작은 규모의 동네 구역(block)과 마을(neighborhood, town, village)로부터 지역구(district) 또는 도시구역(county)까지 해당된다(Smith, 2000: 8; Berry et al., 1993: 9~11). 최소 행정단위가 되는 한국의 읍·면·동이나 군·구, 나아가 소도시 규모에 이르는 지리적 공간을 풀뿌리 공간으로 볼 수 있다. 여기에 '민주주의' 개념을 결합하게 되면, 주민의 선거에 의해 구성된 기초의회를 갖춘 '풀뿌리 민주주의' 체제도 중소도시와 도시의 구 및 농촌의 군 단위 등 기초지치단체 범위를 풀뿌리 공간으로 간주할 수 있다."

정은 시민들의 '일반의지'를 구현해야 하며 그 의지는 대표될 수 있는 것이 아니라고 보았다(Berry et al., 1993: 6).

분권과 자치의 문제는 국가(군)별로 다양한 해석이 이루어지고 있다.[15] 분권과 자치의 역사적 배경과 목표가 상이하기 때문이다. 비록 분권의 구체적 양상은 상이하였지만 1980년대 들면서 지구상의 거의 모든 대륙에 있어서 마치 '보이지 않는 손'이 지시하듯 분권의 물결이 유행처럼 번져나갔다. 서구의 경우 미국은 레이건 행정부가 주도하였던 '신연방주의'(New Federalism), 영국의 대처 정부가 주도하였던 강력한 집권형 분권정책, 미테랑 사회주의 정부가 주도하였던 프랑스의 지방분권 정책 등이 대표적이다. 남미의 경우 멕시코, 브라질, 아르헨티나 등 남미의 대국들이 민주화 이후 어려워진 경제상황의 타개 방편으로 분권정책을 보장하였지만, 정치적으로는 강력한 중앙집권을 견지하여 시장경제와 정치적 사회주의의 융합을 통한 개혁을 도모하였다. 일본의 경우도 예외는 아니어서 약간 뒤지기는 하였지만 1990년대 들어 중앙정부가 주도적으로 행하던 행정체제를 분권형으로 개조하는 개혁 드라이브를 시도하였다.

한국의 경우, 1987년 6월 민주화운동의 결과물로 이전 시기에 정착되지 못했던 지방자치가 본격적으로 시작되었다. 한국의 지방자치는 일반 국민들 간에는 큰 관심의 대상이 아니었음에도 민주화 운동의 과정에서 비롯되었다. 하지만 민주주의 관점에서 지방자치는 그 주창을 한 김대중 정부 들어서는 '풀뿌리 민주주의'라는 구호만 남고 실질적인 효과를 발휘하지 못하였다. IMF 등 국제기구의 구조조정 권고

---

15) 이하 내용은 다음을 주로 참고함: 강명구, 「한국의 분권과 자치: 발전론적 해석」, 『지방행정연구』, 제23권 제3호, 한국지방행정연구원, 2009.

를 수용하는 과정에서 국가와 시장 간의 기능조정은 심각한 수준으로 고려되었지만 중앙-지방 간의 기능조정은 지지부진하였다. 김대중 정부에 비하여 노무현 정부는 건국 이래 최초로 지방분권 정책을 국정 주요과제로 삼았다. 노무현 정부는 '정부혁신 지방분권위원회'를 만들어 중앙-지방 관계를 적극적으로 재조정하는 한편 시민사회와의 적극적 교류를 통하여 정부혁신의 큰 틀을 정비하고자 했다.[16]

통일문제와 관련하여 지방자치의 개념은 국민여론 확산을 통해 국민적 공감대를 형성한다는 차원에서 의미를 가진다. 하지만 국가이념 수준의 국민적 공감대를 형성하고 있는 전제하에, 다양성과 자생력 차원의 지방자치를 넘어서는 예컨대 지방유력 세력들 간의 새로운 형태의 패권 경쟁구도가 조성된다면 통일문제는 심각한 딜레마에 빠져들게 될 것이다.

다. 기능주의

기능주의란 관습, 제도, 가치 등의 사회적 현상을, 그것들이 사회 속에 수행하는 '기능'(function)에 의해서 설명하려고 하는 이론이다.[17] 이 이론은 1920년대 말리노프스키(B. K. Malinowski)와 래드클리프-브라운(A. R. Radcliffe-Brown)이라고 하는 두 인류학자들에 의해 창시되었다. 이들은 모두 장기간의 야외조사 후에, 그때까지 주류를 이루고 있었던 문화진화론이나 전파론에 대하여, 전체로서의 문화를 개개의 문화요소로 분화하고 통일체로서의 문화로부터 분리하여 취급하

---

16) 위의 논문, p.10.
17) 이하 내용은 다음을 주로 참고함: 박균열, 『국가윤리교육론』, 철학과현실사, 2005, pp.366~372.

고 있다고 비판하며, 한 사회 속의 문화요소는 언뜻 보기에는 독립해서 서로 무관하게 보여도 실제로는 상호 밀접한 관계를 가지며 유기적으로 결합되어 있다고 주장하였다. 따라서 각기 관습이나 제도를 이해하기 위해서는 이것들이 전체의 문화 속에서 어떻게 기능하고 있는가를 살펴볼 것을 주장한다. 이들이 말하는 기능주의란 문화현상을 제대로 이해하고 설명하기 위한 전체 체계 속에서의 기능수행을 전제한다(Jarvie, 1973; Goldschmidt, 1996: 510).

통일문제와 관련하여 기능주의는 국제정치학의 선행연구들에서 그 설명을 얻을 수 있다. 동적인 관계를 설명하기 위한 초기 기능주의는 미트라니(David Mitrany)에 의해서 비롯되며, 이를 토대로 한 신기능주의는 하스(Ernst B. Haas)에 의해서 더욱 정교화되었다. 우선 미트라니는 정치 체계의 복잡성이 증대됨에 따라 정부들이 당면하고 있는 본질적으로 기술적이고 비정치적인 업무가 대대적으로 증가되었다고 주장했다. 그와 같은 임무는 국가적 차원에서 고도로 훈련된 전문가의 수요를 증대시켰을 뿐만 아니라 국제적 차원에서 기술상의 문제를 야기하였다. 한 국가 단위가 그 독자적인 힘만으로는 해결할 수 없는 기술상의 문제가 늘어나는 것은 기술분야에서 국제협력을 확산시키는 데 기여할 수도 있다는 것이다. 그의 기본적인 관심사는 국제관계에서 관심의 초점을 논쟁적인 정치적 이슈로부터 비논쟁적인 기술상의 문제로 이전시키는 것이었다(Mitrany, 1948; 1966).

기능주의를 발전시킨 신기능주의는 1980년대 실증주의적 경향을 강조하는 영국의 1960년대 구조 기능주의를 발전시킨 것으로, 문화적 과정(의례, 이념, 가치 등)이 어떻게 사회적 구조를 통합하는지에 대해 관심을 갖고 탐구하였다. 일반적으로 어떻게 현상이 체계의 요구

사항을 충족하는지 아닌지에 대해서는 덜 강조했다(Turner and Maryanski, 1991). 국제정치에 다해 하스는 통합을 "몇몇 개별국가에서의 정치 행위자들이 그들의 충성심과 기대 그리고 정치활동을 새로운 중심체로 전환하도록 설득당하며, 이 새로운 중심체의 제도들은 기존국가에 대한 관할권을 소유하거나 요구하게 되는 과정"이라고 정의하고 있다(Haas, 1968: XXV).

결국 (신)기능주의는 이질적인 관계를 좀 더 원만한 관계로 변화시켜주기 위한 과도적 시기에 기여하는 바가 있는 이론으로 평가된다.

2. 지역사회 통일교육의 법적 근거

지역사회 통일교육을 위한 법적 근거는 통일교육지원법에서 비롯된다. 동법은 1999년 제정 이래 세 번의 개정이 이루어졌고, 2009년 12월 기준으로 일부 개정안이 입법 예고된 상태이다. 특히 2005년의 개정내용에 지역사회의 통일교육을 전담할 '지역통일교육센터'에 대한 정의를 신설했다.[18]

통일교육지원법의 제정 이후 개정 약사를 살펴보면 다음과 같다. 우선 동법의 제정 사유는 다음과 같다.

> 범국가적이고 체계적인 통일교육체계가 제도적으로 미비하므로 통일교육의 활성화를 위하여 통일교육 기본계획 등을 수립하여 통일교육 방향을 명확히 설정하고, 모든 국민으로 하여금 자유민주주의에 대한 신념과 민족공동체 의식을 바탕으로 통일을 이룩하는

---

[18] 통일교육지원법(2005.1.27.) 제2조 1항: "'지역통일교육센터'라 함은 지역주민을 대상으로 통일교육의 실시와 통일교육에 관한 정보의 수집·제공 등의 기능을 수행하기 위하여 제6조의 3 규정에 의하여 통일부 장관이 지정하는 기관·단체 또는 시설을 말한다."

데 필요한 가치관을 함양하도록 통일교육 활동을 촉진·지원하기 위한 법적 기반을 마련하려는 것이다.[19]

2005년 통일교육지원법의 개정 이유는 "국민들의 통일교육에 대한 무관심이 심화되고 부분적으로 무질서한 통일교육이 확산됨에 따라 통일교육 체계를 정비하고 통일교육의 범국민적 확산을 위한 기반을 강화함으로써 통일교육을 활성화하려는 것"이라고 명시되어 있다. 그 주요내용은 다음 몇 가지로 요약된다.

> 가. 지역통일교육센터의 지정·운영(법 제2조 제2호 및 제6조의 3 신설): 통일부장관은 지역주민을 대상으로 통일교육의 실시와 통일교육에 관한 정보의 수집·제공 등의 기능을 수행하기 위하여 통일교육을 주된 목적으로 하는 기관·단체 또는 시설 등을 지역통일교육센터로 지정할 수 있는 근거를 마련하고, 이와 함께 그 지정을 취소할 수 있는 사유와 지정을 취소하는 경우 청문절차를 규정한다.
> 나. 통일교육의 기본사항 등(법 제3조의 2 및 제8조 제2항 신설): 국가적 차원에서 체계적으로 통일교육을 실시하기 위하여 통일부장관은 통일교육에 관한 기본적인 사항을 정하고, 교육인적자원부장관은 이를 당해 초·중등학교의 교육활동에 반영하도록 노력하여야 한다.
> 다. 통일교육을 위한 공공시설의 이용(법 제6조의 2 신설): 통일교육을 실시하는 자는 통일교육을 위하여 공공시설을 그 본래의 용도에 지장이 없는 범위 안에서 대통령령이 정하는 바에 따라 이용할 수 있도록 한다.[20]

2008년 통일교육지원법의 개정은 정부직제의 변경으로 인해 조정된 것이다. 대통령비서실과 대통령경호실의 통합, 헌법적 근거가 취

---

19) 법제처 홈페이지(http://www.moleg.go.kr/, 2009.12.6. 검색)
20) 법제처 홈페이지(http://www.moleg.go.kr/, 2009.12.6. 검색)

약한 부총리제의 폐지, 특임장관의 신설, 그리고 국무총리 비서실과 국무조정실의 통합 등의 내용을 담고 있다. 통일과 관련해서는 내용 상의 달라짐이 거의 없으며, 다만 제5조 제3항 중 '국무조정실'이 '국무총리실'로 조정되었다.

2009년도 통일교육지원법의 개정은 부처 중심의 책임행정 체계를 확립하고 의사결정의 신속성을 높이기 위한 정부위원회 정비계획에 따라 통일교육심의위원회를 폐지하고, 통일교육에 관한 기본사항, 통일교육 기본계획 등을 관계 중앙행정 기관과 협의하도록 하는 등 관련절차를 정비하는 것을 담고 있다.[21]

3. 지역사회 통일교육 정책 및 내용체계

지역사회 통일교육의 정부 정책적인 근거는 그 법적인 근거가 되는 통일교육지원법(시행령)을 구체화한 통일교육 지침서에서 찾을 수 있다(<부록 1~4> 참조). 2000년 처음으로 지침이 마련되어 적용되었으며, 당해 북한 관련내용에 대한 수정판이 별쇄되었고, 이후 연례적으로 계속해서 출판되었다. 처음에는 학교와 일반사회용이 동시에 제작되던 것이 2005년부터는 분리되었으며, 2011년도에는 학교용의 경우 초등학교·중학교·고등학교의 학교급별로 구분·제작되었다(<부록 5> 참조).

책의 구성은 대체로 발간사가 있고, 발간의 목적, 통일문제, 북한문제, 통일의 미래상 등으로 구성된다. 특정 해에는 이 중 어떤 내용이

---

21) 법제처 홈페이지(http://www.moleg.go.kr/, 2009.12.6. 검색)

생략되기도 했다. 2003년의 경우 통일부정책 용역과제로 통일교육 지침체계 재정립을 위한 연구가 추진되기도 했다. 이 연구는 이후 지침 작성을 위한 기초가 되었다(<그림 1> 참조).

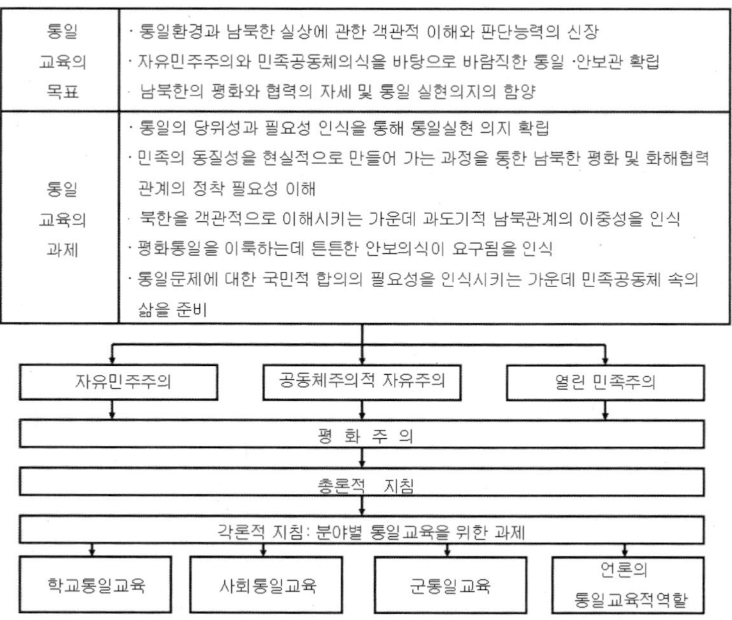

출처: 오기성 외, 『통일교육 지침체계 재정립에 관한 연구』(2003년 통일부 용역과제), 통일부, 2003, p.85.

〈그림 1〉 통일교육 지침체계 정립안

4. 지역사회 통일교육 관련 선행연구

지금까지 연구된 지역사회 통일교육 관련 내용은 대체로 다음과 같은 특징을 갖고 있다. 첫째, 통일에 대한 전반적인 의식조사를 기반으로 한 연구가 있다(한만길 외, 1999, 2003; 김병로 외, 2007; 박명규 외, 2008, 2009; 민주평화통일자문회의, 각 연도22); 통일부, 각 연드; 통일연구원, 각 연도 등). 둘째, 안보와 통일의 관련성에 대한 실증분석을 한 연구가 있다(박균열, 2009). 셋째, 사회통일교육의 현황을 정리한 연구가 있다(송영대, 2001; 통일교육원, 2002). 넷째, 성인통일교육프로그램에 대한 진단이 있다(전숙희, 1999). 다섯째, 정책적인 측면에서 사회통일교육 모형구축을 위한 연구가 있다(서창록, 2006; 임성학, 2006; 박광기, 2006; 송정호, 2008, 2009; 김형수, 2009; 송정호·조정아, 2009; 김성윤, 2006; 정석홍, 2006; 오일환, 2006).

본 연구는 지역사회 통일교육을 위한 선행연구에 대해 두 가지의 시사점을 얻고자 한다. 우선 먼저 계층·지역 간의 인식의 갈등이 어떻게 발생하는가이다. 서울대학교 통일평화연구소의 여론조사를 기준으로 볼 때(김병로 외, 2007; 박명규 외, 2008; 2009), 계층 간의 갈등에 대해서는 전체 116문항 중 세대별로 견해차를 보이는 문항은 54문항이었고 공감대가 형성된 문항은 56개 문항이었다. 박정란(2009)은 여기에 남성과 여성의 차이에 대해서도 의미 있게 분석하고 있다(<표 1> 참조).

---

22) 민주평화통일자문회의는 민주평화통일자문회의법 제2조에 의거, 통일관련 국내외 여론 수렴 등의 업두를 공식적으로 수행하고 있다. 2010년 1월 현재 『2009 청년 통일의식조사 결과보그서』(2009)에 이르기가지 총 106건의 여론조사가 이루어졌다. http://www.nuac.go.kr/actions/BbsDataAction(2010.1.20. 검색): 민주평화통일자문회의법 제2즈(기능) 민주평화통일자문회의(이하 "통일자문회의"라 한다)는 다음 각 호의 기능을 수행함으로써 조국의 긴주적 평화통일을 위한 정책의 수립 및 추진에 관하여 대통령에게 건의하고 대통령의 자문에 응한다. . 통일에 관한 국내외 여론 수렴 2009 청년 통일의식조사 결과보고서, 2. 통일에 관한 국민적 합의 도출, 3. 통일에 관한 범민족적 의지와 역량의 결집, 4. 그 밖에 대통령의 평화·통일정책에 관한 자문·건의를 위하여 필요한 사항[전문개정 2001.7.24.]

⟨표 1⟩ 통일에 대한 세대별·성별 인식의 차이와 공감 현황

구분	문항수	세대		성별	
		차이	공감	차이	공감
남북한 통일에 대한 견해	14	9	5	3	11
통일 전후 변화에 대한 생각	10	0	10	3	7
북한에 대한 인식	23	10	13	12	11
대북 정책에 관한 생각	15	6	9	0	15
탈북자(새터민)에 대한 생각	10	3	7	3	7
한국과 주변국의 관계인식	20	10	4	4	16
해방 이후 한국사회 변화에 대한 인식	14	9	5	10	4
기타 정치·사회·경제적 현실 인식	10	7	3	4	6
합계	116	54	56	39	77

주: p=.000로 95% 신뢰수준에서 통계적으로 유의미
출처: 박정란, 「남남갈등에서의 세대와 젠더: 2009년 통일의식조사를 통해서 본 차이와 공감」, 『2009년 남북 관계와 국민의식 일상 속의 통일: 세대, 지역, 젠더, 이념』, 서울대학교 통일평화연구소, 2009, p.118.

한편 한국사회에서 통일·북한문제와 관련한 지역·이념의 차이는 여전히 존재하며 통계적으로 유의미한 것으로 나타났다. 지역적으로 호남·제주권과 영남·강원권, 수도·중부권의 세 집단에 다른 의식이 형성되어 있으며, 호남·제주권은 통일 지향적, 대북 우호적 태도를 취하는 반면, 영남·강원권은 통일·대북 비판적 시각을 견지하는 경향이 강하다. 특히 대북정책의 만족도에 있어서 2008년 이후 호남권과 영남권의 평가가 뒤바뀌는 정권교체 효과가 나타났다.[23]

2009년 7월 말 현재 한국인의 정치적 성향은 진보 24.9%, 중도 48.3%, 보수 26.8%로 구성되어 있다. "자신이 정치적으로 얼마나 진보적이라고 생각하는가? 혹은 보수적이라고 생각하는가?"라는 질문에 응답자가 스스로 밝힌 결과이다. 이러한 구성은 2007년 및 2008년과

---

23) 김병로, 「남남갈등의 지형 분석: 지역과 이념」, 『2009년 남북관계와 국민의식 일상 속의 통일: 세대, 지역, 젠더, 이념』, 서울대학교 통일평화연구소, 2009, p.108.

비교해볼 때 큰 변화가 없다.[24] 지역에 따라서 정치적 성향은 통계적으로 의미 있는 차이가 나타났다. Chi-Square=58.97, p=.000로 95% 신뢰수준에서 차이가 있었다. 그러나 그 경향은 해마다 상당히 다르게 나타났다. 2007년에는 호남권과 영남권에서 진보적이라고 응답한 사람이 각각 29.4%로 다른 지역(수도권 23.5%, 중부권 21.2%)에 비해 높았으며, 2008년에는 호남권이 27.6%로 늘었고 영남권은 22.4%를 기록했다. 그러나 2009년에 호남권과 영남권에서 진보가 각각 20.2%, 17.9%로 최저로 낮아진 반면, 중부권은 31.4%로 급상승하였다. 영남권에서는 진보가 줄어든 대신 보수가 35.5%로 크게 늘어났으며, 호남권에서는 진보의 감소가 중도로 옮아가 중도가 58.0%로 대폭 증가하였다. 즉 2009년에는 영남권에서 진보가 보수로 이동하였고, 호남권에서는 진보가 중도로 대거 이동하는 현상이 발생했다(<그림 2> 참조).

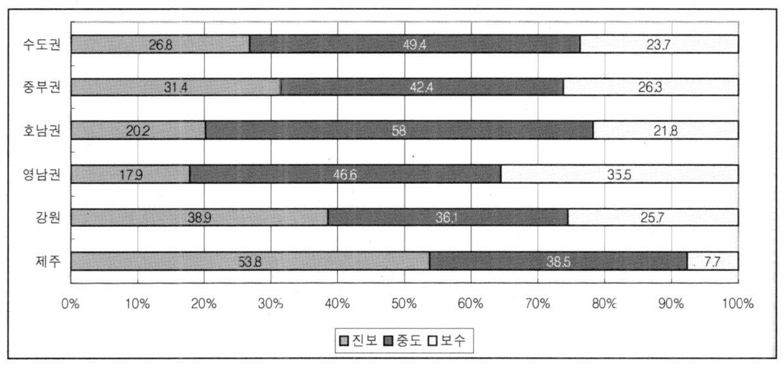

출처: 김병로(2009: 108)

〈그림 2〉 지역별 이념성향(기준: 2009)

---

24) 연도별 큰 변화가 없다는 점은 지역 간 이념지형이 어느 정도 정형화되어 있다는 것을 의미한다. 2007년과 2008년에는 각각 진보 25.3%/23.7%, 중도 47.3%/48.4%, 보수 27.3%/27.8%로 조사되었다. 위의 자료, p.98.

김병로(2009: 88)의 연구에서 ANOVA를 실시한 결과, 통일의 필요성에 대한 응답은 각 지역집단 간 차이가 있는 것으로 나타났다(F=4.471, p=.000). 또한 남북한 통일의 필요성에 대해 각 지역별 집단 간의 성향의 차이를 알아보기 위한 Duncan의 사후검증 결과, 제주와 강원을 예외로 하면, 호남지역이 통일필요성 인식이 가장 높고, 영남지역이 가장 낮으며, 수도권과 중부지역은 중간 정도를 차지한다. 즉 2009년의 통일필요성 인식지형은 호남권과 수도·중부권, 영남권의 세 권역에서 다른 성향을 보이는 형태로 구성되어 있다(<표 2> 참조).

〈 표 2 〉 지역별 통일의 필요성에 대한 Duncan의 사후검증 결과

지역별	N	Subset for alpha=.05		
		1	2	3
호남권	119	1.92		
제주	13	2.08	2.08	
중부권	118	2.36	2.36	2.36
수도권	593		2.45	2.45
영남권	324			2.65
강원	36			2.75
통계적유의도		.074	.137	.125

출처: 김병로(2009: 88)

다음으로 본 연구는 지역사회 통일교육 활성화를 위한 모형을 만들고자 한 선행연구를 주목한다. 거버넌스 형성관련 선행연구에서 시사점을 얻을 수 있다. 거버넌스는 분과 학문의 특성에 따라 평가기준이 다르게 이해되고 있지만, 대체로 국제사회-국가-행위자 사이의 관계를 기준으로 이루어진다(<표 3> 참조).

<표 3> 거버넌스에 대한 학문적 접근

학문 영역 \ 내용	경제, 경영, 행정학	비교정치학	국제관계학
목적	효율성, 효과성	참여성, 형평성	국제협력, 효율성, 평화
분석대상	행위자, 네트워크, 제도	행위자 간의 관계, 네트워크, 제도	국제기구, 국제 네트워크
정당성	결과	과정(민주성)과 결과(정치경제적 효율성)	과정(민주성)과 결과(국제관계의 효율성)
국가의 역할	축소	보완	축소와 보완

출처: 임성학(2006: 133)

거버넌스의 개념은 새로운 정치, 경제, 사회, 국제적 환경으로 인해 과거와는 다른 방식의 국가·사회의 운영체제가 필요하다는 문제의식에 따라 새롭게 부상한 사회과학적 개념이다. 새로운 정치, 경제, 사회, 국제적 환경이란 시민사회의 활성화, 시장의 확대, 다원주의와 정보화 사회, 세계화와 지역주의 등으로 점점 국가의 통치능력은 감소하고 독점적 영역도 축소된 것을 의미한다.[25] 거버넌스의 등장배경에 대해서는 다양한 의견이 있다. 전문가와 다른 여타의 사회적 행위자와의 공조필요성,[26] 전통적 국가사회에서 예상하지 못한 사회적 자원(성, 환경, 인종, 세대 등)의 출현 등으로 인한 국가의 공조필요성,[27] 정책결정과 집행권한의 분권화[28] 등으로 요약된다.

---

25) 서창록, 「한반도 평화번영의 거버넌스 구축을 위한 이론적 틀」, 『한반도 평화·번영 거버넌스의 분야별 현황과 과제』, 통일연구원, 2006, p.7.

26) E. H. Klijn and J. F. M. Koppenjan, "Politicians and Interactive Decision Making: Institutional Spoilsports or Playmakers", Public Administration, vol. 78, no. 2, 2000, 서창록, 위의 글, p.8 재인용.

27) Nico Stehr and Richard V. Ericson, "The Ungovernability of Modern Societies States, Democracies,

　이러한 고찰은 이후 지역사회 통일교육의 활성화 방안을 모색하는 데 있어서 현 실태를 분석하고 그 대안을 제시하는 데 이론적 틀로써 활용될 것이다.

Markets, Participation, and Citizens", Governing Modern Societies, Toronto: University of Toronto Press, 2000, 서창록, 위의 글, p.8 재인용.

28) R. A. W. Rhodes, "The New Governance: Governing without Government", Political Studies, vol. 44, no. 3, 1996, 서창록, 위의 글, p.8 재인용.

제3장

지역사회 통일교육의 국가적 사례: 독일통일과 사회통합

제3장   지역사회 통일교육의 국가적 사례 : 독일통일과 사회통합[29]

1. 양차대전과 독일의 분단

독일의 분단은 제1차 세계대전으로 거슬러 올라간다. 전후문제를 처리하기 위한 1919년 6월에 조인된 베르사유 조약은 적극적인 평화 보장을 위해 전범국인 독일에 대해 너무나 과한 벌칙을 가한다.

베르사유 조약에 의해 독일은 (1) 알자스와 로렌 지방을 프랑스에 내주고 비스마르크 제국의 약 1/8을 상실했다. (2) 무장해제를 당한 외에 징병제도와 일반참고제도를 폐지했다. (3) 당시 가장 위협요스

---

29) 이 장에서 1, 2, 4절의 내용은 다음에서 요약 발췌한 것임: 박균열, 「제2절 독일 통일과 사회통합의 과제」, 이병희 외, 『민족의 분단과 통일: 한반도 통일과 통일교육』, 형설출판사, 1999, pp.180~194.

가 되는 육군을 10만 명 이상 유지하지 못하도록 엄격한 규제를 받았다. (4) 유독가스, 전차, 군용기, 잠수함 보유금지, 무기제조공장 폐쇄, 전쟁물자 수출입 금지, 북해와 발트 해 해안요새 해체 등의 조치를 당했다. 그리고 (5) 엄청난 액수의 보상금 지불[30] 등의 의무를 갖게 된다.

이러한 전후 베르사유 체제는 지나친 연합국 측의 독일에 대한 보복의지 강제행사로 인해, 독일로 하여금 새로운 도약을 할 수 있는 심리적 자극제 역할을 하게 된다. 이 조약체결을 듣고 프랑스의 포슈 장군은 "그것은 평화가 아니라 20년 정도의 휴전을 보장하는 데 그칠 것이다"라고 말했다.

제1차 세계대전에서 연합국의 승리로 전후 세계는 민주주의가 더욱 발전하였다. 독일, 오스트리아, 투르크 등에서 공화정이 수립되었고, 새로운 독립국가들도 대부분 민주주의를 채택하였다. 패전국인 독일에서는 1919년에 새로 출범한 바이마르 공화국이 중도세력인 사회민주당을 중심으로 정부를 구성하였기 때문에 좌익과 우익의 공격으로 정치적 시련을 겪었으며, 극심한 인플레이션과 배상금 문제로 경제적 시련을 겪었다. 그러나 미국의 배상금 완화조치와 차관제공으로 독일의 경제는 차츰 회복되었고, 국제연맹에도 가입하여 국제사회의 일원으로 복귀하였다.

1920년대 후반에 발전의 가능성을 보였던 바이마르 공화국은 세계공황으로 치명적인 타격을 받았다. 그때까지만 해도 미미한 존재에

---

30) 특히 보상금 문제는 독일의 불만을 가장 크게 샀으며, 평화 유지에 장애가 되었을 뿐만 아니라, 유럽의 경제 부흥에도 걸림돌이 되었다. 이에 미국은 도스 案과 영 案으로 배상금을 대폭 삭감하였으며, 그 뒤 로잔회의(1932년)에서는 사실상 이를 면제해주었다.

지나지 않았던 히틀러의 나치스가 급작스럽게 세력을 확장하고, 1932년 선거에서는 일약 제1당의 자리를 차지하였다. 다음 해에 내각을 조직한 히틀러는 차례로 다른 정당을 해산시켜 독재체제를 구축하였다. 이어서 그는 베르사유 체제의 타파를 부르짖으면서 1933년 국제연맹을 탈퇴하고, 재군비(再軍備)를 선언하였다. 또한 1935년에 프랑스가 소련과 상호원조조약을 체결하자, 이를 구실로 로카르노 조약을 폐기하고, 비무장지대로 규정된 라인란트로 진주하였다. 이렇게 시작된 제2차 세계대전은 상당히 복잡하다. 소련, 이탈리아, 영국, 프랑스, 독일, 헝가리, 폴란드, 체코 등의 대부분의 유럽국가와 아시아에서는 일본까지 연계되면서 더욱 확전되었으며, 급기야 독일의 무제한적 잠수함 공격에 피해를 일은 미국의 개입으로 인해 실로 전 세계적인 전쟁으로 번지게 된다.

연합국의 선전으로 인해, 독일, 일본, 이탈리아 3국 동맹국은 패전하게 된다. 여기서 독일은 1944년 12월 아르덴 고원에 최후의 반격을 해보았지만, 도처에서 와해되어 전쟁에서 지게 되었다. 1945년 2월 루스벨트, 처칠, 스탈린이 얄타에서 만나 독일 분할을 결정했다.

제2차 세계대전의 실제적인 전후 처리는 전면 강화가 아니라, 패전국과의 개별 강화로 이루어졌다. 1947년 파리에서 열린 강화회의에서는 이탈리아, 헝가리, 루마니아, 불가리아, 핀란드와 연합국 사이에 강화조약이 체결되었다. 그러나 독일은 동서로 분단되어 동독을 소련이, 서독을 미국·영국·프랑스가 점령하고, 베를린은 이들 4개국이 관리하게 되었다. 그 후 서쪽에서는 1949년 서독(獨逸聯邦共和國)이 수립되고, 1954년에 파리협정으로 주권이 회복되었으며, 동쪽에서는 같은 해 동독(獨逸民主共和國)이 수립되었다.

2. 독일통일과 그 동인

가. 분단극복과 통일노력

동서독의 분단은 동서 양 진영의 냉전 격화 속에 얼음덩이처럼 고착되어 갔었고, 40여 년 만에 두 진영이 화해하게 되자 그 화해 속에서 통일의 흐름을 탔던 것이다. 1961년 5월 흐루시초프 소련 공산당 서기장은 "우리 세대에서는 독일이 통일될 수 없을 것"이라 고 선언했다. 그 후 동서독의 통일은 금세기 안에는 기대할 수 없다는 비관론으로 이어졌다.

하지만 독일은 다행스럽게도 4개 지역으로 분할 점령되었으면서도 단일경제권으로의 통합이 점령국들에 의해 이루어질 수 있었다. 미·영·소 3개국은 1945년 7월 17일부터 8월 2일까지 속개된 '포츠담 회담'에서 독일의 4개 점령지역을 하나의 경제권으로 하며, 주요상품들을 균등히 배분하여 평등한 생활을 보장하자는 데 합의하였던 것이다. 이어 1946년 미·영·불 서방 3개국들은 소련과 각기 점령지에 물품교역에 관한 협정을 체결하였다.

서방 3개국들은 1947년 1월 자신들의 점령지역을 하나의 경제·행정구역으로 통합했다(정용석, 1992: 122). 이렇게 하여 독일은 비록 4분되었지만, 아이러니컬하게도 하나의 경제권으로 묶으려는 노력은 점령국가들에 의해 처음부터 시도되었다.

분단독일의 단일경제권은 1948년 6월 24일부터 1949년 4월 12일까지 지속된 소련의 '베를린 봉쇄'를 계기로 일시 중단되기도 하였다. 그렇지만 분단독일의 경제교류는 1949년 9월과 10월 각각 '독일연방공화국'과 '독일민주공화국'이 들어서면서 다시 재개되어 날로 확대되어 갔다. 서독은 정부수립 31일 만에, 그리고 동독은 건국 하루 단인 1949년 10월 8일에 서로 '프랑크푸르트 협정'을 체결하였다. 이 협정은 동서독이 두 지역 간의 편의를 위해 양 독 중앙은행들을 지불청산 기관으로 설정함으로써 상품교역을 제도적으로 뒷받침하기 위한 것이었다. 동서독은 이 협정을 필두로 통일될 때까지 수많은 협정들을 체결해가면서 경제교류를 활성화시켜 갔다(정용석, 1992: 122~123).

결과적으로 독일의 분단과 통일노력은 자신들의 과오로 인해 분단이 되었다는 뼈저린 반성에서부터 시작되었다고 본다. 독일의 분단은 전승국이 전범국에 행한 강제행위이기는 하지만, 독일이 처한 유럽 내에서의 지정학적인 위치 때문에 전승국은 분단독일을 영구히 방치할 수는 없는 상황이었다. 이는 바로 독일이 재통일될 수 있는 좋은 상황을 만들어주는 셈이 되고 만다. 이로써 위에서 언급한 바와 같이 동서독은 1949년 프랑크푸르트 협정을 통해서 경제교류를 더욱 활성화하고, 주변 전승국뿐만 아니라 유럽 내에서의 많은 경제·정치·외교적인 필요성에 따라 통일을 위한 자연스러운 발판을 서서히 닦아 나가게 된다. 무엇보다도 독일통일에 있어서 중요한 것은 동독의 정치지도자와 그 국민들이 자유총선거를 통한 서독으로의 흡수통일을 원하기는 했지만 다음과 같이 독일의 통일요인을 구분 요약해 볼 수 있을 것이다.

첫째, 서독의 민주적 정통성과 막강한 경제력 및 튼튼한 국방력 등 종합 국력을 바탕으로 한 명실상부한 자유민주주의 체제라고 할 수 있다.

둘째, 동독 정권의 실정과 동독 자유민이 점화한 무혈시민 혁명의 성공이다.

셋째, 동구권의 개방·개혁의 도미노 물결과 유럽 냉전체제의 종식을 그 예로 들 수 있겠다.

이러한 요인들을 바탕으로 해서 국내적인 요인, 국제적인 요인, 그리고 국내외적인 복합요인으로서의 종교적인 요인으로 구분하여 상세히 살펴보도록 하겠다.

나. 국내적인 요인

1) 독일 민족문화의 전통

독일의 민족문화에 대한 접근은 적어도 동독의 주장에 대해서는 어느 정도 베일을 벗겨내는 작업이 필요하다. 왜냐하면 동독은 소련의 지원으로 성립된 공산체제이기 때문에 소련의 눈치를 볼 수밖에 없는 입장이다. 공산주의가 민족문제에 대해서 그렇게 관대하지 않는 특성도 있겠으나, 전승국으로서의 소련에 대해 민족적인 자존심을 강하게 보일 수 없는 동독 나름대로의 불리한 입장을 감안해야 할 것이다. 그렇기 때문에 자유 서독을 중심으로 한 독일문화의 전통을 언급한다고 할지라도 독일의 민족문화의 대표성을 갖고 있다고 볼 수 있다.

먼저 국내적인 요인의 첫 번째 예로 독일 민족문화의 전통요소를 꼽을 수 있다. 독일은 비스마르크 이전까지의 유럽국가의 이합집산 속에서도 그 민족국가로서의 정체성을 스스로 확보하지 못하였다. 1871년 독일제국의 성립과 그 전후에 근대적인 독일의 민족단위의 문화가 형성되었다고 해도 과언이 아니다. 여기서부터 계산해보아도

1세기가 조금 넘는 전통이다. 그 과정에서 과연 어떠한 민족 문화적인 전통이 있기에 오늘날 한민족은 5천 년의 유구한 문화적 전통을 자랑하고 있음에도 통일을 하지 못하였는데, 독일은 그렇게 쉽게 통일을 할 수 있었을까? 여기에는 여러 가지 세부적인 요인으로 다시 구분할 수 있다.

첫째, 연방제의 전통이다. 중세 이후 간헐적으로 단절이 있기는 했지만 많은 문화유산 속에서 지방영주의 자치권을 인정해주는 연방제의 전통이 이어졌다. 제1차 세계대전 이전까지의 연방형태의 체제는 자연발생적인 국가권력 행태라고 한다면, 제2차 세계대전 이후의 연방형태의 체제는 다소간의 차이가 있다. 이는 전승국들이 강력한 형태의 중앙집권제를 희망하지 않았을 법한 주변 여건과도 직결되는 향후 재통일을 위한 좋은 경험적 발판이 되었다.

독일의 전통은 유럽 봉건적 중세전통을 그대로 이어받아 성(城) 중심의 단위지방의 특성을 최대로 발전시키며 근대국가로서의 지위를 다져왔다. 실제로 통일이 되기 전의 서독에서는 8개의 주가 있었으며, 동독에서는 5개(뒤에 통일이 되면서 베를린이 포함되어 6개)가 있어서 중앙집권적인 정치체제보다는 분권적 다원집중제를 채택하고 있었다. 이는 무엇보다도 흡수통일의 주체가 되는 서독에게 있어서는 그 국가 명칭인 '독일연방공화국'에서도 살펴볼 수 있는 바와 같이 명백한 연방제를 채택했다. 이러한 서독의 연방제 경험은 정치·경제·사회 모든 면에 있어서 통일되기 이전의 각 주별 차이에 대한 일종의 백신주사를 맞아 면역이 된 중요한 경험이라고 본다.

결국 동독을 서독으로 편입하면서 적어도 서독 내부적으로는 통일에 대한 자신감을 갖게 했고, 동독으로 하여금 통합되는 데 대한 두려움을 약화시키는 심리적인 요인으로 작용했다.

동독도 연방제의 바탕을 갖고 있다. 한마디로 동독은 소비에트의 모습을 한 민족주의를 지향하고 있었다. 공산 소비에트는 소련으로부터의 강압에 의한 것이었다. 주를 중심으로 하는 그들의 전통적인 민족정서는 그대로 이어져서 소비에트 체제는 민족주의 요소를 말살하는 경향보다는 그것을 오히려 유지·전승해주는 매개체로 변화되어 갔다고 볼 수 있다. 동독에 있어서는 비록 자체 내의 정치제도가 공산 소비에트식의 분권화이지만 분단 이전의 행정구역 체제는 그대로 유지되고 있었다는 측면에서 혼란 없이 연방제로 편입될 수 있는 경험을 했다고 볼 수 있다.

실제로 1989년 동독 사회주의 정권이 붕괴하자 동독에서는 동독 중앙집중적 단방국가를 민주적 연방국가로 전환시키려는 요구가 대두되었다. 1990년 3월 18일 실시된 인민회의 선거 이전에 2개 내지 최고 8개의 주로 개편하자는 논의가 있었으나 1952년까지 존속되던 5개 주 구조로 개편하자는 행정개혁 위원회의 건의안이 최종안으로 채택되어 동독이 서독에 가입한 1990년 10월 3일을 기해 동독지역에 메클렌부르크, 작센, 튀링겐, 브란덴부르크, 작센-안할트의 5개 연방주가 새롭게 형성되었다.

둘째, 분단에 대한 과오를 인정하고 있다는 점이다. 이는 제2차 세계대전 이전의 상황과는 구분되어야 한다. 제1차 세계대전이 끝나고 나서는 전범국으로서의 죗값을 지불하는 과정에서 극우 민족주의 세력에 의해 독일 국민들이 일종의 선전·선동을 당했다고 볼 수 있다. 하지만 제2차 세계대전은 그동안의 독일 내부의 많은 다른 요인도 복합적으로 작용하기는 했어도 국민들이 스스로 과거의 잘못을 뉘우치고 있었다는 점이다. 이는 주변 전승국들의 1945년의 베를린 선언을 필두로 한 포츠담 협정, 베를린 의정서, 각종 협정에서도 잘 나타나고 있다. 제2차 세계대전 이후의 상황은 4대 전승국들이 독일의 재무장을 두려워하여 분단을 고착화하고자 하는 의지가 강했기 때문에 나타난 결과라고 할 수 있다. 특히 서독은 이러한 분위기를 재빨리 간파하고 전승국들의 비위를 거스르지 않으면서 종이어 물 스며들 듯이 소위 '작은 걸음의 정책'(Kleine-Schritt-Politik)인 동방정책을 펴게 되는 것이다.

이러한 인식은 '동서독 기본조약'(1972)의 전문에서도 잘 나타나고 있다. "양 독은 상호관계에 있어서 무력에 의한 위험이나 분력 사용을 마땅히 포기하여야 한다는 것을 인식하고 민족문제를 포함한 여러 가지 기본문제들에 대하여 견해의 차이가 있음에도 불구하고 역사적인 현실에 입각하여 양 독 주민들의 복지향상을 목적으로 독일연방공화국과 독일민주공화국 간의 협조를 위한 전저조건을 충족시키려는 의도로 다음과 같이 합의한다"고 되어 있다. 여기서 보여주는 바는 바로 양 독이 민족개념을 공히 명확히 인식하고 있다는 점이다. '역사적인 현실' 즉, 자신들이 전쟁으로 가져온 오늘날의 여건을 충분히 인식한다는 점이다. 동독을 공산 소련의 범주 속에서 생각할 수밖에 없었던 점은 바로 이러한 바탕의 정신에서도 엿볼 수가 있다.

셋째, 근대 이후 유럽뿐만 아니라 전 세계적으로 유명한 역사적 인물, 문화적 업적을 공유하고 있다는 점이다. 유명한 인물은 그 후광이 몇 세기를 간다고 한다. 독일의 유명인들은 그러한 경우이다. 철학 · 음악 등 인간 삶에 중요한 영향을 미치고 있는 걸출한 인물들이 독일에는 있었다. 철학에 있어서 칸트, 헤겔은 말할 것도 없고 근대에 이르러서는 마르크스, 그리고 프랑크푸르트학파의 제 학자들을 예로 들 수 있다. 물론 그 접근에 있어서 개개인의 사상적인 차이와 그 시사하는 바는 많은 비판의 소지가 있기는 하지만 학문적인 텍스트로 자리매김하기는 충분했다고 볼 수 있다. 또한 음악에서는 바흐, 헨델 등 유명한 음악인들을 현대 독일인들의 자랑스러운 인물로 꼽을 수 있을 것이다. 이러한 증거는 다음 예에서도 잘 나타나고 있다.

최고령 의원의 자격으로 통일독일 연방의회 개원식에 참석하여 감격적인 연설을 행한 빌리 브란트 전 서독수상은 동독 6개 주의 서독 편입을 환영하면서, 각 주의 명예와 긍지를 독일이 낳은 위대한 인물들과 연결시켜 찬양하였다. 그는 "괴테와 실러의 튀링겐 주, 바흐와 라이프니츠의 작센 주, 루터와 니체의 작센-안할트 주, 로이터와 발란하의 메클렌부르크·포어포메른 주, 신켈과 폰타네의 브란덴부르크 주, 훔볼트와 헤겔의 베를린 주라고 찬양함으로써 정신문화 차원의 긍지를 불러일으켰다"(양영식, 1997: 663~664).

2) 지도자의 비전과 추진력

1949년 연방공화국으로서 새 출발을 하게 된 서독은 기민당의 아데나워가 총리가 되어 '라인 강의 기적'으로 알려진 경제부흥을 이룩해냈다. 1969년에 총리가 된 사민당의 브란트는 동방외교에 힘을 기울여 소련 및 폴란드와 국경선을 인정하는 조약을 맺고, 1972년에는 사실상 두 개의 독일을 인정하는 기본조약을 동독과 체결하여 다음 해에 양국이 함께 국제연합에 가입하였다. 그 후 총리가 된 기민당의 콜은 냉전의 해소와 동유럽의 민주화 개혁을 이용하여 1990년 10월

미·영·프·소의 4대 전승국의 승인하에 독일을 통일하는데 성공하였다. 여기에는 동독의 자유총선거를 통한 서독으로의 편입 결정이 중요한 성공요인이었다.

우선 서독의 지도자들은 국제적인 통일의 여건만 조성된다면 언제든지 통일할 수 있다는 자신감과 만반의 준비를 해나갔던 것이다. 우선 정책결정을 올바르게 내릴 수 있도록 충분한 사전연구를 할 수 있도록 통일전문가 집단을 육성해왔다는 점이다. 둘째, 정권의 변화에도 불구하고 통일정책의 기조는 변함없이 지속되었다는 점이다. 이는 바로 국민적 공감대 형성에 못지않게 그에 걸맞은 정치지도자의 비전 제시가 선행되었다고 보아도 과언이 아닐 것이다. 그리고 통일 직전 고르바초프의 개혁·개방 정책과 이에 따른 동구의 민주화 개혁운동의 성공적인 확산 등의 와중에서, 바르샤바 조약과 NATO에 의해 양 독이 많은 제약을 받고 있는 상황을 극복하기 위해서 콜 수상이 코카서스 회담에서 고르바초프를 집요하게 설득하여 독일통일의 최대 걸림돌이었던 NATO 잔류문제를 대규모 경제지원과 기타 요구조건을 수용하는 조건으로 이를 해소하고 통일독일의 완천한 주권을 보장받았다는 예는 지도자의 추진력이 얼마나 중요한 역할을 했는지 잘 보여주는 사례라고 할 수 있을 것이다.

한편 동독은 소련의 지배하에서 공산주의로 출발하게 된다. 1961년 베를린 장벽이 들어서던 해 20만 7천 명의 동독인들이 빈곤과 독재의 경계선을 넘어 자유와 풍요의 서독으로 빠져 나갔다. 그 이후 89년 콜까지 서독으로 이주한 동독인들은 63만 7천 명이다. 또한 서독으로의 탈출을 거부하며 1989년 동독에 남아 있던 사람들은 반체제 민주화 시위를 격렬히 해나갔다. 동독 전역으로 확산된 민주화 데모와 고르바초프의 압력 등으로 호네커 서기장은 18년 동안의 권좌에서 물러났다. 호네커의 퇴진 이후에도 자유총선거를 절규하는 민주화 데모는 계속되었다. 그리하여 크렌츠 동독 서기장은 11월 9일 하오 7시를 기해 베를린 장벽 전면 개방을 선언했다. 90년 3월 18일 총선으로 서독으로의 조기편입을 정강으로 내세운 보수정단 '독일연합'이 과반수에 육박하는 절대다수를 차지하게 되어 5월 18일 서독과 '통화·경제·사회동맹의 창설에 관한 국가조약'을 조인, 그해 7월 1일부터 서독과 경제통합을 결행키로 한다. 이어 동독 인민회의는 기본법 23조에 의거 동독의 서독 편입일자를 1990년 10월 3일로 결정한다는 결의안을 8월 23일 채택하게 된다. 여기에서 압도적인 찬성(찬성 294표, 반대 62표, 기권 7표)으로 서독 편입이 결정된다. 이리하여 1990년 10월 3일 0시를 기해 서독연방에 가입된 것이다(정용석, 1992: 130~132).

이 과정에서 국제적인 여건, 서독의 지속적인 지원, 동독 내 민주화 세력의 배경요인이 중요했지만 결국 이들 지지세력을 바탕으로 한 정치지도자들의 결의로 완전한 통일로 나아가게 된 것이다.

3) 건전한 자유주의 학풍의 발전

독일은 양차 세계대전의 전범국으로서 많은 죄를 저지르게 되지만, 그들은 많은 교훈 또한 얻게 되었다. 그리고 닥쳐온 운명을 슬기롭게 극복해나가려는 국가적인 분위기가 성숙되어, 대외적인 요인과 합치되어 통일로 이어지게 된다.

건전한 자유주의의 학풍은 독일이 통일로 나아갈 수 있는 원동력이었다. 전후 독일은 세계적인 추세에 따라 서독에서는 자유 자본주의 체제로 출발하게 된다. 동독은 논외가 되겠지만, 결국 동독도 자유 총선거를 주장하는 국민들의 대다수의 열망과 이를 수용한 정치지도 자들의 결정이 있기까지는 독일민족 내부에 면면히 작용하고 있던 민주화의 이론적 바탕이 있었기 때문에 가능한 것이라고 평가할 수 있다.

우선 이런 건전한 자유주의 학풍은 나치즘과 같은 극우적인 이데올로기가 재발되지 않아야 된다는 열망과, 마르크스주의자들이 비판하고 있는 자본주의에 대한 비판을 수용한 프랑크푸르트학파의 비판정신에서도 나타나 있는 건전한 자본주의 정신의 발현을 목적으로 하고 있다고 볼 수 있다. 막스 베버가 '프로테스탄트 윤리와 자본주의 정신'에서 밝힌 바와 같이 종교적인 측면과 결부해서 자본주의 정신으로 승화할 수 있는 접근로 이러한 경향과 궤를 같이한다고 볼 수 있다.

특히 프랑크푸르트학파에 몸담았다가 현대 사회비평가로 잘 알려져 있는 위르겐 하버마스는 좋은 예라고 할 수 있을 것이다. 그는 체계분화의 단계와 사회통합의 형식 간 관련성을 경험적으로 탐구하기 위해서는, 구성원들의 행위지향을 조화시키는 조정행위의 기제와 행위의 결과를 기능적으로 서로 맞물리게 함으로써 행위의 의도하지 않은 상호연관성을 안정시키는 기제와는 구별할 필요가 있음을 강조하고 그 나름의 새로운 구분법을 제시하였다.

하버마스는 근대성의 문제를 다룸에 있어서, 종래의 게마인샤프트와 게젤샤프트, 기계적 유대와 유기적 유대, 민속사회와 도시사회, 지위와 계약, 전통과 근대 등의 이분법적 이념형 대신에 근대성이란 사람들이 삶을 직접 경험하는 세계와 역할이 증대되고 있는 대규모 체계통합과의 사이에서 생겨난 분열로 특징지을 수 있다고 본다. 삶의 세계가 건설적으로 합리화하는 길은 주체의 증대하는 분화와 동시에 의사소통에 의한 상호이해의 달성으로만 가능하게 된다. 그렇다고 해서 체계통합이 삶의 전부를 조직화하는 것은 아니지만, 가장 중요한 정치경제적 하부구조 및 통합의 대규모 단위들은 조직화하게 된다. 흔히 우리가 말하는 사람들의 일상적인 삶과 거대한 체계의 거창한 세계 사이의 괴리로써 근대성의 문제를 부각시킨 것이다.

또한 그는 도구적인 합리적 행위와 의사소통적인 합리적 행위의 개념으로 구분하여 설명한다. 전자는 객관적 목표달성으로 지향하는 합리적 행위이며, 후자는 사회관계의 구성에서 성찰적 이해로 지향하는 합리적 행위라고 한다.

다. 국제적인 요인

1) 구소련의 개방화와 동구의 붕괴

구소련의 개방화와 동구의 붕괴는 외재적인 분단지속 요인의 사멸이라고 단정할 수 있다. 독일의 분단은 4대 전승국에 의해 이루어졌다. 소련은 고르바초프의 등장으로 인해 그 공산주의 체제 내적인 모순을 해결하지 않으면 국가로서의 존립이 위태롭다고 판단하여 개혁·개방의 정책을 추진하게 된다. 이것은 공산주의 모범국가의 자기붕괴이기도 하지만, 국제 공산주의의 정신적 지도자를 잃어버린 틈을 탄 주변 공산주의 국가들의 자유화를 불러일으켰다. 이것이 바로 동구 공산주의 체제의 붕괴라고 할 수 있다.

위의 두 가지 요인 중에서도 특히 소련의 개방과 지원은 동구의 붕괴보다도 더 중요한 의미를 갖는다. 소련의 개방과 지원은 독일의 콜 수상이 1990년 10월 3일 통일선포식에서 행한 대국민연설에서 그 감사의 뜻이 잘 나타나 있다.

> 우리는 고르바초프 대통령에게 감사드립니다. 그는 각국 국민이 스스로의 길을 택할 수 있는 권리를 인정했습니다. 그의 결단이 없었다면, 독일통일의 날이 이토록 빨리 오지 못했을 것입니다(조선일보, 1990년 10월 5일자, 양영식, 1997: 649 재인용).

또한 동구의 붕괴도 그 나름대로의 가치가 있다. 동구 붕괴가 가져다주는 자체의 의미도 있지만, 동독에게는 지리적인 여건에 따라 하나의 조류로 영향을 미쳤고, 서독에게는 통일시기 성숙기라고 판단할 수 있는 계기를 제공했다는 데 의미가 있다.

2) 유럽통합의 조류

독일은 유럽통합이라고 하는 대조류에 적절히 편승하여 통일의 여건을 조성했다. 유럽은 역사상 많은 종족들이 국경을 넘어 교류가 있었다. 이러한 인종적인 공통점 외에도 하나의 대륙이기 때문에 대서양과 지중해를 이어줄 수 있는 교량역할이 없다면, 많은 애로점이 있게 된다. 그리하여 경제단위의 통합을 목표로 한 것이 유럽통합(EU)이라고 볼 수 있다.

독일이 차지하는 지정학적 위치는 유럽 전체의 문지방 같은 위치에 있다. 이러한 필요성은 분단을 강행하고 난 뒤에 당장 애로사항이 생기게 되는데, 동서독을 거치지 않고서는 남과 북, 동과 서의 유럽고

류는 거의 불가능하다고 해도 과언이 아니었다. 이는 1947년 1월 18일 전승국들 간에 행한 뮌헨 협정에서도 잘 나타나고 있다. 즉 전승국들 간의 점령지역 교역을 위해 체결하게 된 것이다.

독일에 인접해 있으면서, 독일통일을 가장 두려워했던 국가가 프랑스인데, 이 경우 20세기에 들어와서만 두 차례나 독일에 의해 침략을 당했다. 그래서 프랑스는 공개적으로 독일통일을 바라지 않는다고 공언하기도 했다. 하지만 동서독이 89~90년 갑자기 통합으로 다가서자, 통독을 바라는 국제여론에 밀려 프랑스도 덩달아 환영한다는 입장을 취하지 않을 수 없었다(정용석, 1992: 65).

라. 종교적 요인

위에서 살펴본 요인은 국내적인 요인, 국제적인 구분이었다. 독일통일에서 중요한 요인이 또 하나 있는데, 그것은 종교적인 요인이다. 말하자면 가톨릭의 종교 전통이다. 이는 국내적인 요인이기도 하며 국제적인 요인이기도 하다.

독일통일을 가능케 한 저변에는 행태학적으로 일일이 설명할 수 없는 종교적 요인이 짙게 깔려 있었다는 지적과 같이(양영식, 1997: 640), 독일통일에 있어서 국내적으로 서독에서는 교회·성당 간 사랑의 선물을 전달하여 신뢰를 더욱 굳건히 해주는 역할을 했다. 서독의 교회들은 부활절 기간 중 어린이들이 매일 초콜릿 한 개씩을 40일간 모아 이를 교회를 통해 동독 어린이들에게 전달하였다(양영식, 1997: 660). 그리고 동독에서는 공산주의 체제에서는 드물게 종교적인 단체가 존속하고 있었다는 점이 통일에 의미 있는 역할을 했다고 본다.

하지만 동독인 스스토는 종교적 가치정향이 긍정적인 것만은 아니라는 보고도 있다(카르스텐 필, 1994: 341).

　종교적인 면에 있어서 주변국의 상황은 어떠한가? 우선 역사적으로 로마제국 이후 가톨릭이 국교로 지정되고 난 뒤 대부분의 유럽국가들은 가톨릭의 문화권에서 성쇠를 거듭하게 된다. 특히 독일로서는 서로마제국시절에는 동토마에 대항하기 위해 교황이 독일 왕에게 신성로마제국이라는 영예를 안겨주었다. 뿐만 아니라 양차 대전의 전범국이라는 오명을 씌워줘야 한다는 당위성과 더불어 우럽 전체에 광배해 있는 가톨릭 문화의 공유는 독일에 대한 국제적인 통일여건의 성숙을 가져다주는 직간접적인 요인이 충분히 될 수 있었다고 본다.

3. 독일 정치교육의 배경 및 목표

　독일의 지역사회 통일교육은 그 정치교육(Politische Bildung)의 개념에서 찾아진다. 광의의 정치교육 개념하에서 지역사회 통일교육의 의미를 찾을 수 있다.

　전후 연합국들은 전쟁재발의 방지를 위해 패전국 독일에 대하여 강력한 4D정책, 즉 반나치화(Denazifizierung), 비산업화(Deindustrialisierung), 비군사화(Demilitarisierung), 반중앙집권화(Dezentralisierung)를 추진하였다. 그리하여 이를 위한 구체적인 전략으로 제시된 것이 교육을 통한 민주화, 즉 정치교육의 제도화였다.[31]

　독일의 정치교육은 민주시민 교육의 대표적 사례로 손꼽힌다. 여

---

31) 심익섭, 「독일정치교육 조직체계에 관한 연구: '연방정치교육원'을 중심으로」, 『한국민주시민교육학회보』, 3호, 한국민주시민교육학회, 1998, p.3.

러 선진 민주국가들 중에서 독일의 사례가 가장 내용과 형식 면에서 충실하고 체계화되어 있다. 독일의 정치교육은 1945년 제2차 세계대전이 종결된 이후 연합국의 영향 속에서 시작되었다. 패전 이후 히틀러의 나치즘을 극복하고 새로운 자유민주주의 국가를 건설하려는 역사적 과제를 설정하면서, 독일 정치교육은 국민통합을 골자로 하는 목표를 설정했다.[32]

4. 독일 정치교육의 기본이념 및 내용

가. 독일 정치교육의 기본이념

독일 정치교육의 기본이념은 계몽, 참여, 민주화로 요약된다. 독일의 정치교육의 첫 번째 기본이념은 '계몽'이다. 시민들이 처한 사회적 환경을 바르게 인식하도록 도와주며, 그들로 하여금 개인의 삶이 사회구조 및 사회정치적 발전과 밀접한 연관을 갖고 있음을 인지시킨다. 시민들은 정치교육을 통하여 사회현실 분석능력과 아울러 비판적 이성에 의해 사회현실을 인식한 후 자기 입장을 설정하는 한편, 더 나아가 불합리한 구조를 개혁하는 능력까지도 육성할 수 있다. 특히 시민들은 정치교육에 의한 계몽을 통하여 정치·경제·사회제도가 이상적으로 운용되고 있는 것을 인식하는 것이 아니라 실질적 대립과 갈등

---

32) 심익섭, 「통일대비 남·북한 이질화 극복방향에 관한 연구: 민주시민교육을 중심으로」, 『행정논집』, vol. 25, 동국대학교 행정대학원, 1997, pp.185~211: "바이마르 공화국 시대 자유분방했던 자유주의와 나치의 전체주의에 대한 비판의식을 고취시켜 스스로 판단하고 정리하게 하는 한편 자율적 민주시민 의식을 고취시켜 새로운 자유민주주의 체제에 능동적으로 적응토록 하며, 통일 이후에 동독 시민들로 하여금 서독 체제에 조속히 적응하도록 하며, 동·서독 시민의 상호이해를 통해 사회·심리적 간격을 좁혀 국민통합을 이룩한다."

은 물론 문제의 소재를 분석할 수 있는 능력까지도 배양한다.[33]

독일 정치교육의 두 번째 기본이념은 '참여'이다. 민주화를 위한 정치교육은 사회구조 및 제도와 관련된 것 중에서 비합리적이고 비인간적인 것을 밝혀내고 정치적인 참여와 결단으로 이것을 개혁할 수 있는가를 계몽하고 방법을 제시해주는 것이다. 기존의 사회상황과 관련된 정치교육의 목적과 기능은 정치적인 조작에 항거할 수 있는 비판능력을 배양하는 것이다. 이 경우 정치교육은 사회참여교육으로 전환된다. 정치교육은 일반적인 인지교육과는 달리 사회인식의 토대 위에서 적극적인 참여를 유도하기 위한 실천교육이라고 할 수 있다.[34]

독일 정치교육의 세 번째 기본이념은 '민주화'이다. 서독의 정치교육은 1945년부터 1949년 연합군 점령시기에 기초가 세워졌다. 연합군의 우선적인 관심은 반나치화 교육과 민주주의의 이념 교육이었다. 1950년대에서의 서독 정치교육은 국가권력에 의한 자발적인 복종 대신에 대화와 설득, 지배체제의 권위주의는 민주주의 이념과 민주적인 교육방식으로 대체되었다.[35]

---

33) W. Michel, D. Zitzlaff, (Hrsg.), Handbuch zur politischen Bildung, Bonn, 1988, p. 53, 황병덕, 「독일 정치교육 연구: 한반도 통일대비 정치교육을 위한 시사점 도출」, 『유럽연구』, 제5호, 한국유럽학회, 1997, p.89 재인용.

34) U. Allemann, Partizipation—Demokratisierung—Mitbestimmung, Opladen, 1975, p. 59, 위의 논문, p.90 재인용.

35) 황병덕, 위의 논문, pp.91~92; G. Stein, "Politische Bildung zwischen Politik und Pedagogik", in W. Mickel, (Hrsg.), Politikunterricht im zusammenhang mit seinen Nachbarfachern, München, 1979.

나. 독일 정치교육의 내용

독일의 정치교육은 일반적으로 모든 자유민주국가에 공통적으로 적용될 수 있는 것처럼 개개인들이 국가의 주권자로서 자주적이고 독자적 결정능력을 배양하며, 결정내용에 대한 스스로의 책임성과 권리와 의무를 갖추도록 하는 데 있다. 독일연방 교육센터(Bundeszentrale für Politische Bildugn)와 주정부의 주정치 교육센터(Landeszentrale für Politische Bildung)의 설립규정에도 "정치적 사안에 대한 이해를 증진시키고, 국민의 민주 시민의식을 고양하여, 성숙하고 비판적이며 적극적으로 정치일상에 참여하도록 유도한다"[36]고 밝히고 있다.

5. 독일 정치교육의 운용

통일과 관련한 독일 정치교육은 정치교육센터를 중심으로 한 교육, 정당의 정치재단을 통한 활동, 교회를 통한 활동, 그리고 노동조합을 통한 활동 등으로 요약된다.

가. 정치교육센터를 중심으로 한 교육

정치교육센터를 중심으로 한 교육은 중앙의 연방정치 교육센터를

중심으로 살펴볼 수 있다. 이 센터는 1952년 연방내무성 산하에 '지역 봉사를 위한 연방센터'(Bundeszentrle für Heimatdienst)로 설립된 이러, 1963년 현 명칭으로 변경되었다. 연방정치 교육센터는 독일국민에게 정치교육의 중요성과 제반 국가정책을 이해시키고 민주시민으로서 정치참여도를 제고시키는 데 그 목표가 있었다. 연방정치 교육센터의 주요사업은 출판간행물을 통한 교육사업, 정치교육관련 학술대회 지원사업, 그리고 외부정치교육단체 지원 등이 있다. 한편 지방정치 교육센터가 주정부 산하에 독립적으로 설치되어 있다. 지방정치 교육센터의 활동은 각 주의 고유한 조건과 문화주권(Kulturhoheit)을 고려하여 대체로 자체적인 교육 프로그램을 제공한다.37)

나. 정당의 정치재단을 통한 활동

독일에는 의회에 진출한 정당의 경우, 법적으로 정당의 소속은 다니지만 정당에 가까운 정치재단을 두고 있다. 이러한 제도는 어떤 다른 국가에서 찾아보기 힘든 독특한 제도이다. 이러한 정치재단들은 기본적으로 각 정당의 이념을 사회적으로 구현하는 데 그 목표를 두고 있으나, 공공성을 매우 강하게 띠고 있다. 독일에 현존하는 정치재단으로는 1925년(1949년 재설립)에 설립된 프리드리히 에버트 재단(Friedrich Ebert Stiftung, 사회민주당-SPD 소속), 1958년 설립된 프리드리히 나우만 재단(Friedrich Naumann Stiftung, 자유민주당-FDP 소속), 1964년 설립된 콘라드 아데나워 재단(Konrad Adenauer Stiftung, 기독민

---

37) H. Schneider, "Bundeszentrale und Landeszentrale für politische Bildung", W. Mickel & D. Zitzlaf, (Hrsg.), Hnadbuch zur politischen Bildung, Bonn: BpB, 1988, p.510, 이규영, 위의 논문, p.178 재인용.

주당-CDU 소속), 1967년 설립된 한스 자이델 재단(Hanns Seidel Stiftung, 기독사회당-CSU 소속), 그리고 1997년 설립된 하인리히 뵐 재단(Heinrich Böll Stiftung, 녹색당-Grüne 소속) 등이 있다(황병덕, 1997: 178~179; 한만길 외, 2003: 195~196).

모든 정치재단은 정치교육, 장학사업, 학문연구, 국제적 사업 등의 네 가지 과제를 수행한다. 이 중에서 정치교육이 가장 핵심적인 분야이다. 모든 재단은 현재와 미래에 대한 시민의 책임을 강화하고, 시민들이 민주사회에서 능동적으로 참여할 수 있는 능력과 자세를 갖추며, 복잡하게 변화하는 세계에서 민주적 정치문화의 형성에 기여할 수 있도록 만드는 것을 정치교육의 핵심과제로 삼고 있다(한만길 외, 2003: 195~196).

다. 교회를 통한 활동

교회단체가 실시하는 정치교육은 크게 두 가지 성격을 띤다. 하나는 일반적인 정치교육이며, 다른 하나는 교회 자체의 과제로 종교적 문제를 넘어 사회문제에 내재하는 다양한 가치판단의 기준을 제시하는 것이다. 교회의 정치교육은 참가자들이 스스로의 필요성에 의해 자발적으로 참석하도록 프로그램이 마련된다. 교육방식으로는 주로 세미나 형식이 애용되고 있다. 주제는 전쟁과 평화, 인종문제, 실업문제, 첨단과학 등의 시사문제에서 제3세계의 개발에 이르기까지 다양하다. 세미나 이외에도 정치·사회·경제문제에 관한 체계적인 강좌가 개설되기도 한다. 이러한 교육은 교회소속의 교육원, 종교적 성격을 띤 사회단체 및 연구소 등이 맡고 있다(Mickel & Zitzlaff, 1988: 480

~483, 한만길 외, 2003: 193~194, 재인용).

라. 노동조합을 통한 활동

독일노동조합연맹(DGB)은 산하에 17개의 산별노조를 둔 전국적인 조직이며, 사회민주당(SPD)에 가장 큰 영향력을 미치는 사회단체이다. 노조의 정치교육은 자본과 노동의 대결로 집약될 수 있는 현대 산업사회의 정치적 현실을 반영한다. 즉 노동자와 피고용인의 이익을 추구하며, 사회의 근본적인 민주화를 통해 노동자의 해방을 지향하는 과정으로 이해된다. 특히 집단성과 연대성이 강조되는 노조의 정치학습과 사회학습은 노조가 실시하는 교육의 가장 핵심적인 부분이다. 노조의 사회학습은 비판능력, 안정된 행위, 연대의식 함양에 그 목표를 두고 있다. 정치학습은 경험을 바탕으로 행동의 변화를 촉진하는 데 목표를 둔다. 이렇듯 노조의 정치교육은 사회경제적 구조의 분석과 비판을 통해 사회정치적인 참여를 강화하는 데 주력한다(한만길 외, 2003: 194).

6. 사회통합의 과제

가. 심리적 갈등극복

우리의 일상 가정생활에서도 마찬가지의 예를 찾아볼 수 있다. 브 부가 결혼을 하여 한 가정을 꾸려나갈 때, 이를 단일 민족국가의 성 립이라고 본다면, 민족의 통일은 행복하게 살다가, 가족 내외적인 된인에 의해 이별을 했다가 일정기간이 흐르고 난 뒤 재결합을 할 때, 많은 과도기적 역기능들이 생기게 된다. 이는 바로 '의식통합을 통한 정신의 장벽극복'(양영식, 1997: 668)이라고 볼 수 있다.

통일독일의 경우 이와 같은 경우에 처해 있다고 보면 좋을 것이다. 대체로 독일의 통일은 분단극복을 위한 양 독의 장기간에 걸친 문화 교류와 협력에도 불구하고 많은 심리적인 갈등이 극복되지 못하고 있다. 이는 자본주의와 사회주의의 체제적인 이질감에서부터 나오는 경험적인 요인의 결과이다.

독일의 정치적·제도적인 통일은 행정적·법적 절차를 통해 이미 완료되었으나, 동·서독 지역주민들 간에는 정신적·문화적 이질성은 아직도 상존하고 있다. 이는 양 지역 주민의 국가관, 생활방식, 가치·경험체계 등이 상이하여 동독 지역주민들이 아직 통일독일의 새로운 정치·경제·문화제도 및 질서에 적응하지 못하고 있을 뿐만 아니라 서독 지역주민에 대한 심리적 열등감을 느끼고 있기 때문이다.

여기에는 상호갈등과 서독인들 내부에 대한 피해의식, 그리고 동독인 내부에 있어서의 열등의식을 예로 들 수 있다. 동·서독 자체 내의 문제는 물론 통일로 인해 생기게 되는 심리적 요인이기는 하지만 자체적으로 해결할 수 있는 문제라고 생각해본다면, 상호갈등의 문제가 독일의 통합단계에서 가장 중요한 갈등유형이라고 할 수 있을 것이다.

이를 일컬어 '오씨와 베스티의 갈등'이라고 한다. '오씨'는 '미개한 동독인'을 지칭하는 서독인들이 동독인들에 대해 경멸하는 모욕의 말이며, '베스티'는 '거들먹거리는 서독인'을 지칭하여 동독인들이 모욕의 뜻으로 사용하는 말이다.

사실 독일은 1870~1945까지 단 75년밖에 단일민족으로의 전통을 갖고 있지 않다. 이러한 짧은 통일역사에도 불구하고 그들이 그렇게 통일에 대해 집착하는 것은 그 기간 동안에 이룩했던 역사적 유물과 문화적 업적들이 세계적인 수준의 최상위급에 속할 정도로 자랑스럽기 때문인지도 모른다.

서독인으로서는 이질체제를 앞선 자의 입장에서 이해해주는 너그러운 자세의 필요성과 가진 재산을 뺏긴다는 생각에서의 피해의식을 조속히 극복하는 것이 주요한 과제일 것이고, 동독인으로서는 새로은 체제에 적극적이고, 긍정적으로 동화될 수 있게 노력하여 과도기적인 사회문제를 극복할 수 있는 주민 스스로의 자구노력과 국가차원의 재사회화 교육프로그램이 확대되어야 한다는 필요성이 제기된다고 볼 수 있다.

나. 경제적인 문제

통일 후 독일은 구동독 지역 경제 붕괴로 인한 구동독 지역 기업의 도산과 실업률 증대, 임금상승으로 인한 국제경쟁력 상실 등이 나타나고 있다. 현재 구동독 지역 경제침체는 급속한 시장경제 체제로의 재편과정에서 나타나는 필연적인 문제이며, 이는 단순히 경제활동을 어떻게 어느 수준으로 향상시키느냐의 문제가 아니다. 그것은 어떻게 경제구조를 발전적인 방향으로 재편하느냐의 문제이다. 따라서 독일 통일의 후유증은 무엇보다도 그 경제적 부담이다. 서독은 통일 후 2년간 황폐화된 동독경제를 재건하기 위해 공공부문에서 2천3백40억 달러를 투입하였고, 민간부문에서는 1천8백억 달러를 투입했다. 그럼에도 불구하고 동독의 실업률은 15% 상태이며 서독의 실업률도 6%

에 이르고 있다(정용석, 1992: 154～155). 이러한 자금의 문제는 결국 통일비용이라고 해도 무방할 것이다. 여기에는 경제문제의 독자적인 범위를 넘어서서 오시와 베스티의 문제인 심리적인 문제로까지 나아가게 된다.

통독 후 경제·사회적 문제가 당초 예상했던 것보다 심각해진 것은 다음과 같은 이유에 기인한다. 첫째 초기에 주도권을 쥐고 경제 재건의 분위기를 조성했어야 할 서독 정부의 소극적 정책대응, 둘째 동독 지역 주민들의 자구노력 부족, 셋째 지난 40년간 누적되어 온 구동독 지역 행정관료 및 기업가의 능동적 대처능력 부족, 넷째 경제 통합 당시 1:1로 결정된 동서독 화폐 교환비율로 인한 동독 지역경제의 급속한 경쟁력 상실, 다섯째 불확실한 소유권, 지연되는 기업민영화로 인한 투자미흡 등을 들 수 있다(양호민, 1992: 304～305).

통독의 경제적 문제는 우선 먼저 통일의 당위성과 현실적 국민부담 간의 간극을 좁힐 수 있는 작업이라고 말할 수 있다. 이는 사회복지의 문제이기도 하고, 계층·지역 갈등의 문제이기도 하다. 사회급변으로 인한 대량실업(특히 동독지역 주민), 부의 편중, 사회적 형평의 제고, 복지, 저소득 계층의 최저 생활보장 등이 바로 통독이 안고 있는 경제적 측면에서 앞으로 해결해 나가야 할 과제이다.

다. 구동독에 대한 과거청산

1989년 가을 동독의 민주화 혁명은 분단국의 특수상황에 따라 서독과의 통일형태로 진행되었고 체제 전환이 내부적 전환이 아닌 자유민주 체제로의 통합이라는 독특한 형태로 추진됨으로써 구동독 체제의 과거청산은 자유민주적 법치국가 원리에 입각하지 않을 수 없게 되었다. 이에 따라 동독의 과거청산은 자유민주적 절차에 따른 전체주의 체제의 청산이라는 독특한 형태를 가지게 되었다. 독일통일은 동서독 간 체제 수령 형태를 통하여 이루어진 것이 아니라 동독 사회주의 체제의 붕괴와 더불어 동독 지역에 서독의 법치국가적 질서가 수렴되는 과정을 통하여 달성되었다.

따라서 동독 과거청산은 동독 지역에서의 법치국가적 질서구축을 통해 통일 후 동서독 양 지역 간의 정치통합에 기여해야 할 것이다. 동독 지역의 법치국가적 질서구축은 불법조치에 의한 피해자의 구제와 구동독 공산당 정권의 담당자 및 그 지지세력인 체제 범죄 가해자의 처벌에 의한 구동독 공산정권의 체제 불법 청산의 과제가 남아 있다.

여기서 문제되는 점은 동독 지역의 기득권 세력들이 처벌이나 제재를 받아야 된다는 경분이 동독 지역주민들이 특히 납득할 수 있는 정도가 되느냐 하는 것이다. 왜냐하면 비록 기득권 세력이라 할지라도 통일을 위해 많은 노력을 한 구동독 공산당원과 같은 경우 이해할 수 있는 조치와 처벌을 해야 할 것이다. 또한 국가 토훈차원에서 그 공과(功過)를 공정하게 평가될 수 있도록 하는 것이 중요할 것이다.

라. 통일된 민족의 정신적 정통성의 확립

양 독의 통일은 기본조약의 정신대로 쌍방의 존재를 인정하고 1 1 형태의 통일이 아니라, 완전한 흡수통일이다. 그러므로 그 진행속도는 대단히 빨랐기는 했지만 그로 인한 문제점이 많은 것이다. 통독의 민족 정신적 정통성의 확립은 시간적인 진행속도에 병행하여 신속히

정립되지 못했다. 그래서 흡수의 주체인 서독의 정치 이데올로기를 그대로 유지할 수밖에 없었다. 서독은 주지하다시피 자유자본주의 체제이다. 그렇다 보니 동독에 대한 배려 차원의 통일독일의 정신적 구심점은 확립하지 못했던 것이다.

독일은 역사상 철저한 민족주의적 특징(나치즘 등), 가톨릭 정신, 민주주의, 그리고 자본주의 등의 정신적 특성을 갖고 있다. 대체로 그 역사상 경험적 요소 중에서도 지나친 민족주의는 지양하되 민족전통을 발양할 수 있는 민족주의적 전통과, 가톨릭 정신, 민주주의, 그리고 자본주의 요소들이 그 근간을 이루어야 할 것이다.

그리고 그 정통성의 조직 원리로는 다음과 같이 예를 들 수 있다. 자발성은 시민사회의 영역을 자발적 부문으로 규정하는 데 있다. 이 자발적 부문의 조직 원리가 민주적이면서 인간적이기 위해서는 폭력이나 힘에 의한 강제라든가 돈과 물질적 유인이라든가 하는 것으로 사회가 성립하고 구성원들이 참여하는 것이 아니라, 개인이든 집단이든 이타적 충동에 의하여 자발성이 발로됨으로써 자율적으로 사회의 대의와 공공목표에 봉사·헌신·공헌하는 규범을 실천하여야 한다. 이런 의미에서 국가와 시장에 대응하는 자발적 공동체의 위상이 정해진다. 이러한 자발적 부문은 사실상 풍부한 자원의 보고로 그것을 자발적으로 동원할 수 있다면 국가나 시장만으로는 감당하기 어려운 사회의 주요기능들을 충분히 감당해낼 수 있는 저력을 지닌다.

복지공동체의 이념은 일반적인 복지국가, 사회복지 등의 개념과 겹친다. 우선 분배 정의를 실현함으로써 계층 간의 격차를 최소화하는 이상을 추구한다. 그리고 구성원 중에 어려움이 있는 부문에 대해서는 개인·가족·집단·계층의 수준에서 국가와 사회의 자발적 부

문이 도움의 손길을 함께 나누는 사회를 지향한다. 그리고 경쟁을 하
되 공정한 규칙에 의한 경쟁을 공정한 절차로 수행할 뿐 아니라, 경
쟁에서 낙오한 사람이나 집단이 불행하든가 불만으로 괴로움을 당하
지 않도록 보살피는 인간적인 사회를 추구한다(이온죽, 1997: 56~57).
　여기서의 자발성은 민주주의의 주권재민 정신이다. 그러나 외국으
로부터 견제받을 수 있을 정도의 밑으로부터의 국수주의적 운동을
억제할 수 있는 정부통제의 기능, 즉 연방제 형태의 다원화된 정치제
도상의 발전이 있어야 할 것이다. 결국 통일독일은 과거로의 단순한
회귀만을 위한 것이 아니다. 어느 정도의 갭을 극복하고 난 뒤에는
새로운 정신적 통일을 찾는 노력과 그것을 정착시킬 수 있도록 노력
해야 할 것이다.

7. 요약

　독일의 미래는 밝다. 그렇게 어려운 현실적인 난관에도 불구하고
그들은 결국 통일을 이루어냈다. 앞으로의 어려움 또한 결코 만만치
는 않겠지만, 그들이 지금껏 통일을 위해 기울여왔던 관심과 노력만
큼 정열을 갖고 추진해나간다면 안정된 사회통합을 이루어낼 날도
멀지 않으리라 본다.
　동서독의 통일은 1990년 10월 3일 완결되었다. 독일통일은 무력이
나 강압에 의한 것이 아니었고, 양 독 지역 국민의 합의에 의한 평화
통일이다. 동서독은 분단 양측이 비록 이데올로기상으로는 화합할 수
없는 적대관계에 놓여 있었으면서도 꾸준한 교류와 협력을 통해 민
족적 동질성을 회복해갈 수 있었다. 양 독은 교류와 협력관계를 확대

해가던 중, 때마침 동유럽을 휩쓸던 민주화와 개방화의 열풍에 편승, 평화통일을 재빨리 얻어낼 수 있었다.

‘작은 큰 걸음’으로 정치적인 비전을 가진 서독의 통일노력은 기능주의 원리에 따라 먼저 비정치분야인 문화교류를 통해서 한 단계 한 단계 나아갔던 것이다. 여기에는 국제적인 여건으로 인해 던져진 운명적인 주변 전승국들의 제약이 있었다. 독일의 통일을 위한 적극적인 노력은 혹시라도 주변 전승국들로 하여금 통일독일은 무력 재무장으로 나아가지 않겠는가 하는 우려를 낳았다. 그렇지만 양 독은 이러한 현실적인 난관 속에서도 희망을 버리지 않고, 또한 다가오는 공산권의 몰락과 유럽통합이라고 하는 큰 역사의 물결에 직면해서 비전을 가진 정치지도자의 외교수완으로 내적으로는 국민들의 구심점으로, 밖으로는 주변국들에게 통일독일은 두려운 존재가 아닐 것이라는 강한 설득으로 악재를 호재로 극복해나갔던 것이다. 또한 이러한 통일노력에 건전한 자유 자본주의로 발전해 나갈 수 있도록 해주는 건전한 비판세력의 학문적 바탕도 눈여겨보아야 할 것이라고 생각된다. 그리고 로마제국 이후 유럽에서 국교로 지정된 가톨릭의 종교적 지주는 신성로마제국 이후 독일로 하여금 그 문화적 발전과 국론을 집결할 수 있는 하나의 구심점으로 작용했는데, 이것이 통일독일을 이루어내는 데 큰 역할을 했음도 살펴보았다.

하지만 너무나 갑작스러운 통일을 일구어냄으로써 진정한 사회통합에는 많은 과제들이 있음을 지적했다. 우선 자본주의와 사회주의 체제의 이질체제 속에서 굳어져버린 사고의 차이, 즉 심리적 차이의 극복을 예로 들었다. 갑작스러운 체제의 변혁으로 말미암은 대량실업, 구동독에 대한 과거청산, 그리고 통일된 민족의 정신적 정통성을 확립해나가야 할 과제가 있음을 지적했다. 여기에는 자발성과 복지공동체의 이념을 바탕으로 해야 함을 강조했다.

독일의 통일에 대한 고찰은 결국 그 자체의 학문적인 연구가치뿐만 아니라, 한반도 통일논의에 있어서도 많은 시사점을 가져다준다. 물론 분단의 과정과 분단의 고착화를 가속화시킨 동족 간의 전쟁이 있었기 때문에 접근의 방법과 양 체제에 대한 실체 규명에 있어서 상당한 차이가 있다. 그럼에도 불구하고 한반도통일에 대한 독일 통일의 시사점은 다음 몇 가지로 요약할 수 있겠다. 먼저 기능주의적인 교류·협력의 노력이 선행되어야겠다. 통일방법론 집착보다는 현실적인 관계개선을 통한 비정치분야에서 정치분야로의 전이(spill-over, ramification)의 교훈이다. 둘째, 통일비전을 가진 정치 지도자의 결단력과 추진력이다. 셋째, 연방제식의 유사경험의 확대이다. 한국의 경우 지방자치제에서 자치단체 간의 대화와 문제해결 경험을 다양하게 축적해야 할 것이다. 이제 통독의 앞날에 파랑새를 기대해보아야 할 순서만 남아 있다.

제4장

경남지역 사회통일교육 운영실태

제4장 | 경남지역 사회통일교육 운영실태

1. 통일부의 통일교육 운영체계 및 지역사회 통일교육 일반현황

가. 통일부의 통일교육 운영체계

통일부의 통일교육 운영체계는 전국적인 계서조직을 갖고 있다. 그 상세한 내용은 연례적인 자체 운영계획에 잘 나타난다(<그림 3> 참조). 이러한 통일부의 통일교육 운영체계에서의 지역사회 통일교육은 통일부의 조정 및 통제 아래 있는 지원 대상으로 정의되어 있다. 지역사회가 중심이 되는 형태의 통일교육 효과를 기대할 수 없는 구조이다.

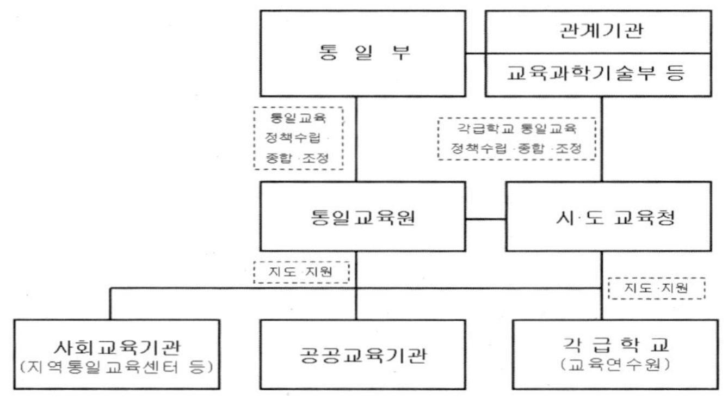

출처: 통일부 통일교육원, 『2009년도 통일교육 운영계획』, 통일교육원 교육운영과, 2009, p.4.

〈그림 3〉 정부의 통일교육 운영체계

나. 지역사회 통일교육 일반현황

통일부는 '사회통일교육 과정'을 통일교육의 중간전달자라고 할 수 있는 각 지역사회 및 직능단체의 여론 주도층을 대상으로 한 교육으로 정의하고 있다. 2008년도의 경우 총 29개 학급 1,846명을 대상으로 1~3일간의 맞춤식 교육을 실시하여 정부의 대북정책에 대한 정확한 이해와 전문성 제고에 주안점을 두었다. 사회통일교육 과정에는 대상별로 통일교육 관련기관·단체 회원을 비롯하여 여성계 인사, 종교계 인사, 민간차원의 대북인도지원 업무종사자 등이 교육에 참여하였다. 교육내용으로는 참가자들의 직능별 특색을 고려하여 '통일한국과 종교인의 역할', '북한이탈주민 적응실태와 해결과제', 'NGO 대북지원 사례', 'NGO 활동의 전문성 향상', '남북 나눔의 삶과 실천방법', '통일교육발전토론회', '남북경협사례와 발전방향' 등 총 24개의 맞춤형 교과목을 제공하였다.[38]

통일부는 1987년 제정된 「통일교육전문위원관리규정」에 따라 통일문제에 대한 전문지식과 강의능력을 갖춘 지역사회 인사를 통일교육위원으로 위촉하여 통일문제 및 남북관계에 대한 국민적 합의 기반조성과 지역사회 여론수렴에 적극 활용하고 있다. 2008년 12월 말 현재 통일교육위원협의회는 중앙 및 16개 시·도 협의회로 구성되어 있고, 1,148명의 통일교육위원이 지역주민을 대상으로 통일교육을 실시하였다. 「통일교육지원법」 제19조에 따라 설립된 통일교육협의회에는 2008년 말 현재 한국 YMCA 전국연맹 등 95개의 다양한 통일교육단체가 가입되어 있다(<표 4> 참조).[39]

정부는 통일교육협의회 소속단체의 통일교육 활동을 활성화하기 위해 국고보조금 지원 및 각종 교재 등을 제공하고 있다. 또한 정부는 2004년부터 통일관련 교육기회, 시설 및 정보 등 통일교육 인프라가 부족한 지역사회에 통일교육 프로그램 및 정보를 제공하고자 통일교육 관련단체, 시설을 대상으로 「지역통일교육센터」를 지정·운영하고 있다(<표 5> 참조).

〈표 4〉 통일교육협의회 회원단체 현황

연번	단체명	연번	단체명
1	경남대학교 극동문제연구소	49	원산시민센터
2	경북대 평화문제연구소	50	자주평화통일민족회의
3	경실련 통일협회	51	전국대학통일문제연구소협의회
4	교육복지연구원	52	정신개혁시민협의회
5	굿네이버스	53	좋은 벗들

---

38) 통일부, 『2009통일백서』, 2009.6. pp.202~203.

39) 2008년 현황을 담고 있는 2009년 판 통일백서에서는 통일교육협의회 소속 회원단체가 95개로 되어 있으나, 그 전년도 2008년도 판 통일백서에서는 상세한 현황과 함께 96개로 기록하고 있고, 그 추세가 감소되지 않았을 것이라는 추정하에 이전자료를 참고함: 통일부, 『2008통일백서』 2008.2. p.281.

6	남북경협국민운동본부	54	천교도청년회 중앙본부
7	남북농업발전협력민간연대	55	초록생명평화센터
8	남북문화교류협회	56	통일건국민족회
9	남북문화통합교육원	57	통일교육문화원
10	남북사랑나누기협회	58	통일교육연구원
11	남북사회문화연구소	59	통일교육위원중앙협의회
12	남북청소년교류평화연대	60	통일맞이
13	남북청소년교류연맹	61	통일민주협의회
14	남북청소년통일교육진흥원	62	통일시대 충북연대
15	다물민족연구소	63	통일안보교육협의회
16	단국대 정책과학연구소	64	통일여성안보중앙회
17	대한기독교자유연맹	65	통일을 만들어가는 사람들
18	대한민국팔각회	66	평화네트워크
19	대한불교청년회	67	평화를 만드는 여성회
20	대한YWCA연합회	68	평화문제연구소
21	동신대 동북아연구소	69	평화통일대구시민연대
22	동학민족통일회	70	평화통일복지협의회
23	민족문제연구소	71	평화통일시민연대
24	민족문화교류재단	72	한겨레통일문화재단
25	민족통일중앙협의회	73	한국가족문화원
26	민족화해협력범국민협의회	74	한국걸스카우트연맹
27	부산여성회	75	한국기독청년협의회(EYCK)
28	부천시민연합	76	한국대인지뢰대책회의
29	북방문제연구소	77	한국대학원리연구회
30	북한문제연구협의회	78	한국여성단체연합
31	북한연구소	79	한국여성단체협의회
32	새롭고하나된조국을위한모임	80	한국자유총연맹
33	새마을운동중앙회	81	한국종교인평화회의
34	서울시민문화단체연석회의	82	한국통일교육학회
35	세계평화여성연합	83	한국통일문화진흥회
36	세계평화청년연합	84	한국통일여성협의회
37	세계평화통일학회	85	한국통일진흥원
38	수원여성회	86	한국YMCA전국연맹
39	아시아사회과학연구원	87	한민족복지재단
40	안산통일포럼	88	한민족복지협의회

41	어린이어깨동무	89	한민족운동지도자연합회
42	여성평화통일단체연합	90	한민족통일교육역사연구소
43	여성사회교육원	91	한민족통일여성중앙협의회
44	열린사회시민연합	92	한민족통일촉진협회
45	영세중립통일협의회	93	한반도평화운동본부
46	우리겨레하나되기운동본부	94	화해평화통일교육전국모임
47	우리민족서로돕기운동	95	흥사단 민족통일운동본부
48	원불교청년회 평화의친구들	96	KYC한국청년연합회

출처: 통일부, 『2008통일백서』, 2008.2. pp.282~283.

2008년도에는 전국의 10개 지역을 중심으로 통일교육 역량을 갖춘 대학연구소(5개), 통일교육위원지역협의회 등 단체(5개)를 「지역통일교육센터」 운영주체로 지정하였으며, 한 해 동안 총 217회(정기 시민 통일강좌, 통일문화축제 등 70개 사업, 4만 6,614명 교육)의 통일교육을 실시하였다. 2009년부터는 「지역통일교육센터」 지정기간을 1년에서 3년으로 연장하여 통일교육사업의 안정성과 효율성을 높이고 「지역통일교육센터」가 통일교육위원, 통일관, 시·도교육청, 지방자치단체, 통일관련단체 등과 협력하여 지역사회 통일교육의 중심적 역할을 수행할 수 있도록 지역통일교육 연계체계도 새롭게 구축해나가고 있다(<표 5> 참조).[40]

---

40) 통일부, 『2009통일백서』, 2009.6. pp.218~219.

〈표 5〉 지역통일교육센터 현황

(기준: 2008년)

권역 (개수)	센터명(소재지)	운영주체	통일교육 실적
영남(3)	부산(부산)	통일교육위원 부산협의회	6개 사업(총 24회)
	경남(진주)	통일교육위원 경남협의회	7개 사업(총 22회)
	대구·경북(대구)	경북대 평화문제연구소	8개 사업(총 44회)
충청(2)	대전(대전)	(사)대전통일교육협의회	7개 사업(총 21회)
	충남·충북(천안)	단국대 정책과학연구소	8개 사업(총 16회)
호남(2)	광주·전남(목포)	통일교육위원 전남협의회	7개 사업(총 9회)
	전북(전주)	전북대 사회과학연구소 통일교육센터	7개 사업(총 21회)
강원(2)	강원 동부(속초)	(재)코리아하나재단 설악수련원	7개 사업(총 24회)
	강원 서부(춘천)	한림대 국제문제연구소	4개 사업(총 23회)
제주(1)	제주(제주)	제주대 평화연구소	9개 사업(총 12회)
합계	10개		70개 사업(총 216회)

출처: 통일부, 『2009통일백서』, 2009.6. p.219.

　전국 13개 지역의 통일관은 북한·통일관련 자료전시와 행사개최 등을 통해 지역주민의 통일교육 체험학습장으로서의 역할을 수행하고 있으며 지역주민들과 청소년들의 미래지향적 통일의식 함양에 이바지하고 있다. 2008년도에는 청소년층 및 실향민 등을 중심으로 약 300만 명이 통일관을 관람했으며, 서울지역에는 서울통일관이 새로 개관되었다. 통일관은 서울, 부산, 광주, 대전, 제주 등 13개 지역에서 지방자치단체와 민간단체 등이 주체가 되어 자율적으로 운영되고 있으며(<표 6> 참조), 정부차원에서는 각종 전시자료, 북한관련 특수자료 및 영상자료 등을 지원하여 운영의 활성화를 도모하고 있다.[41]

---

41) 위의 책, p.220.

〈표 6〉 전국 통일관 운영현황　　　　(기준: 2008년)

지역	통일관	주소	개관일	운영주체
강원	고성	강원 고성군 현내면 마차진리 138(통일전망대)	1988.6.16.	(주)통일전망대
	양구	강원 양구군 해안면 후리 720	1996.8.14.	양구군청
	철원	강원 철원군 동송읍 장흥4리	1990.12.15.	철원군청
수도권	인천	인천 남구 승의4동 8-7(자유회관 내)	1994.12.15.	자유총연맹(인천지회)
	오두산	경기 파주시 탄현면 성동리 659(통일전망대 내)	1992.9.8.	(주)동화진흥
	서울	서울 구로구 궁동 35(서서을생활과학고등학교 내)	2008.10.29.	서서울생활과학고등학교
충청	대전	대전 유성구 도룡동 3~1(엑스포 과학공원 내)	2001.8.11.	(지방공사)대전엑스포 과학공원
	청주	충북 청주시 상당구 명암로 4·3(청주랜드 내)	1993.2.23.	청주랜드관리사업소
	충남	충남 공주시 웅진동 98	2007.4.5.	자유총연맹(충남지회)
호남	광주	광주 서구 화성2동 316~11(호·정근린공원 내)	1989.3.10.	통일교육위원광주협의회
영남	부산	부산 진구 초읍동 236(자유회관 내)	1989.1.30.	자유총연맹(부산지회)
	경남	경남 창원시 용지동 485(자유회관 내)	1998.4.29.	자유총연맹(경남지회)
제주	제주	제주시 일도 2동 968~2(자유회관 내)	1993.12.18.	자유총연맹(제주지회)

출처: 통일부, 『2009통일백서』, 2009.6. p.221.

　　대상별 특성을 고려한 통일교육은 통일교육지원법이 제정되면서 지속적으로 변화되어 왔다. 1999년 통일교육지원법이 제정되기 직전 해인 1998년도 통일교육원의 교육과정으로는 사회교육반, 학교교육반(중등교사 대사), 통일대비반, 공직자반, 사회단체간부반, 통일단체간부반, 자원교육반, 평통자문위원반, 사회교육기관장반, 교장·교감반, 대학교수연찬반, 대학생반, 남북교류협력반 등이 있다.[42] 2009년도의 경우 대학교수반, 통일교육위원반, 민주평통위원반, 재외동포반,

---

42) 통일부, 『1998 통일백서』, 1999, pp.195~196.

항군강사반, 대북인도협력관계자반, 사회단체반, 통일문제바로알기반, 북한이탈주민관련반(정착도우미반, 건강담당자반, 지원단체반) 등이 있다.[43] 어떤 분야는 통폐합되기도 했지만, 어떤 분야는 심화되어 전문화되기도 했다.

2. 경남지역 사회통일교육 주요내용

통일부 경남지역 통일교육센터는 통일교육위원 경남협의회가 이끌어가는 핵심단체이다. 동 센터는 변화된 통일환경의 실상을 정확하게 이해하고 남북관계를 미래지향적인 관점에서 풀어나가는 능력을 배양하는데 필요한 국민적 가치관과 태도를 함양하는 통일교육 사업을 중앙 및 지역사회의 인적·물적 자산과의 연계를 통해 사업을 추진하고 있다(<부록 6> 참조).

경남지역 통일교육센터는 2006년부터 발족되었다. 이전 시기의 경남통일교육은 인접지역의 관할에 놓여 있었다. 2004년의 경우 민족통일중앙회 부산협의회에서 관장했고, 2005년의 경우 부산대학교 한국민족문화연구소에서 관장했으며, 2006년부터 독자적인 통일교육위원 경남협의회 형태로 시작되었다.

사업을 위한 예산은 통일부의 일정금액 지원과 이에 대한 대응투자 개념으로 자체부담금으로 구성된다. 대체로 전자가 70%, 후자가 30% 수준을 유지해왔다.[44] 주요 행사로는 통일교육커뮤니티(GPU Conference), 열린 통일아카데미, 통일문화축제(한반도 생명과 평화를

---

43) 통일부 홈페이지(https://www.uniedu.go.kr/uniedu_09/curriculum/sub1.jsp, 2009.11.30. 검색)
44) 경남지역 통일교육센터, 『사업운영평가보고회: 추진사업 성과분석 및 평가』, 각 연도(2006, 2007, 2008).

위한 액팅), 학교·지역순회 통일교육(스스로 찾아가는 통일교육), 통일현장체험학습(체험하는 분단, 만들어가는 통일), 새터민정착 지원활동, 경남지역 통일고육센터 운영평가보고회 등이 있다(<표 7> 참조). 2009년도의 경우도 비슷한 사업규모와 사업명으로 사업계획이 만들어졌다(<표 8> 참조).

<표 7> 2008년 경남지역 통일교육센터 주요 추진실적

사업명	계획	추진실적
1. 통일교육커뮤니티 (7회) – GPU Conference (Gyeongnam Peace Union Conference) –	o 2월~11월 o 전문가 등(150명) o 사업비 9,900천 원 · 국고보조금: 8,700천 원 · 자부담 1,200천 원	o 2. 22, 3. 02, 3. 21, 6. 20, 8. 06, 9. 09, 10. 25. o 통일관련단체(710명) o 사업비: 12,303천 원 · 국고보조금: 10,103천 원 · 자부담: 2,200천 원
2. 열린 통일아카데미 (2회–9강좌)	o 4월–7월 o 시민 및 교사 등(100명) o 사업비: 6,000천 원 · 국고보조금:　　5,000천 원 · 자부담: 1,000천 원	o 4. 29, 7.26 o 시민 및 교사 등(179명) 총 강좌 수강 인원(895명) o 사업비: 5,925천 원 · 국고보조금: 3,925천 원 · 자부담: 2,000천 원
3. 통일문화축제(1회) – 한반도 생명과 평화를 위한 액팅 (Acting)–	o 8월 o 학생 및 시민 등 (17,000명) o 사업비 9,600천 원 · 국고보조금: 7,200천 원 · 자부담: 2,400천 원	o 8. 01~04(4일간) o 학생 및 시민(60,000명) o 사업비: 9,167,000원 · 국고보조금: 5,797천 원 · 자부담: 3,370천 원
4. 학교·지역 순회 통일교육(5회) – 스스로 찾아가는 통일교육 –	o 3월~11월 o 학생 및 시민(1,000명) o 사업비 3,500천 원 · 국고보조금: 2,500천 원 · 자부담 1,000천 원	o 5. 27, 6. 20, 6. 21, 10. 17, 11. 04. o 학생 및 시민(1,184명) o 사업비: 2,594천 원 · 국고보조금: 1,594천 원 · 자부담: 1,000천 원

5. 통일현장체험학습 (4회) – 체험하는 분단, 만 들어가는 통일 –	o 3월~10월 o 지역주민, 학생 등 (300명) o 사업비: 8,300천 원 ·국고보조금: 6,100천 원 ·자부담: 2,300천 원	o 5. 22~23, 6. 14~15, 8. 02~03, 11. 08. o 지역주민, 학생, 사회단체 임원 등 (292명) o 사업비: 10,381천 원 ·국고보조금: 8,081천 원 ·자부담: 2,300천 원
6. 새터민 정착지원 활동(2회)	o 3월~10월 o 새터민, 봉사자 등(70명) o 사업비: 2,100천 원 ·국고보조금: 500천 원 ·자부담: 1,600천 원	o 8. 27., 11. 04. o 새터민, 통일교육위원, 자원봉사자 등(70명) o 사업비: 2,100천 원 ·국고보조금: 500천 원 ·자부담: 1,600천 원
7. 지역센터 평가운영 보고회	o 10월–11월 o 전문가 등(50명) o 사업비: 2,300천 원 ·국고보조금: 1,500천 원 ·자부담: 800,000천 원	o 11월 14일 o 전문가 등(54명) o 사업비: 2,300천 원 ·국고보조금: 1,500천 원 ·자부담: 800천 원
합계	**7개 사업(총 22회/63,205명 참석)**	

출처: 경남지역 통일교육센터, 『사업운영평가보고회: 추진사업 성과분석 및 평가』, 2008, pp.2~3.

〈표 8〉 2009년 경남지역 통일교육센터 주요사업

사업명 (교육프로그램명)	기간 (횟수)	대상 (인원)	주요내용
1. 워크숍: "GPU Conference" – 통일교육 커뮤니티 및 열린 통일포럼–	3~10 월 (6회)	통일관련 단체, 각 기관 및 사회단체장 (350명)	통일관련 단체 등과 통일문제를 주제로 한 협의회나 회의를 통해 국민들의 상생공영 정책에 대한 이해 확산 및 공감대 형성 및 올바른 통일의식을 고취하여 21세기 통일 시대를 열어가기 위한 통일 역량을 배양함. 또한 지역통일운동 방향을 설정하고, 사업 추진 내용과 결과에 대한 평가보고회를 전 ·후반기에 개최함.
2. 시민강좌: "열린 통일 아카데미"	3~9 월 (2회)	여론선도층 대학생 교사 등 (200명)	통일관련 전문가의 강좌를 통한 지역통일 인적 인프라 구축 및 홍보. 지역민들에게 남북관계 및 주변 국제정세 에 대한 상황인식 제고.

교육내용	시기	대상	내용
3. 시민강좌 : "지역·학교통일순회교육" – 스스로 찾아가는 통일교육 –	3~10월 (6회)	지역사회 기관 및 단체 (1,200)	새터민 초청강사를 활용한 북한의 실상 이해. 통일정책에 대한 대국민 교육 및 홍보활동으로 남남갈등 해소와 국민통합
4. 통일문화축제: "지역축제와 병행한 통일문화축제" – 한반도 생명과 평화를 위한 Acting –	8월 (1회)	지역주민 관람객 청소년 (60,000명)	세대와 계층 구분에서 탈피하여 전 지역 주민이 적극적인 행동을 통해 능동적으로 참여하고, 체험하며, 즐길 수 있는 축제 형태의 통일교육으로 추진.
5. 경진대회: 통일메아리 – 지역통일교육 조직 활성화 지원 및 청소년 통일 경진대회 –	5~8월 (1회)	청소년 등 (300명)	통일문제에 대한 체계적 연구와 실효성 있는 대안 제시를 위한 지역통일문제연구소(가칭)를 개설하고, 경남 도내 청소년들을 대상으로 통일문제 관련 경진대회(문예, 논술, 토론대회, 통일 골든벨, 통일속자말풀이, 3~4행 시 짓기 등)를 실시하여 통일의식을 고취함.
6. 현장체험: "체험하는 분단, 만들어가는 통일!"	5~10월 (3회)	지역주민 청소년 (120)	통일교육 현장기행 체험지 프로그램을 가발하여 분단현장을 직접 답사함으로써 통일문제를 구체적이며 실질적으로 체험하가는 살아 있는 통일교육 실시.
7. 현장체험: "청소년 통일캠프" – 얘들아, 통일로 가자! –	8월 (1회)	청소년 학부모 지역주민 (80)	부모와 자녀가 함께하는 다양한 프로그램 운영을 통한 다름과 같음에 대한 이해. 놀이와 체험활동을 통해서 타인을 존중하고, 배려하며, 함께 협력하는 자세 함양.
총계	20회	62,250명	

출처: 통일부 경남지역 통일교육센터, 『통일교육 클러스터 구축을 위한 경남지역 통일교육커뮤니티』, 2009.3.28. p.13.

3. 경남지역 사회통일교육에 대한 평가

가. 사업추진

경남지역 통일교육센터 사업이 지역주민들의 건전한 통일의식 고취와 지역사회 통일교육의 활성화와 정부의 통일정책 이해에 일정한 기여를 하고 있다. 경남지역 통일교육센터를 중심으로 통일교육 기관 및 단체 간 유기적 네트워크 구축을 통해 지역사회 통일교육의 방향 제시 및 통일교육 활성화의 기반을 마련하였다.

구체적인 사업으로는, 열린통일교육아카데미, 열린통일포럼 등의 통일커뮤니티 개최를 통한 연찬이 있으며, 통일교육위원, 민주평화통일자문회의 자문위원, 민간통일교육전문가 등을 중심으로 하는 네트워크 형성, 그리고 지역사회 통일교육전문가 풀(Pool) 구축을 통한 사업별 활용 등이 있다.

이와 같은 사업을 추진함에 있어서 경상남도 교육청, 통일교육위원지역협의회, 지역통일관, 지역 내 대학의 통일관련연구소, 민주평통지역협의회, 경남지역통일연구회, 정부지원 민간단체 등과의 공동주최 등 상호연계성 강화로 통일교육의 활성화에 기여한 바가 높다.

하지만 지역사회 내 통일교육 기관 및 단체 간의 상설운영체를 모색함으로써 지속성을 추구하여 체계적인 관리가 되도록 해야 하고 이를 위한 명문화된 규칙의 필요성이 제기된다. 정(政)·관(官)·학(學)·민(民)·연(硏)·언(言) 등 통일관련 다양한 기관 및 단체 간의 협력을 지속적으로 이끌어내는 것이 과제이다.

나. 교육프로그램 운용상의 평가

지역통일교육센터는 통일교육지원법 제6조의 3에 의해 통일부장관으로부터 그 법적 지위를 인정받게 된다. 동법 6조 2항에 예산의 범위에서 대통령령으로 정하는 바에 따라 필요한 경비의 전부 또는 일부를 지원할 수 있게 되어 있다.

경남지역 통일교육센터는 국고보조금을 지원받아 통일교육 커뮤니티 및 열린 통일포럼 등 다양한 행사를 추진해오고 있다. 2008년 예산을 기준으로 볼 때, 정부의 국고지원금 대비 자부담금액은 3:1 정도의 비율을 보이고 있다. 국고지원액과 자부담의 합계에서 자부담이 차지하는 비율은 계획기준으로 24.7%였으며, 실제 집행 면에 있어서는 예산확보를 위한 적극적인 자구노력의 결과 29.6%에 이른다(<표 9>, <표 10> 참조).

정부의 지원기준에 따라 지역별로 약간의 차이는 있지만 대체크 일정 예산이 전 지역 통일교육센터에 일괄적으로 할당된다. 또한 다른 예산집행방식에 의해 이러한 사업들이 정부예산회계 기준에 따라 계획·집행된다는 점이다. 지역의 특성을 최대한 살려서 새로운 사업을 추진할 수 있는 자율성이 제한되어 있다는 단점이 있다.

〈표 9〉 총사업비 중 자부담률 현황(계획기준)

(단위: 천 원)

	국고보조금	자부담(a)	총사업비(b)	자부담률(a/b*100)
통일교육커뮤니티(7회)	8,700	1,200	9,900	12.1%
열린 통일아카데미(2회)	5,000	1,000	6,000	16.7%
통일문화축제(1회)	7,200	2,400	9,600	25.0%
학교·지역 순회 통일교육(5회)	2,500	1,000	3,500	28.6%
통일현장체험학습(4회)	6,100	2,300	8,300	27.7%
새터민 정착지원 활동(2회)	500	1,600	2,100	76.2%
지역센터 평가운영 보고회	1,500	800	2,300	34.8%
계	31,500	10,300	41,700	24.7%

주: 〈표 7〉을 토대로 재구성

〈표 10〉 총사업비 중 자부담률 현황(집행기준)

(단위: 천 원)

	국고보조금	자부담(a)	총사업비(b)	자부담률(a/b*100)
통일교육커뮤니티(7회)	10,103	2,200	12,303	17.9%
열린 통일아카데미(2회)	3,925	2,000	5,925	33.8%
통일문화축제(1회)	5,797	3,370	9,167	36.8%
학교 · 지역 순회 통일교육(5회)	1,594	1,000	2,594	38.6%
통일현장체험학습(4회)	8,081	2,300	10,381	22.2%
새터민 정착지원 활동(2회)	500	1,600	2,100	76.2%
지역센터 평가운영 보고회	1,500	800	2,300	34.8%
계	31,500	13,270	44,770	29.6%

주: 〈표 7〉을 토대로 재구성

그런데 여기서 문제는 상기 직시한 통일교육커뮤니티, 열린통일아카데미, 통일문화축제, 학교·지역 순회 통일교육, 통일현장체험학습, 새터민 정착지원 활동, 지역센터 평가운영 보고회 등이 대상자의 특징을 얼마나 잘 고려해서 진행되고 있는지에 있다.

달리 설계한다면, 북한관, 통일관, 국가관 등의 통일·북한 관련 가치관의 범주별로 구분해서 할 수도 있을 것이고, 대상자별 특징을 염출해서 구분하는 방식이 있을 것이다. 물론 '새터민'이 포함되는 교육프로그램이 있다는 점은 고무적이나 상당히 부족한 실정이다.

다. 통일교육 강사 운용상의 평가

지역통일교육을 위해서는 해당지역 내에 거주하고 있는 통일교육위원의 역할이 중요하다. 현행 통일교육지원법 제10조 2항에 의하면 통일교육위원은 ① 각급 교육기관 및 지역사회에서 통일교육 활동에 적극 참여하고 있는 사람, ② 제9조의 2에 따라 통일교육 전문과정을 수료한 사람, ③ 그 밖에 통일문제에 관한 지식과 경험이 풍부한 사람으로 통일부장관이 인정하는 사람으로 위촉한다고 규정하고 있다. 2008년 기준 전국의 통일교육위원은 1,119명인데 그중 경남지역 통일교육위원은 62명이다. 대체로 정당인, 초·중·고 교사 및 교장, 사업가, 대학교수 등으로 구성되어 있다. 전공분야로 본다면 통일교육과 완전히 일치하는 경우는 드물다고 볼 수 있다. 하지만 통일 자체가 통일전문가들에 의해서 이루어지는 것이 아니듯이 지역사회 통일교육을 함에 있어서 통일교육위원이 통일분야 비전문가가 포함되어 있다고 해서 문제될 것은 없다고 할 수 있다. 이들은 통일에 대한 지역주민 간의 공감대를 형성하고 여론의 기반을 다지는 데 더 중요한 역할을 할 수 있을 것으로 사료된다. 2009년 10월 개정된 통일교육지원법에 의하면, 통일교육을 위한 전문강사의 자격 조항이 신설되었다. 이 분야에 대한 요건을 정비하는 일은 바람직하다고 본다. 다만 다양한 직능 분야의 전문가들이 고루 포함될 수 있도록 하는 운용상의 고려가 있어야 할 것이다.

제5장

조사주제, 조사대상
조사도구, 자료처리

제5장 | 조사주제, 조사대상, 조사도구, 자료처리

1. 조사주제

본 연구는 지역통일교육 관련자의 통일인식에 따른 지역사회 통일교육 활성화 방안을 도출하는 것이다. 이를 위해 본 연구는 기존의 지역사회 통일교육이 안고 있는 문제점이 무엇인지를 찾아보고자 한다. 그 문제점은 결국 향후 통일교육을 지향하기 위한 대안을 안고 있기 때문이다. 즉 그 문제점을 극복하는 길이 통일교육을 위한 발전 방안이 되기 때문이다.

그리하여 본 연구는 설문조사를 통해서 다음 몇 가지 주제를 탐구하고자 한다. 첫째, 현행 통일부의 사회통일교육 시 집단구성의 기준이 되는 전문직업군(群) 간의 통일관련 인식차이는 없는가이다. 만약 인식이 같지 않음에도 같은 교육집단에 묶어 교육을 한다면 그 이질성으로 인해 교육효과가 감소될 수도 있을 것이다.

둘째, 통일인식의 범주 내에 있는 하위 인식요인 간에는 인식차이가 없는가이다. 본 연구는 통일인식을 분석하기 위한 요인으로 통일관, 북한관, 사회통일교육관, 국가관, 그리고 통일관련 언론보도관 등을 상정한다. 그 하위요인도 구체적으로 설정하게 되는데, 그 요인에 대한 인식의 차이가 없는지를 탐구한다.

셋째, 다양한 인구문화변인별로 통일관련 각 주제에 대해 얼마나 차이를 보이는가이다. 다양한 인구문화변인별로 통일관련 각 주제에 대한 차이를 살피는 것은 공동체 구성원 간의 갈등을 최소화하기 위한 예측도구로서의 효과가 있다.

넷째, 통일관련 주요인식 상호 간에 어떤 상관관계가 있는가 등이다. 통일관련 주요요인으로는 통일관 등 5개 범주의 가치관을 상정했는데, 그 범주 내에서도 세부적인 하위가치관을 상정하게 된다. 특별히 통일인식에 크게 기여할 것으로 생각되는 주요변인들 간의 상관관계가 어떻게 되는지를 살피고자 한다.

마지막으로 응답 시점의 정부통일정책에 대한 평가와 같은 성격의 특정주제에 대해 종단적 가치관의 차이점이 있는가이다.

2. 조사대상

본 연구를 위한 조사는 경남지역에 거주하는 통일교육과 관련된 자들을 대상으로 2009년 3월 17일부터 3월 30일까지 진행되었다. 표본추출은 비확률표본추출법의 편의표본추출법(convenience sampling)을 활용하여 총 1,000명을 독표로 했다. 본 연구에서는 총 785명의 표집을 확보했는데, 그중에서 인구문화적 변인을 기입하지 않은 표집, 블성실답안 등을 제외한 758명의 표집을 분석대상으로 선정했다. 본 연구는 경남지역의 통일관련 전문가 및 주민 758명을 대상으로 통일교육에 대한 의식을 조사했다(<그림 4> 참조).

전체 대상자 중 남자는 45.1%, 여자는 54.9%로 여자의 분포가 다스 많으며, 연령별로는 20대는 13.1%, 30대는 27.2%, 40대는 31.9%, 50대는 22.2%, 60대 이상은 5.7%로 조사되어 30, 40, 50대가 주류를 이르었다. 특히 거주지역별르는 진주지역은 57.9%, 그 외 시 지역은 27.0%, 군, 읍, 면의 단위지역은 15.0%로 구성되었다. 이하 분석에서는 시 단위지역(644명, 85.0%)과 군, 읍, 면 단위지역(114명, 15.0%)으로 구분하여 분석하고자 한다. 직종별로는 일반공무원은 5.7%, 교육공무원 59.1%, 사립학교교사 16.9%, 대학교수 1.1%, 기업인 3.0%, 증교인 0.5%, 기타직업이 13.7%로 구성되어 교육관련 직종(교육공무원, 사립학교교사, 대학교수: 584명, 77.0%)과 비교육관련 직종(일반공므원, 기업인, 종교인, 기타: 174명, 23.0%)으로 구분하여 분석 적용한다. 국적 또는 국적 관련 경험에 대해서는 원래부터 대한민국의 국적을 가진 분이 97.8%로 대부분이었으며 북한이탈 주민이 2.0%, 이중국적자가 0.1%, 기타회원이 0.1%, 외국으로부터 귀화한 응답자는 한 명도 없었다. 또한 지도자과정의 통일교육경험에 대해서는 있다는 경우는 10.8%, 없다는 경우는 89.2%로 나타났다. 학력별로는 국졸이 0.3%, 중졸은 2.2%, 고졸은 7.3%, 대졸은 68.1%, 대학원졸 이상은 22.2%로 조사되어 대졸 이상이 연구대상자의 90%정도를 차지하였으며 이하 분석에서는 고졸 이하(국졸, 중졸, 고졸: 74명, 9.8%), 대졸, 대학원졸로 분류하여 분석한다.

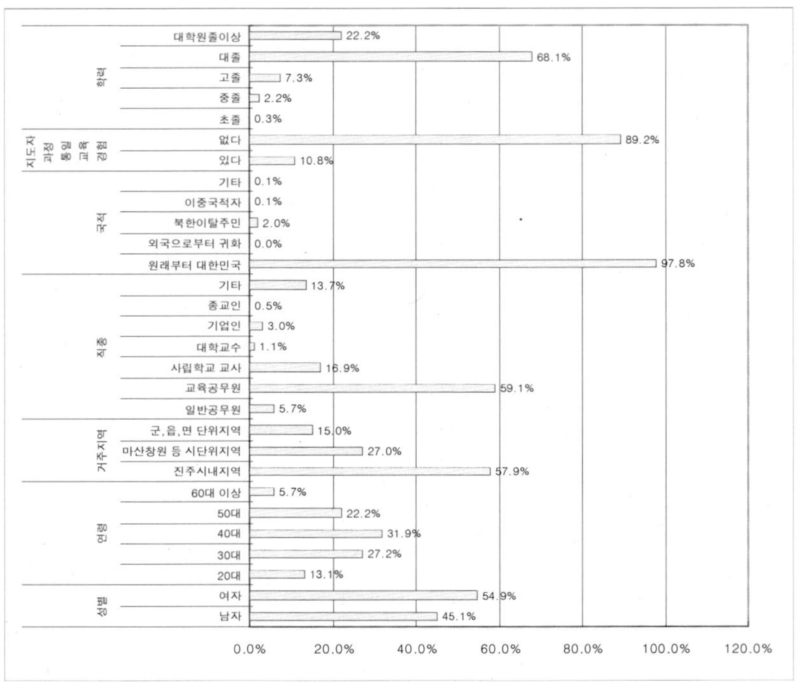

〈그림 4〉 연구대상 분포

3. 조사도구

본 연구에서 활용한 측정도구는 세 가지 선행연구를 토대로 제작되었다. 먼저 중·고·대학생, 그리고 사회교육 관계자들을 대상으로 한 한국교육개발원의 연구가 있고(한만길 외, 1999), 둘째, 중·고·대학생, 그리고 교사들을 대상으로 한 통일연구원의 연구가 있으며

(한만길 외, 2003), 셋째, 중고등학생부터 대학생에 이르는 학생들을 대상으로 한 연구(박균열, 2009)가 있다.

한만길 외(1999; 2003)의 연구는 질문지를 부록하지 않아서 명확하지 않으나,[45] 통일관련 의견에서 여섯 가지의 질문이 있고, 북한관련 의견에서는 크게 일곱 가지의 질문이 있으며, 사회통일교육 관련해서는 다섯 가지 질문이 있다. 전체적인 내적 일관도 등의 신뢰도에 대한 언급이 없어서 표기할 수는 없다.

박균열(2009)의 연구는 안보관과 통일관을 측정하기 위한 것으로 총 26개 문항을 확정하면서 신뢰도를 제시하고 있다.[45] 이 측정도구는 국가안보 전반에 관한 평가도구로 국방대학교 안브문제연구소의 연례적인 안보의식 조사도구를 참고하였다(국방대학교 안보문제연구소, 각 연도). 이를 저본으로 하면서 고려대학교 언론연구소의 정책연구보고서를 참고하였다(<부록 7> 참조).

국방대학교 안보문제연구소의 국가안보관련 내용은 크게 '국가안보에 대한 일반적인 사항', '한·미동맹 및 협력적 자주국방', '북한', '병역제도 및 병영문화', 그리고 '국방정책 및 국방현안' 등 총 다섯 분야로 대별된다. 이 척도는 국가안보 전반에 대한 가괄적인 경향성을 연례적으로 비교해서 그 추이를 살피는 데 있어서 중요한 도구로 평가된다. 다만 지수화에 약간의 한계를 갖고 있다.

한편 고려대학교 언론연구소의 연구보고서는 국가안보에 관한 총괄적인 지수화를 지향하면서, 군인정신, 국가관, 안보관의 대 영역을 설정한다. 여기서 군인정신에 대해서는 기존의 문헌을 토대로 명예의

---

45) 개별적인 접촉을 통해서 이 견구의 연구진으로부터 관련 질문지를 획득하였다.

46) 이하 내용은 다음을 참조함: 박균열, 『안보관련 교과서 연구』, 양서각, 2009, pp.82~84.

식, 충성의식, 희생정신의 세 가지 범주를 제시하고 있으며, 국가관에
대해서는 조국관과 통일관의 두 개 범주를, 안보관에 대해서는 대북
안보, 자주안보, 한미안보, 민군관계의 네 개 범주를 제안하고 있다.

　박균열(2009)의 연구는 두 선행연구를 토대로 하면서, 상대적으로
시민적 소양을 많이 담지하고 있을 것으로 생각되는 신병을 대상으
로 한 설문조사를 저본으로 해서 국가안보에 관한 일반적인 지수화
를 도모했다. 총 58문항의 내용 중에서 군인만을 대상으로 하는 내용
은 삭제하고, 그 내용상의 타당성 제고 등의 과정을 거쳐 26개 문항
을 확정했다. 주성분분석법(Principal Component Analysis)을 활용하여
요인추출을 한 결과 두 개의 요인으로 구분되었다. 본 연구는 이를
‘대내안보’와 ‘대외안보’로 구분했다. 연구진은 후자의 경우 북한 및
통일관련 내용과 미국관련 내용으로 구분했다.

　이렇게 해서 만들어진 측정도구에 대한 Cronbach a계수는 95%신뢰
구간에서 .704로 신뢰도는 높은 것으로 나타났다. 국내안보(.648), 대
외안보(.564), 대외안보를 다시 세분화하여 북한·통일(.545), 미국
(.518)의 신뢰도를 보였다. 고려대학교의 연구보고서에 나타난 대북안
보의 신뢰도(.82), 자주안보의 신뢰도(.79), 한미안보의 신뢰도(.72), 그
리고 민군관계의 신뢰도(.78) 등과 비교해도 크게 뒤지지 않는 것으로
보아 척도는 신뢰할만하다(<표 11> 참조).[47]

---

47) 신뢰도란 동일한 대상에 대해 어떤 측정도구(설문)를 반복하여 적용했을 때, 그때마다 동일한 결과가 나오
　는지의 여부에 관한 문제이다. 우리가 사용하는 측정도구(설문지)가 알아내려고 하는 개념을 얼마나 믿을
　만하게 측정하는지 알아보는 방법은 여러 가지가 있다. 신뢰도측정방법으로는 재측정법(Retest Method),
　항목이분할법(Split-Halves Method), 그리고 내적일치도법(Internal Consistency Method)이 있다. 이 중 가
　장 널리 사용되는 방법은 응답자들에게 동일한 개념을 묻는 비슷한 질문들을 해서 응답자들이 비슷하게
　대답하였는지를 측정하는 내적일치도법이다. 그 계수가 Cronbach a이다. 이 계수는 0과 1사이의 값으로
　서 1에 가까울수록 문항들에 대한 응답이 서로 유사해서 신뢰성이 높음을 나타낸다. 신뢰도 값이 어느 정
　도여야 괜찮은 것인지에 대한 일률적인 기준은 없다. 그러나 대체로 0.8이상이면 상당히 신뢰할만한 측정
　이라고 본다. 신뢰도가 0.6이상인 경우는 아쉬운 대로 쓸 만하다고 할 수 있고, 그 이하의 신뢰도에 대해

각 지수는 리커트 5점 척도를 활용하여 산정되는데, 점수가 높을수록 각 부문별 안보지수가 높다는 의미이다. 여기서 안보지수가 높다는 말은 안보의식이 좋다는 뜻이다.

<표 11> 국가안보에 대한 인식척도

영역			문항	신뢰도	총 신뢰도
국내안보		1	국가가 있어야 개인의 행복을 보장받는다	.648	
		2	국민의 안보의식은 튼튼한 국방의 근본이다		
		5.	나는 우리나라 군대를 신뢰한다		
		6.	국가나 사회의 이익이 개인보다 중요하다		
		7.	국방의 의무를 다하는 것은 법률상으로 명시되어 있기 때문이다		
		8.	군은 국민에게 신뢰감을 주고 있다		
		13.	우리가 역사적으로 수많은 외침을 당한 이유는 약한 군사력 때문이다		
		14.	우리나라를 튼튼히 지키기 위해서는 국방비를 늘려야 한다		
		20.	우리나라 미래는 밝고 희망적이다		
		21.	우리나라 군대는 국가 발전에 크게 기여하고 있다		
		23.	우리나라 군대의 유엔평화유지활동에 대해 알고 있다		
		26.	전쟁 억제를 위해서는 강력한 군사력이 필요하다		
대외안보	북한·통일	3.	북한은 우리에게 직접적 군사적 위협세력이다	.545	.734
		9.	우리에게 통일은 민족적 과업이다		
		10.	북한은 통일의 대상으로 포용해야 한다		
		15.	통일은 나와는 관련이 없는 일이다 *		
		16.	나를 포함한 우리 국민들은 통일을 위해 세금을 더 부담해야 한다		
		17.	북한의 핵실험과 미사일 발사는 우리 안보를 위협하고 있다		
		18.	북한의 대남 무력적화·야욕은 변함이 없다		.563
		19.	안보가 튼튼해야 통일이 된다		
		22.	북한의 핵실험에 대해 알고 있다		
		24.	남북통일은 자유민주주의 체제로 이루어져야 한다		
		25.	북한은 언제든지 군사적으로 도발할 가능성이 있다		
	미국관련	4.	안보 측면에서 미국은 우리나라에 가장 중요한 국가이다	.518	
		11.	현재 한국과 미국은 서로 사이가 좋다		
		12.	통일 후에도 미군은 한국에 주둔할 필요가 있다		

주: '*' 표시의 문항은 지수가 측정방향과 반대이므로 리커트 5점척의 역방향으로 조정했고, 신뢰도 검정 및 이후 분석에서 이대로 따른다.

___

서는 측정 방식을 개선해야 할 것이다.

이상과 같은 절차를 거쳐서, 본 연구가 사용하는 질문지의 변수는 인구문화변인 11개, 통일관 6개, 북한관 13개, 사회통일교육관 7개, 국가관 25개, 그리고 통일관련 언론보도관 3개로 구성된다(<부록 8> 참조).

4. 자료처리

본 연구에서의 분석은 SPSS 16.0 for Windows를 이용하여 각 내용에 대한 빈도와 백분율(%)을 산출하였다. 지역주민의 통일관 및 북한관, 국가관의 내용에 대해서 빈도분석, 교차분석 및 독립표본 t검정과 일원변량분석을 실시하였으며 일원변량분석의 경우 유의성이 조사된 경우에는 Duncan의 다중비교에 의한 사후검정을 실시하였다. 군집분석법과 상관관계를 검증하게 될 것이다. 모든 분석의 유의수준은 α=.05이다.

제6장

경남지역 통일교육 관련자의 통일인식 분석결과 및 논의

제6장 | 경남지역 통일교육 관련자의 통일인식 분석결과 및 논의

경남지역 통일교육 관련자의 통일인식은 통일관, 북한관, 통일교육관, 국가관, 그리고 통일관련 언론보도관을 기준으로 분석에서 드러난다. 기본적으로 이들 가치관의 범주 속에서 설문 대상자들이 어떤 인식을 하고 있는지 개괄하고, 거기에 따른 인구관련 변인별 특징을 살펴서 심층논의로 이끈다.

1. 통일관

통일관을 묻는 질문은 ① 통일문제에 대한 주변인과의 대화수준, ② 통일에 대한 관심도, ③ 희망하는 통일시기, ④ 현 정부의 대북정책에 대한 인식, ⑤ 통일 후 생활의 변화에 대한 인식, 그리고 ⑥ 통일 이후 북한지원을 위한 통일세 징수에 대한 인식 등으로 구성된다.

가. 통일문제에 대한 주변인과의 대화수준

"통일문제에 대해, 가족, 친구나 주위 사람과 얼마나 자주 대화를 하십니까?"라는 질문에 대해, 응답자들 중에 자주한다는 경우는 5.3%, 가끔 한다는 43.5%, 거의 하지 않는다는 41.4%, 전혀 하지 않는다는 9.8%로 나타났다. 대체로 대화한다(48.8%)보다 하지 않는다(51.2%)의 비율이 다소 높은 것으로 나타났다(<그림 5> 참조).

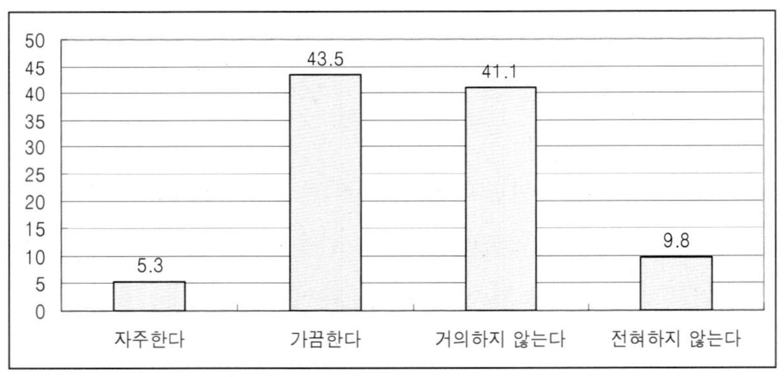

<그림 5> 통일문제에 대한 주변인과의 대화 정도(단위: %)

인구문화적 변인에 따른 통일문제에 대한 주변인과의 대화수준에 대해서는 성별(p<.001), 연령(p<.001), 거주지역(p<.001), 직종(p<.001), 국적(p<.001), 지도자과정의 통일교육경험(p<.001), 학력(p<.001)에 따라서 통계적으로 유의한 인식의 차이가 나타났다(<표 12> 참조).

〈표 12〉 통일문제에 대한 주변인과의 대화수준

		N	전혀 하지 않는다	거의 하지 않는다	가끔 한다	자주 한다
성별	남자	342	33 9.6%	114 33.3%	166 48.5%	29 8.5%
	여자	416	41 9.9%	200 48.1%	164 39.4%	11 2.6%
	χ2(p)		25.550***(.000)			
연령	20대	99	18 18.2%	61 61.6%	19 19.2%	1 1.0%
	30대	206	15 7.3%	96 46.6%	89 43.2%	6 2.9%
	40대	242	29 12.0%	93 38.4%	108 44.6%	12 5.0%
	50대	158	9 5.4%	56 33.3%	88 52.4%	15 8.9%
	60대 이상	43	3 7.0%	8 18.6%	26 60.5%	6 14.0%
	χ2(p)		68.474***(.000)			
거주지역	시 지역	644	67 10.4%	283 43.9%	260 40.4%	34 5.3%
	군 지역	114	7 6.1%	31 27.2%	70 61.4%	6 5.3%
	χ2(p)		18.204***(.000)			
직종	교육관련	584	57 9.8%	249 42.6%	255 43.7%	23 3.9%
	비교육관련	174	17 9.8%	65 37.4%	75 43.1%	17 9.8%
	χ2(p)		9.552***(.023)			
국적	대한민국	741	71 9.6%	310 41.8%	324 43.7%	36 4.9%
	그 외	17	3 17.6%	4 23.5%	6 35.3%	4 23.5%
	χ2(p)		13.702***(.003)			

지도자과정의 통일교육 경험	있다	82	4 4.9%	13 15.9%	39 47.6%	26 31.7%
	없다	676	70 10.4%	301 44.5%	291 43.0%	14 2.1%
	χ2(p)		138.819***(.000)			
학력	고졸 이하	74	8 10.8%	32 43.2%	29 39.2%	5 6.8%
	대졸	516	53 10.3%	227 44.0%	218 42.2%	18 3.5%
	대학원졸 이상	168	13 7.7%	55 32.7%	83 49.4%	17 10.1%
	χ2(p)		17.612***(.000)			
전체		758	74 9.8%	314 41.4%	330 43.5%	40 5.3%

*** p<.001

이는 성별에 따라서는 남자의 경우 주변인과 통일문제에 대한 대화를 가끔 한다는 의견이 많은 반면 여자들은 거의 하지 않으며, 연령이 높을수록 자주 이야기를 나누는 반면 연령이 낮을수록 하지 않는 경향이 강하게 나타났다. 거주지역의 경우 시 지역보다 군 지역 주민들이 더욱 통일관련 문제를 주변인과 대화하는 경우가 많으며, 직종의 경우도 비교육관련 직종이 더욱 통일문제에 대한 이야기 빈도가 높은 것으로 나타났다. 또한 지도자과정의 통일관련 교육경험이 있는 경우 더욱 많은 통일문제로 대화를 하는 경향이며 학력이 높을수록 더욱 많이 대화하는 것을 알 수 있다.

나. 통일에 대한 관심도

"남북한 통일에 대해 어떻게 생각하십니까?"라는 질문에 대해, 통일이 되어야 한다는 의견은 75.2%, 현 상태를 유지하는 것이 좋다는 의견은 10.6%, 반드시 이룰 필요는 없다는 의견은 11.2%, 통일에 대해 관심이 없다는 의견은 3.0%로 나타났다. 대체로 통일에 대해 매우 긍정적인 입장을 보였으나, 15% 정도가 부정적인 의견을 보였다(<그림 6> 참조).

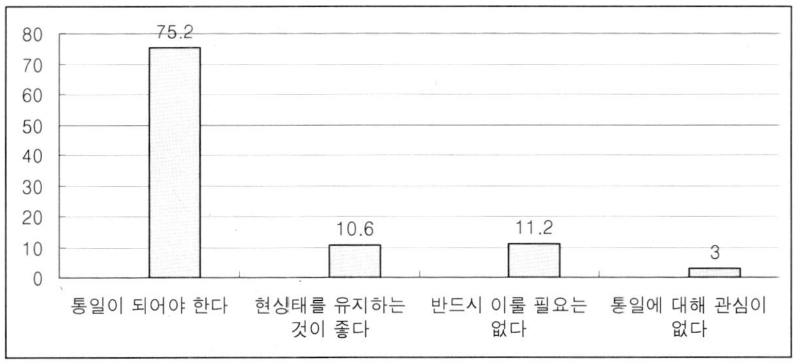

〈그림 6〉 통일에 대한 관심도(단위: %)

인구문화적 변인에 따른 통일에 대한 관심도에 대해서는 연령(p<.05), 직종(p<.05), 지도자과정의 통일교육경험(p<.05)에 따라서 통계적으로 유의한 인식의 차이가 나타났다(<표 13> 참조).

〈표 13〉 통일에 대한 관심도

		N	현 상태 유지	필요 없다	관심 없다	통일
성별	남자	342	34 9.9%	34 9.9%	10 2.9%	264 77.2%
	여자	416	46 11.1%	51 12.3%	13 3.1%	306 73.6%
	x^2(p)		1.476(.688)			
연령	20대	99	7 7.1%	15 15.2%	7 7.1%	70 70.7%
	30대	206	30 14.6%	26 12.6%	8 3.9%	142 68.9%
	40대	242	28 11.6%	24 9.9%	5 2.1%	185 76.4%
	50대	158	12 7.1%	17 10.1%	3 1.8%	136 81.0%
	60대 이상	43	3 7.0%	3 7.0%	0 .0%	37 86.0%
	x^2(p)		21.374*(.045)			
거주지역	시 지역	644	70 10.9%	77 12.0%	21 3.3%	476 73.9%
	군 지역	114	10 8.8%	8 7.0%	2 1.8%	94 82.5%
	x^2(p)		4.175(.243)			
직종	교육관련	584	70 12.0%	62 10.6%	13 2.2%	439 75.2%
	비교육관련	174	10 5.7%	23 13.2%	10 5.7%	131 75.3%
	x^2(p)		11.232*(.011)			
국적	대한민국	741	80 10.8%	84 11.3%	22 3.0%	555 74.9%
	그 외	17	0 .0%	1 5.9%	1 5.9%	15 88.2%
	x^2(p)		3.134(.371)			

지도자과정의 통일교육 경험	있다	82	6 7.3%	2 2.4%	2 2.4%	72 87.8%
	없다	676	74 10.9%	83 12.3%	21 3.1%	498 73.7%
	$x^2(p)$		9.277*(.026)			
학력	고졸 이하	74	5 6.8%	10 13.5%	5 6.8%	54 73.0%
	대졸	516	56 10.9%	59 11.4%	16 3.1%	385 74.6%
	대학원졸 이상	163	19 11.3%	16 9.5%	2 1.2%	131 78.0%
	$x^2(p)$		7.459(.281)			
전체		753	80 10.6%	85 11.2%	23 3.0%	570 75.2%

* $p < .05$

이는 연령에 따라서는 연령이 높아질수록 통일이 되어야 한다는 의견이 강하며, 연령이 낮을수록 현 상태를 유지하거나 통일은 필요 없다는 의견이 강하게 나타났다. 직종별로는 교육관련 직종의 경으 현 상태를 유지하는 것이 바람직하는 의견이 강하며, 지도자과정의 통일교육경험에 따라서는 교육을 경험하지 않은 대상의 경우는 통일이 필요 없다고 인식하는 경향이 강하게 나타났다.

다. 희망하는 통일시기

"통일이 언제쯤 이루어지리라고 생각하십니까?"라는 질문에 대해, 시기별로 각 응답자들은 최근에 이를수록 조기에 통일이 될 것이라는 기대보다는 장기적인 과제로 인식하는 경향이 높다(<그림 7> 참조).

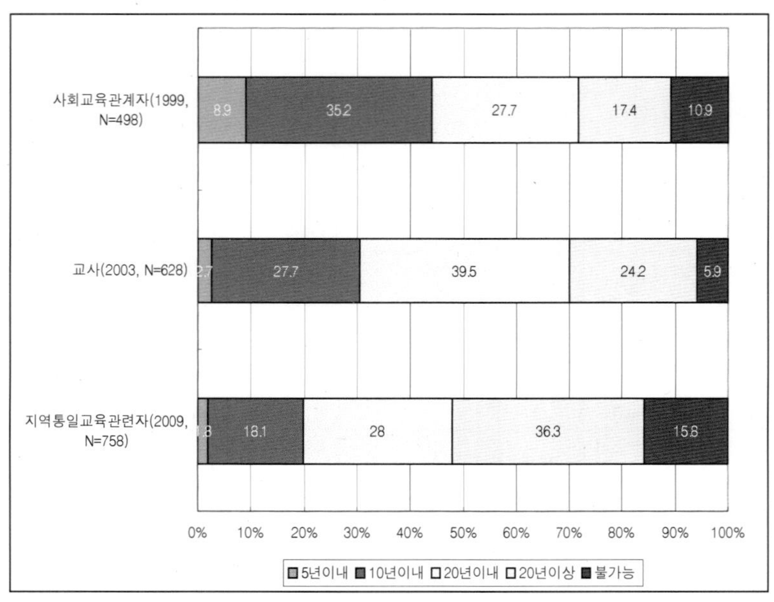

주: 사회교육 관계자 및 교사 대상의 값은 각각 한만길 외(1999: 40; 2003: 82)에서 비롯되며, 2009년도 값은 본 연구조사에서 얻은 것이다.

〈그림 7〉 시기별 희망하는 통일시기(단위: %)

본 조사연구에 있어서, 인구문화적 변인에 따른 희망하는 통일시기에 대해서는 성별(p<.01), 연령(p<.001), 직종(p<.001), 지도자과정의 통일교육경험(p<.001), 학력(p<.001)에 따라서 통계적으로 유의한 인식의 차이가 나타났다(<표 14> 참조).

		N	5년 이내	10년 이내	20년 이내	20년 이상	통일이 될 것 같지 않다
성별	남자	342	7 2.0%	61 17.8%	112 32.7%	126 36.8%	36 10.5%
	여자	416	7 1.7%	76 18.3%	100 24.0%	149 35.8%	84 20.2%
	$\chi2(p)$		16.377**(.003)				
연령	20대	99	1 1.0%	9 9.1%	29 29.3%	38 38.4%	22 22.2%
	30대	206	2 1.0%	28 13.6%	53 25.7%	103 50.0%	20 9.7%
	40대	242	5 2.1%	62 25.6%	69 28.5%	64 26.4%	42 17.4%
	50대	158	5 3.0%	26 15.5%	48 28.6%	57 33.9%	32 19.0%
	60대 이상	43	1 2.3%	12 27.9%	13 30.2%	13 30.2%	4 9.3%
	$\chi2(p)$		48.318***(.000)				
거주지역	시 지역	644	12 1.9%	117 18.2%	182 28.3%	235 36.5%	98 15.2%
	군 지역	114	2 1.8%	20 17.5%	30 26.3%	40 35.1%	22 19.3%
	$\chi2(p)$		1.230(.873)				
직종	교육관련	584	12 1.9%	117 18.2%	182 28.3%	235 36.5%	98 15.2%
	비교육 관련	174	2 1.8%	20 17.5%	30 26.3%	40 35.1%	22 19.3%
	$\chi2(p)$		21.706***(.000)				
국적	대한민국	741	12 1.9%	117 18.2%	182 28.3%	235 36.5%	98 15.2%
	그 외	17	2 1.8%	20 17.5%	30 26.3%	40 35.1%	22 19.3%
	$\chi2(p)$		5.684(.224)				

지도자과정의 통일교육 경험	있다	82	4 4.9%	29 35.4%	22 26.8%	20 24.4%	7 8.5%
	없다	676	10 1.5%	108 16.0%	190 28.1%	255 37.7%	113 16.7%
	χ2(p)		26.501***(.000)				
학력	고졸 이하	74	4 5.4%	18 24.3%	11 14.9%	17 23.0%	24 32.4%
	대졸	516	7 1.4%	83 16.1%	149 28.9%	201 39.0%	76 14.7%
	대학원졸 이상	168	3 1.8%	36 21.4%	52 31.0%	57 33.9%	20 11.9%
	χ2(p)		34.552***(.000)				
전체		758	14 1.8%	137 18.1%	212 28.0%	275 36.3%	120 15.8%

*p<.05, **p<.01, ***p<.001

이는 남자보다는 여자들이 통일이 될 것 같지 않다는 부정적인 의견이 강하며, 이는 연령이 낮을수록 더욱 강한 것으로 나타났다. 비교육관련 직종자이거나 지도자과정의 통일관련교육을 경험하지 못한 대상자들이 더욱 통일이 될 것 같지 않다는 의견이 강했다. 학력에 따라서는 대학원졸 이상의 경우는 향후 10~20년에 통일이 될 것이라고 인식하는 경우가 많았다.

라. 현 정부의 대북정책에 대한 인식

"현 정부의 대북정책에 대해 어떻게 생각하십니까?"라는 질문은 시대별 정부의 대북정책에 대한 평가준거가 될 수도 있기 때문에 시계열적인 흐름을 살펴보는 것도 의미가 있다. 비록 그 대상에 있어서 약간의 차이점이 있기는 하지만, 비슷한 유형을 기준으로 볼 때, 약간의 변화조짐도 찾을 수 있다. 대체로 정부의 통일정책에 대한 긍정적 평가는 1999년 65.1%(23.1%+42%)에서 2009년 31.1%(5.1%+26%)로 급감했으며, 반면 부정적 평가는 1999년 19.5%(16.3%+3.2%)에서 2009년 41.7%(33.5%+8.2%)로 급증했다. 동시에 유보적인 판단을 하고 있는 응답자의 비율도 15.5%에서 27.2%로 상당히 증가했다(<그림 8> 참조). 객관적인 정부에 대한 통일정책에 대한 평가가 정권별로 차이가 많은 것은 표집대상의 대표성, 설문시기 등의 측면에서 발생되는 다양한 요인에 의해 찾아질 수도 있겠으나, 정부의 대북정책에 대한 응답자의 호응도가 낮아지고 있음은 명확해 보인다. 다만 유동적인 입장을 취하고 있는 경향이 많아진 것이 정치적 의사표시를 함에 있어서 중도적이거나 회의적인 경향이 많아졌다는 추정을 전제할 때, 시대적인 상황 속에서 면밀한 검토가 요구된다.

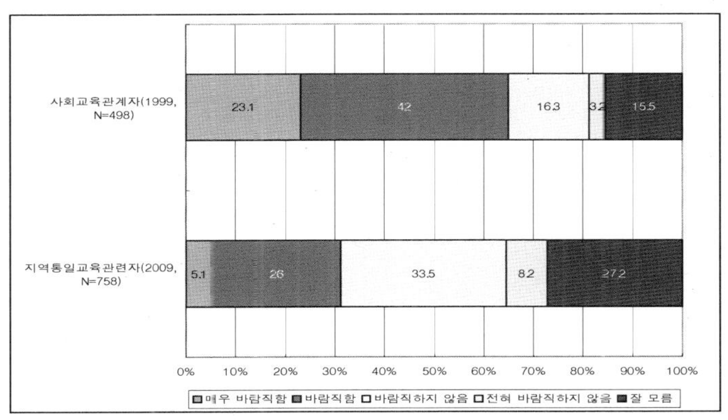

주: 사회교육 관계자 대상의 값은 한만길 외(1999: 41)에서 비롯되며, 2009년도 값은 본 연구조사에서 얻은 것이다.

〈그림 8〉 시기별 정부의 대북정책에 대한 인식

인구문화적 변인에 따른 현 정부의 대북정책에 대한 인식에 대해
서는 성별(p<.001), 연령(p<.001), 국적(p<.05), 지도자과정의 통일교
육경험(p<.001), 학력(p<.001)에 따라서 통계적으로 유의한 인식의 차
이가 나타났다(<표 15> 참조).

<표 15> 현 정부의 대북정책에 대한 인식

		N	전혀 바람직하지 않은 편	바람직하지 않은 편	잘 모르겠다	바람직한 편	매우 바람직한 편
성별	남자	342	36 10.5%	113 33.0%	66 19.3%	99 28.9%	28 8.2%
	여자	416	26 6.3%	141 33.9%	140 33.7%	98 23.6%	11 2.6%
	χ2(p)		31.776***(.000)				
연령	20대	99	9 9.1%	41 41.4%	33 33.3%	15 15.2%	1 1.0%
	30대	206	19 9.2%	80 38.8%	67 32.5%	37 18.0%	3 1.5%
	40대	242	26 10.7%	78 32.2%	61 25.2%	59 24.4%	18 7.4%
	50대	158	6 3.6%	48 28.6%	40 23.8%	63 37.5%	11 6.5%
	60대 이상	43	2 4.7%	7 16.3%	5 11.6%	23 53.5%	6 14.0%
	χ2(p)		73.734***(.000)				
거주 지역	시 지역	644	55 8.5%	226 35.1%	172 26.7%	158 24.5%	33 5.1%
	군 지역	114	7 6.1%	28 24.6%	34 29.8%	39 34.2%	6 5.3%
	χ2(p)		7.727(.102)				

직종	교육관련	584	55 8.5%	226 35.1%	172 26.7%	158 24.5%	33 5.1%
	비교육관련	174	7 6.1%	28 24.6%	34 29.8%	39 34.2%	6 5.3%
	x2(p)		8.701(.069)				
국적	대한민국	741	55 8.5%	226 35.1%	172 26.7%	158 24.5%	33 5.1%
	그 외	17	7 6.1%	28 24.6%	34 29.8%	39 34.2%	6 5.3%
	x2(p)		11.926*(.018)				
지도자 과정의 통일교 육경험	있다	82	5 6.1%	19 23.2%	7 8.5%	35 42.7%	16 19.5%
	없다	676	57 8.4%	235 34.8%	199 29.4%	162 24.0%	23 3.4%
	x2(p)		61.922***(.000)				
학력	고졸 이하	74	3 4.1%	12 16.2%	40 54.1%	14 18.9%	5 6.8%
	대졸	516	46 8.9%	178 34.5%	134 26.0%	137 26.6%	21 4.1%
	대학원졸 이상	168	13 7.7%	64 38.1%	32 19.0%	46 27.4%	13 7.7%
	x2(p)		39.101***(.000)				
전체		758	62 8.2%	254 33.5%	206 27.2%	197 26.0%	39 5.1%

* p<.05, ** p<.01, *** p<.001

그 결과 여자의 경우는 현 정부의 대북정책에 대해서 잘 모르는 경우가 많았으며, 연령이 낮을수록, 지도자교육과정을 경험하지 못한 대상일수록, 학력이 낮은 응답자일수록 더욱 현 정부의 대북정책에 대해서 정확히 인식하지 못하는 경향이었으며, 60대 이상의 경우는 매우 바람직하다는 긍정적인 인식이 강했다. 또한 지도자과정의 통일

교육경험자의 경우도 매우 바람직한 대북정책이라는 긍정적인 입장
이 강했다.

마. 통일 후 생활의 변화에 대한 인식

"만약 통일이 이루어진다면, 우리의 삶이 전반적으로 어떻게 변화
할 것으로 생각하십니까?"라는 질문에 대해, 응답자들은 대체로 나아
질 것이라는 응답이 40.6%, 그저 그렇다가 14.2%, 어려워질 것이다가
45.1%로 나타났다(<그림 9> 참조).

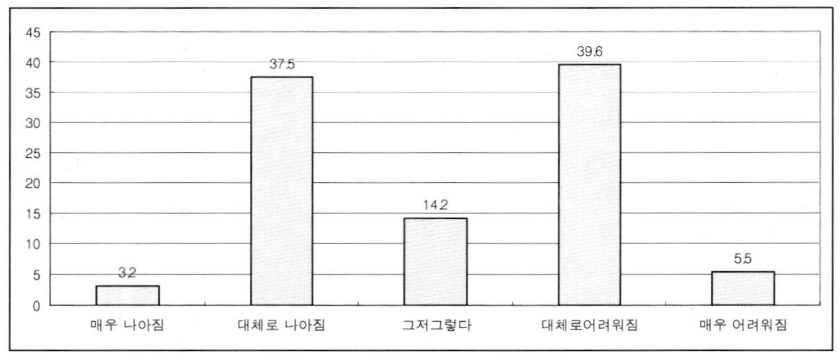

〈그림 9〉 통일 후 생활의 변화에 대한 인식(단위: %)

인구문화적 변인에 따른 통일 후 생활의 변화에 대한 인식에 대해
서는 성별(p<.05), 연령(p<.05), 직종(p<.05), 지도자과정의 통일교육
경험(p<.01), 학력(p<.01)에 따라서 통계적으로 유의한 인식의 차이가
나타났다(<표 16> 참조).

〈표 16〉 통일 후 생활의 변화에 대한 인식

		N	매우 나아질 것이다	대체로 나아질 것이다	그저 그렇다	대체로 어려워질 것이다	매우 어려워질 것이다
성별	남자	342	11 3.2%	151 44.2%	42 12.3%	120 35.1%	18 5.3%
	여자	416	13 3.1%	133 32.0%	66 15.9%	180 43.3%	24 5.8%
	χ2(p)		12.392*(.015)				
연령	20대	99	2 2.0%	30 30.3%	19 19.2%	44 44.4%	4 4.0%
	30대	206	5 2.4%	70 34.0%	36 17.5%	86 41.7%	9 4.4%
	40대	242	9 3.7%	93 38.4%	28 11.6%	96 39.7%	16 6.6%
	50대	168	3 1.8%	80 47.6%	20 11.9%	57 33.9%	8 4.8%
	60대 이상	43	5 11.6%	11 25.6%	5 11.6%	17 39.5%	5 11.6%
	χ2(p)		32.004*(.010)				
거주지역	시 지역	644	21 3.3%	236 36.6%	93 14.4%	257 39.9%	37 5.7%
	군 지역	114	3 2.6%	48 42.1%	15 13.2%	43 37.7%	5 4.4%
	χ2(p)		1.444(.837)				
직종	교육관련	584	20 3.4%	219 37.5%	81 13.9%	240 41.1%	24 4.1%
	비교육관련	174	4 2.3%	65 37.4%	27 15.5%	60 34.5%	18 10.3%
	χ2(p)		11.680*(.020)				
국적	대한민국	741	23 3.1%	274 37.0%	107 14.4%	296 39.9%	41 5.5%
	그 외	17	1 5.9%	10 58.8%	1 5.9%	4 23.5%	1 5.9%
	χ2(p)		4.512(.341)				

| | | | 3.2% | 37.5% | 14.2% | 39.6% | 5.5% |

지도자과정의 통일교육 경험	있다	82	8 9.8%	37 45.1%	6 7.3%	26 31.7%	5 6.1%
	없다	676	16 2.4%	247 36.5%	102 15.1%	274 40.5%	37 5.5%
	χ2(p)		18.640**(.001)				
학력	고졸 이하	74	1 1.4%	27 36.5%	13 17.6%	21 28.4%	12 16.2%
	대졸	516	17 3.3%	184 35.7%	71 13.8%	222 43.0%	22 4.3%
	대학원졸 이상	168	6 3.6%	73 43.5%	24 14.3%	57 33.9%	8 4.8%
	χ2(p)		25.789**(.001)				
전체		758	24 3.2%	284 37.5%	108 14.2%	300 39.6%	42 5.5%

* p<.05, ** p<.01, *** p<.001

그 결과 여자보다 남자들이 더욱 긍정적인 생활변화를 예상하며, 연령이 높아질수록 더욱 나아질 것으로 인식하였다. 또한 시 지역 보다는 군 지역 거주민들이 더욱 생활의 변화가 나아질 것으로 인식하며, 지도자과정의 교육을 받은 경험이 없는 대상자들이 더욱 생활이 어려워질 것으로 인식하는 경향이 강하며, 학력이 대졸인 대상자들이 더욱 생활이 어려워질 것으로 인식하였다.

바. 통일 이후 북한지원을 위한 통일세 징수에 대한 인식

"통일 이후를 대비해서 북한을 지원하기 위해 통일세(統一稅)를 징수한다면 이에 대해 어떻게 생각하십니까?"라는 질문에 대해, 응답자들은 찬성 40.0%, 그저 그렇다 23.6%, 반대 36.4%의 반응을 보였다.

반대보다는 찬성이 높다(<그림 10> 참조).

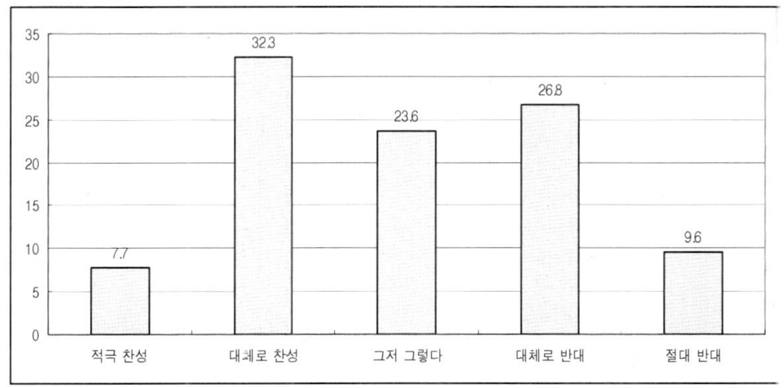

〈그림 10〉 통일 이후 북한지원을 위한 통일세 징수에 대한 인식(단위: %)

　　인구문화적 변인에 따른 통일 이후 북한지원을 위한 통일세 징수에 대한 인식에 대해서는 성별(p<.01), 직종(p<.05), 국적(p<.05), 지도자과정의 통일교육경험(p<.001), 학력(p<.01)에 따라서 통계적으로 유의한 인식의 차이가 나타났다(<표 17> 참조).

〈표 17〉 통일 이후 북한지원을 위한 통일세 징수에 대한 인식

		N	절대 반대	대체로 반대	그저 그렇다	대체로 찬성	적극 찬성
성별	남자	342	38 11.1%	83 24.3%	65 19.0%	125 36.5%	31 9.1%
	여자	416	35 8.4%	120 28.8%	114 27.4%	120 28.8%	27 6.5%
	χ2(p)		13.563**(.009)				

연령	20대	99	11 11.1%	30 30.3%	30 30.3%	27 27.3%	1 1.0%
	30대	206	25 12.1%	62 30.1%	50 24.3%	59 28.6%	10 4.9%
	40대	242	28 11.6%	60 24.8%	50 20.7%	83 34.3%	21 8.7%
	50대	158	7 4.2%	42 25.0%	43 25.6%	60 35.7%	16 9.5%
	60대 이상	43	2 4.7%	9 20.9%	6 14.0%	16 37.2%	10 23.3%
	χ2(p)			41.476***(.000)			
거주지역	시 지역	644	66 10.2%	175 27.2%	154 23.9%	204 31.7%	45 7.0%
	군 지역	114	7 6.1%	28 24.6%	25 21.9%	41 36.0%	13 11.4%
	χ2(p)			5.125(.275)			
직종	교육관련	584	66 10.2%	175 27.2%	154 23.9%	204 31.7%	45 7.0%
	비교육관련	174	7 6.1%	28 24.6%	25 21.9%	41 36.0%	13 11.4%
	χ2(p)			12.618*(.013)			
국적	대한민국	741	66 10.2%	175 27.2%	154 23.9%	204 31.7%	45 7.0%
	그 외	17	7 6.1%	28 24.6%	25 21.9%	41 36.0%	13 11.4%
	χ2(p)			9.650*(.047)			
지도자과정의 통일교육 경험	있다	82	3 3.7%	10 12.2%	6 7.3%	38 46.3%	25 30.5%
	없다	676	70 10.4%	193 28.6%	173 25.6%	207 30.6%	33 4.9%
	χ2(p)			89.307***(.000)			
학력	고졸 이하	74	16 21.6%	18 24.3%	16 21.6%	19 25.7%	5 6.8%
	대졸	516	43 8.3%	147 28.5%	132 25.6%	162 31.4%	32 6.2%
	대학원졸 이상	168	14 8.3%	38 22.6%	31 18.5%	64 38.1%	21 12.5%
	χ2(p)			26.461**(.001)			
전체		758	73 9.6%	203 26.8%	179 23.6%	245 32.3%	58 7.7%

* p<.05, ** p<.01, *** p<.001

이는 남자보다는 여자들의 반대 입장이 강하며, 연령이 높을수록 더욱 찬성이 많았다. 교육관련 직종을 가진 대상보다는 비교육관련 직종들의 찬성의도가 강하며, 국적을 새로이 취득한 경우 더욱 통일세 징수에 대해 찬성하였다. 또한 지도자과정의 통일교육경험자일수록 더욱 찬성입장이 강하며, 학력이 낮을수록 통일세 징수에 대한 반대 입장이 강했다.

2. 북한관

북한관 관련 질문은 ① 북한에 관한 정보원, ② 북한사회 전반에 대한 인식, ③ 북한 김정일을 비롯한 지도층에 대한 인식, ④ 북한의 학생과 주민을 비롯한 보통사람에 대한 인식, ⑤ 대북정책의 중요부문, ⑥ 북한동포돕기운동 참여경험, 그리고 ⑦ 대북 식량지원에 대한 인식 등이다.

가. 북한에 관한 정보원

"북한에 관한 정보와 지식을 주로 어떻게 얻습니까?"라를 질문에 대해 응답자들은 압도적인 비율로 언론매체로부터 가장 많은 정보를 얻는다고 답했다. 다음으로 통일교육지도자, 학교교육 순으로 나타났다(<그림 11> 참조).

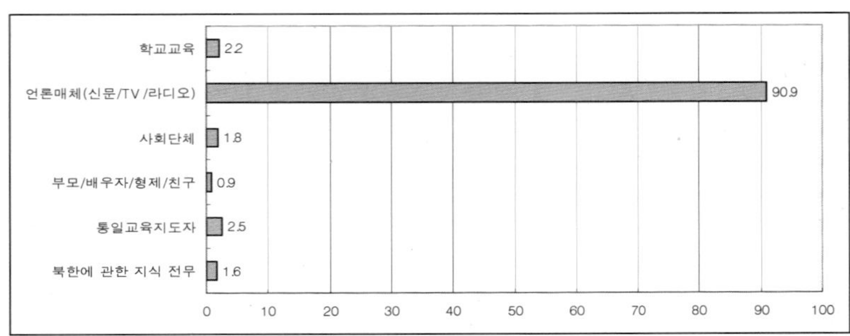

〈그림 11〉 북한에 대한 정보원(단위: %)

인구문화적 변인에 따른 북한에 관한 정보원에 대해서는 연령 (p<.01), 거주지역(p<.01), 직종(p<.001), 국적(p<.001), 지도자과정의 통일교육경험(p<.001), 학력(p<.001)에 따라서 통계적으로 유의한 인식의 차이가 나타났다(<표 18> 참조).

〈표 18〉 북한에 관한 정보원

		N	학교교육	언론매체	사회단체	부모	통일교육지도자	지식없음
성별	남자	342	6	309	10	2	12	3
			1.8%	90.4%	2.9%	0.6%	3.5%	0.9%
	여자	416	11	380	4	5	7	9
			2.6%	91.3%	1.0%	1.2%	1.7%	2.2%
	χ2(p)		9.829(.080)					
연령	20대	99	5	91	0	0	1	2
			5.1%	91.9%	0.0%	0.0%	1.0%	2.0%
	30대	206	4	192	5	2	2	1
			1.9%	93.2%	2.4%	1.0%	1.0%	0.5%
	40대	242	7	219	5	5	3	3
			2.9%	90.5%	2.1%	2.1%	1.2%	1.2%

구분		N						
연령	50대	158	1 0.6%	147 87.5%	3 1.8%	0 0.0%	12 7.1%	5 3.0%
	60대 이상	43	0 0.0%	40 93.0%	1 2.3%	0 0.0%	1 2.3%	1 2.3%
	$\chi 2(p)$		38.862**(.007)					
거주 지역	시 지역	644	14 2.2%	594 92.2%	9 1.4%	6 0.9%	15 2.3%	6 0.9%
	군 지역	114	3 2.6%	95 83.3%	5 4.4%	1 0.9%	4 3.5%	6 5.3%
	$\chi 2(p)$		17.637**(.003)					
직종	교육관련	584	16 2.7%	542 92.8%	9 1.5%	3 0.5%	11 1.9%	3 0.5%
	비교육관련	174	1 0.6%	147 84.5%	5 2.9%	4 2.3%	8 4.6%	9 5.2%
	$\chi 2(p)$		32.057***(.000)					
국적	대한민국	741	17 2.3%	678 91.5%	13 1.8%	3 0.4%	19 2.6%	11 1.5%
	그 외	17	0 0.0%	11 64.7%	1 5.9%	4 23.5%	0 0.0%	1 5.9%
	$\chi 2(p)$		101.933***(.000)					
지도자과 정의 통일교육 경험	있다	82	0 0.0%	63 76.8%	7 8.5%	0 0.0%	12 14.6%	0 0.0%
	없다	676	17 2.5%	626 92.6%	7 1.0%	7 1.0%	7 1.0%	12 1.8%
	$\chi 2(p)$		82.598***(.000)					
학력	고졸 이하	74	0 0.0%	56 75.7%	3 4.1%	4 5.4%	2 2.7%	9 12.2%
	대졸	516	15 2.9%	476 92.2%	9 1.7%	3 0.6%	11 2.1%	2 0.4%
	대학원졸 이상	168	2 1.2%	157 93.5%	2 1.2%	0 0.0%	6 3.6%	1 0.6%
	$\chi 2(p)$		85.358***(.000)					
전체		758	17 2.2%	689 90.9%	14 1.8%	7 0.9%	19 2.5%	12 1.6%

* p<.05, ** p<.01, *** p<.001

그 결과 연령이 낮을수록 언론매체를 통한 지식을 얻게 되는 경우가 많으며, 50대의 경우는 통일교육지도자를 통해 알게 되었다는 의견이 많았다. 거주지역별로는 시 지역의 각종 언론매체를 통해 지식을 얻는 경향이 많으며, 직종별로는 비교육관련 직종의 경우 부모를 통해 알게 된 경우가 많았으며, 그 외 국적을 가진 경우에 부모를 통해 북한에 대한 정보를 얻는 경우가 많았다. 또한 지도자 과정의 통일교육 경험자들은 통일교육지도자를 통해 정보를 얻었다는 의견이 많으며, 학력에 따라서는 고졸 이하의 경우 더욱 기타의견이 많은 것으로 나타났다.

나. 북한사회 전반에 대한 인식

북한사회의 전반적인 상황에 대해, 각 항목별로 좋고 나쁜 정도를 5점 척도로 질문했는데, 전체평균은 1.59로 낮은 편이며, 북한의 일반주민에 대한 호감도는 2.72로 전체평균을 넘어서면서 그중 가장 높게 나타났다(<그림 12> 참조).[48]

---

48) 이 질문은 선행연구(한만길 외, 1999, 2003)에서 사용된 바를 그대로 한 것인데, 약간 애매모호한 점이 있다. 즉 각 항목의 객관적인 상황에 대한 호불호를 묻는 것인지 아니면 각 항목에 대한 응답자의 선호 정도를 말하는 것인지 등 달리 해석될 소지를 안고 있다. 대체로 여기서는 후자의 입장에서 기술한다.

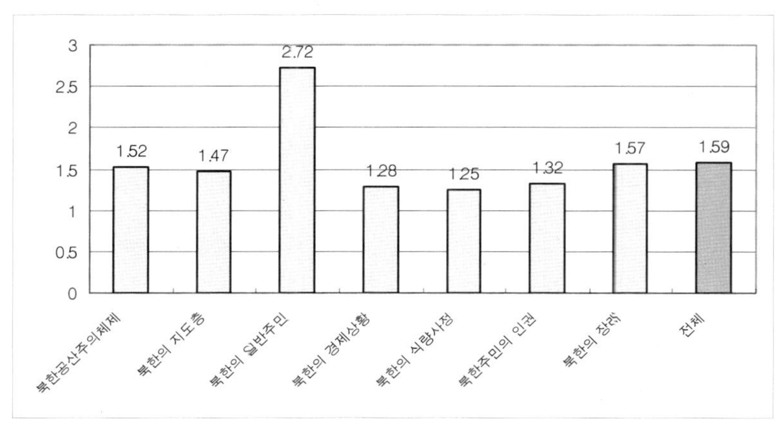

〈그림 12〉 지역통일교육 관련자의 북한사회에 대한 전반적인 인식수준(평균값)

전체적으로 북한사회의 전반적인 상황에 대해서는 모든 인구문화적 특성에 따라서 통계적으로 유의한 인식의 차이는 없는 것으로 나타났다. 각 내용별로 구체적으로 살펴보면 다음과 같다(<표 19> 참조).

북한 공산주의체제, 북한의 경제상황, 북한의 장래에 대해서는 연구대상자의 인구문화적 특성에 따라서 통계적으로 유의한 인식의 차이는 없는 것으로 나타났다. 북한의 지도층에 대해서는 국적(p<.05), 학력(p<.01)에 따라서 통계적으로 유의한 인식의 차이가 있는 것으로 나타났다.

국적에 따라서는 대한민국의 국적을 가진 대상들이 더욱 부정적인 인식이 강하며, 대졸 이상의 학력자들의 인식이 더욱 낮았다. 북한의 일반주민에 대한 인식에서는 성별(p<.01), 거주지역(p<.01), 직종(p<.01), 학력(p<.05)에 따라서 통계적으로 유의한 인식의 차이가 나타났다. 특히 학력별로 Duncan 사후 평가결과, 북한의 지도층과 일반

주민에 대한 평가가 달리 이루어지는 점은 주목할 만하다.

시 지역보다는 군 지역 거주민들의 인식이 더욱 부정적이며, 비교육관련 직종에 근무하는 종사원들이 더욱 부정적이며, 학력이 낮은 대상자들이 더욱 북한주민에 대한 부정적인 인식이 강한 것으로 나타났다.

북한의 식량사정에 대해서는 국적(p<.01)에 따라서 통계적으로 유의한 인식의 차이가 있으며 비대한민국 국적을 가진 대상자들이 더욱 북한 식량에 대한 부정적인 인식이 강하였다.

북한주민의 인권에 대해서는 지도자과정의 통일교육경험(p<.001)에 따라서 인식의 차이가 나타났으며 이는 지도자과정의 교육경험이 있는 분들의 인식이 더욱 부정적인 것으로 나타났다.

<표 19> 북한사회의 전반적인 상황에 대한 분석

		N	북한 공산주의 체제		북한의 지도층		북한의 일반주민		북한의 경제상황		북한의 식량사정		북한주민의 인권		북한의 장래		전체	
			M	SD	M	SD	M	SD	M	SD	M	SD	M	SD	M	SD	M	SD
성별	남자	342	1.49	0.78	1.41	0.74	2.83	0.98	1.29	0.61	1.24	0.55	1.32	0.62	1.53	0.77	1.59	0.46
	여자	416	1.54	0.80	1.51	0.81	2.64	1.02	1.28	0.60	1.26	0.59	1.32	0.61	1.60	0.80	1.59	0.49
	t(p)		-.818(.413)		-1.820(.069)		2.616**(.009)		.120(.904)		-.488(.626)		.001(.999)		-1.259(.208)		-.193(.847)	
연령	20대	00	1.66	0.77	1.10	0.70	2.81	0.94	1.27	0.62	1.23	0.57	1.36	0.61	1.64	0.80	1.61	0.45
	30대	206	1.58	0.85	1.47	0.76	2.69	1.01	1.36	0.68	1.31	0.64	1.35	0.67	1.57	0.82	1.62	0.53
	40대	242	1.50	0.76	1.47	0.76	2.76	0.97	1.26	0.57	1.24	0.53	1.35	0.61	1.55	0.78	1.59	0.45
	50대	158	1.49	0.81	1.51	0.86	2.66	1.09	1.24	0.58	1.21	0.57	1.26	0.56	1.57	0.77	1.56	0.46
	60대 이상	43	1.35	0.61	1.40	0.85	2.70	1.01	1.19	0.45	1.19	0.45	1.21	0.47	1.49	0.74	1.50	0.43
	F(p)		.998(.408)		.391(.815)		.506(.732)		1.448(.216)		.939(.441)		1.125(.343)		.328(.859)		.755(.555)	
거주지역	시 지역	644	1.53	0.79	1.48	0.77	2.77	0.97	1.27	0.60	1.24	0.57	1.33	0.61	1.59	0.79	1.60	0.47
	군 지역	114	1.46	0.80	1.38	0.81	2.45	1.13	1.33	0.65	1.27	0.57	1.31	0.63	1.46	0.74	1.52	0.48
	t(p)		.894(.372)		1.315(.189)		2.882**(.005)		-.953(.341)		-.484(.628)		.331(.741)		1.619(.106)		1.677(.094)	
직종	교육관련	584	1.50	0.76	1.45	0.76	2.78	0.95	1.28	0.61	1.25	0.58	1.33	0.62	1.58	0.78	1.60	0.47
	비교육관련	174	1.56	0.88	1.53	0.84	2.52	1.15	1.30	0.59	1.25	0.54	1.32	0.59	1.51	0.80	1.57	0.50
	t(p)		-.813(.417)		-1.215(.225)		2.798**(.006)		-.378(.705)		-.127(.899)		.207(.836)		1.151(.250)		.659(.510)	

국적	대한민국	741	1.51	0.78	1.45	0.77	2.72	0.99	1.28	0.60	1.25	0.58	1.32	0.61	1.56	0.78	1.59	0.47
	그 외	17	1.94	0.97	2.06	0.97	2.65	1.54	1.29	0.59	1.06	0.24	1.47	0.62	1.71	0.92	1.74	0.44
	t(p)		-1.837(.084)		-2.570*(.020)		.207(.839)		-.072(.942)		3.096**(.006)		-.994(.321)		-.742(.458)		-1.321(.187)	
지도자과정의 통일교육경험	있다	82	1.57	0.96	1.63	0.98	2.59	1.18	1.38	0.68	1.29	0.62	1.15	0.39	1.48	0.76	1.58	0.47
	없다	676	1.51	0.77	1.45	0.75	2.74	0.98	1.27	0.59	1.24	0.57	1.35	0.63	1.58	0.79	1.59	0.47
	t(p)		.573(.568)		1.694(.094)		-1.141(.257)		1.352(.180)		.749(.454)		-4.051***(.000)		-1.102(.271)		-.123(.902)	
학력	고졸 이하	74	1.66	0.85	1.76b	0.96	2.46a	1.12	1.32	0.62	1.31	0.60	1.39	0.66	1.61	0.87	1.64	0.56
	대졸	516	1.52	0.80	1.42a	0.75	2.72b	0.98	1.26	0.59	1.23	0.56	1.31	0.60	1.54	0.76	1.57	0.46
	대학원졸 이상	168	1.45	0.72	1.47a	0.77	2.83b	0.99	1.34	0.63	1.27	0.61	1.35	0.63	1.63	0.82	1.62	0.47
	F(p)		1.812(.164)		6.025**(.003)		3.585*(.028)		1.288(.276)		.856(.425)		.837(.433)		.846(.463)		1.237(.291)	
전체		758	1.52	0.79	1.47	0.78	2.72	1.00	1.28	0.60	1.25	0.57	1.32	0.61	1.57	0.79	1.59	0.47

a, b: Duncan's Multiple Comparison(a〈b, α=.05)
* p〈.05, ** p〈.01, *** p〈.001

다. 북한 김정일을 비롯한 지도층에 대한 인식

"북한의 김정일을 비롯한 지도층에 대하여 어떻게 생각하십니까?" 라는 질문에 대해, 응답자들은 우리가 경계하고 싸워야 할 적이라는 인식(49.1%)과 우리가 도와주고 함께 살아야 할 이웃이라는 인식 (42.3%)을 같은 수준으로 보이고 있어, 갈등의 소지를 안고 있다(<그림 13> 참조).

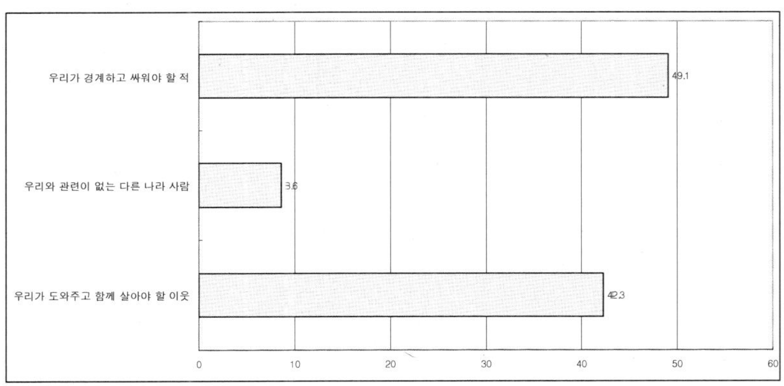

〈그림 13〉 북한의 지도층에 대한 인식(단위: %)

인구문화적 변인에 따른 북한의 지도층에 대한 인식에 대해서는 성별(p<.001), 직종(p<.01), 국적(p<.05))에 따라서 통계적으로 유의한 인식의 차이가 나타났다(<표 20> 참조).

<표 20> 북한의 지도층에 대한 인식

		N	우리가 경계하고 싸워야 할 적	우리와 관련이 없는 다른 나라 사람	우리가 도와주고 함께 살아야 할 이웃	χ2(p)
성별	남자	342	211 61.7%	28 8.2%	103 30.1%	42.345*** (.000)
	여자	416	161 38.7%	37 8.9%	218 52.4%	
연령	20대	99	51 51.5%	14 14.1%	34 34.3%	11.535 (.173)
	30대	206	102 49.5%	18 8.7%	86 41.7%	
	40대	242	116 47.9%	21 8.7%	105 43.4%	
	50대	158	84 50.0%	12 7.1%	72 42.9%	
	60대 이상	43	19 44.2%	0 0.0%	24 55.8%	
거주지역	시 지역	644	317 49.2%	55 8.5%	272 42.2%	.038 (.981)
	군 지역	114	55 48.2%	10 8.8%	49 43.0%	
직종	교육관련	584	282 48.3%	41 7.0%	261 44.7%	10.792** (.005)
	비교육관련	174	90 51.7%	24 13.8%	60 34.5%	
국적	대한민국	741	367 49.5%	61 8.2%	313 42.2%	5.996* (.050)
	그 외	17	5 29.4%	4 23.5%	8 47.1%	
지도자과정의 통일교육 경험	있다	82	40 48.8%	7 8.5%	35 42.7%	.004 (.998)
	없다	676	332 49.1%	58 8.6%	286 42.3%	
학력	고졸 이하	74	34 45.9%	12 16.2%	28 37.8%	6.661 (.155)
	대졸	516	259 50.2%	39 7.6%	218 42.2%	
	대학원졸 이상	168	79 47.0%	14 8.3%	75 44.6%	
전체		758	372 49.1%	65 8.6%	321 42.3%	

* p<.05, ** p<.01, *** p<.001

그 결과 북한의 지도층에 대해서는 남자의 경우는 경계하고 싸워야 하는 적으로 인식하는 경향이 강하며 이는 비교육관련 직종을 가진 응답자도 마찬가지였다. 또한 국적이 처음부터 대한민국이었던 대상자들은 더욱 북한의 지도층을 우리가 경계하고 싸워야 하는 적으로 강하게 인식하였다.

라. 북한의 학생과 주민을 비롯한 보통사람에 대한 인식

"북한의 학생과 주민을 비롯한 보통사람에 대하여 어떻게 생각하십니까?"라는 질문에 대해, 응답자들은 우호적인 반응을 보였다(<그림 14> 참조).

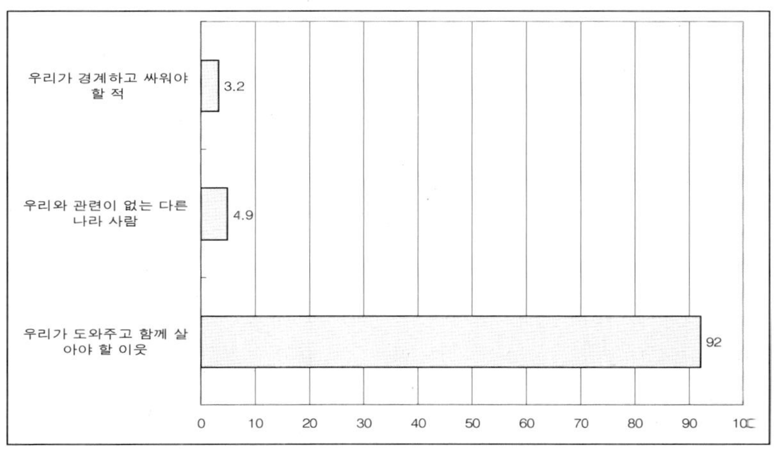

〈그림 14〉 북한의 학생과 주민에 대한 인식(단위: %)

북한의 일반주민에 대한 인식은 전체 평균값 1.59보다 상대적으로 높은 2.72 수준으로 나타났다. 인구문화적 변인에 따라서는 직종 (p<.01), 국적(p<.01)에 따라서 통계적으로 유의한 차이가 나타났다 (<표 21> 참조).

<표 21> 북한의 학생과 주민에 대한 인식

		N	우리가 경계하고 싸워야 할 적	우리와 관련이 없는 다른 나라 사람	우리가 도와주고 함께 살아야 할 이웃	x2(p)
성별	남자	342	10 2.9%	17 5.0%	315 92.1%	.127 (.938)
	여자	416	14 3.4%	20 4.8%	382 91.8%	
연령	20대	99	3 3.0%	6 6.1%	90 90.9%	10.965 (.204)
	30대	206	3 1.5%	11 5.3%	192 93.2%	
	40대	242	8 3.3%	16 6.6%	218 90.1%	
	50대	158	9 5.4%	4 2.4%	155 92.3%	
	60대 이상	43	1 2.3%	0 0.0%	42 97.7%	
거주 지역	시 지역	644	22 3.4%	29 4.5%	593 92.1%	2.107 (.349)
	군 지역	114	2 1.8%	8 7.0%	104 91.2%	
직종	교육관련	584	14 2.4%	22 3.8%	548 93.8%	12.202 ** (.002)
	비교육 관련	174	10 5.7%	15 8.6%	149 85.6%	
국적	대한민국	741	21 2.8%	37 5.0%	683 92.2%	12.540 ** (.002)
	그 외	17	3 17.6%	0 0.0%	14 82.4%	

지도자과정의 통일교육 경험	있다	82	4	4	74	.880 (.644)
			4.9%	4.9%	90.2%	
	없다	676	20	33	623	
			3.0%	4.9%	92.2%	
학력	고졸 이하	74	6	5	63	7.379 (.117)
			8.1%	6.8%	85.1%	
	대졸	516	14	24	478	
			2.7%	4.7%	92.6%	
	대학원졸 이상	168	4	8	156	
			2.4%	4.8%	92.9%	
전체		758	24	37	697	
			3.2%	4.9%	92.0%	

* p<.05, ** p<.01, *** p<.001

북한의 학생과 주민에 대한 인식에서는 교육관련 직종일수록 우리가 도와주고 함께 살아야 할 이웃으로 인식하는 반면, 그 외 국적인 경우에는 우리가 경계하고 싸워야 하는 적으로 인식하는 경향이 강하게 나타났다.

마. 대북정책의 중요부문

"북한에 대한 우리의 정책으로 가장 중요하다고 생각되는 것은 무엇인가?"라는 질문에 대해, 응답자들은 다방면의 교류·협력 사업을 가장 우선으로 꼽았다(<그림 15> 참조).

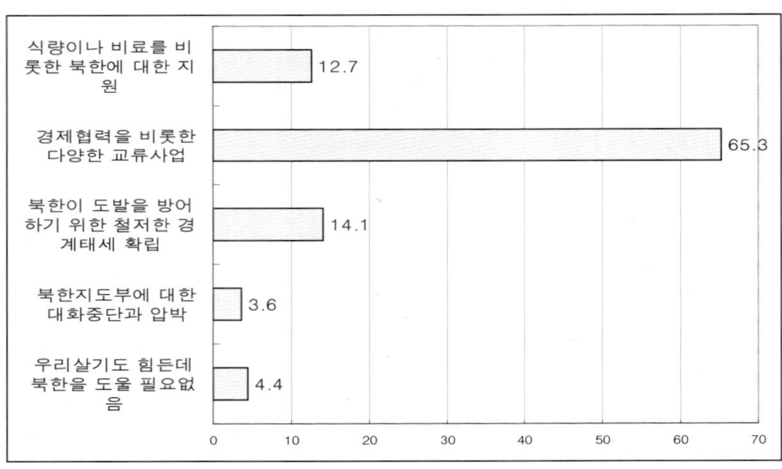

〈그림 15〉 북한에 대한 우리 정책의 중요부분(단위: %)

인구문화적 변인에 따른 북한에 대한 우리 정책의 중요부분에 대해서는 연령(p<.05), 학력(p<.001)에 따라서 통계적으로 유의한 인식의 차이가 나타났다(<표 22> 참조).

〈표 22〉 북한에 대한 우리 정책의 중요부분

		N	북한에 대한 지원	교류 사업	경계 태세 확립	대화 중단과 압박	도울 필요 없음
성별	남자	342	38	227	50	11	16
			11.1%	66.4%	14.6%	3.2%	4.7%
	여자	416	58	268	57	16	17
			13.9%	64.4%	13.7%	3.8%	4.1%
	χ2(p)		1.769(.778)				
연령	20대	99	11	69	12	7	0
			11.1%	69.7%	12.1%	7.1%	0.0%
	30대	206	21	137	27	9	12
			10.2%	66.5%	13.1%	4.4%	5.8%

		N					
	40대	242	39	147	32	7	17
			16.1%	60.7%	13.2%	2.9%	7.0%
	50대	158	17	115	30	2	4
			10.1%	68.5%	17.9%	1.2%	2.4%
	60대 이상	43	8	27	6	2	0
			18.6%	62.8%	14.0%	4.7%	0.0%
χ2(p)			28.724*(.026)				
거주 지역	시 지역	644	80	427	85	24	28
			12.4%	66.3%	13.2%	3.7%	4.3%
	군 지역	114	16	68	22	3	5
			14.0%	59.6%	19.3%	2.6%	4.4%
χ2(p)			3.735(.443)				
직종	교육 관련	584	69	394	80	21	20
			11.8%	67.5%	13.7%	3.6%	3.4%
	비교육관련	174	27	101	27	6	13
			15.5%	58.0%	15.5%	3.4%	7.5%
χ2(p)			8.637(.071)				
국적	대한민국	741	91	486	106	26	32
			12.3%	65.6%	14.3%	3.5%	4.3%
	그 외	17	5	9	1	1	1
			29.4%	52.9%	5.9%	5.9%	5.9%
χ2(p)			5.449(.244)				
지도자과정의 통일교육경험	있다	82	10	53	16	3	0
			12.2%	64.6%	19.5%	3.7%	0.0%
	없다	676	86	442	91	24	33
			12.7%	65.4%	13.5%	3.6%	4.9%
χ2(p)			5.924(.205)				
학력	고졸 이하	74	20	38	6	2	8
			27.0%	51.4%	8.1%	2.7%	10.8%
	대졸	516	54	341	81	22	18
			10.5%	66.1%	15.7%	4.3%	3.5%
	대학원졸 이상	168	22	116	20	3	7
			13.1%	69.0%	11.9%	1.8%	4.2%
χ2(p)			30.394***(.000)				
전체		758	96	495	107	27	33
			12.7%	65.3%	14.1%	3.6%	4.4%

* p<.05, ** p<.01, *** p<.001

그 결과 연령에 따라서는 40대와 60대 이상의 경우는 북한에 대한 지원을 가장 중요한 부분으로 인식하는 반면 50대의 경우는 경계태세를 확립하는 것이 중요하다는 의견이 많으며, 학력에 따라서는 학력이 높아질수록 경계태세를 확립하는 것이 중요하다는 의견이 강하게 나타났다.

바. 북한동포돕기운동 참여경험

"북한동포돕기운동에 참여한 적이 있습니까?"라는 질문에 대해, 참여한 적이 있다가 34.3%, 참여한 적이 없다가 65.7%로 나타나, 여전히 대북지원에 대한 국민적 공감대 형성의 과제가 남아 있는 것으로 분석된다.

인구문화적 변인에 따른 북한동포돕기운동의 참여경험에 대해서는 연령(p<.01), 지도자과정의 통일교육경험(p<.001), 학력(p<.01)에 따라서 통계적으로 유의한 인식의 차이가 나타났다(<표 23> 참조).

<표 23> 북한동포돕기운동 참여경험

		N	있다	없다	x2(p)
성별	남자	342	113	229	.439 (.508)
			33.0%	67.0%	
	여자	416	147	269	
			35.3%	64.7%	
연령	20대	99	21	78	14.032** (.007)
			21.2%	78.8%	
	30대	206	68	138	
			33.0%	67.0%	
	40대	242	83	159	
			34.3%	65.7%	

	50대	158	67	101	
			39.9%	60.1%	
	60대 이상	43	21	22	
			48.8%	51.2%	
거주 지역	시 지역	644	217	427	.696 (.404)
			33.7%	66.3%	
	군 지역	114	43	71	
			37.7%	62.3%	
직종	교육관련	584	201	383	.015 (.901)
			34.4%	65.6%	
	비교육관련	174	59	115	
			33.9%	66.1%	
국적	대한민국	741	255	486	.184 (.668)
			34.4%	65.6%	
	그 외	17	5	12	
			29.4%	70.6%	
지도자과 정의 통일교육 경험	있다	82	56	26	47.144*** (.000)
			68.3%	31.7%	
	없다	676	204	472	
			30.2%	69.8%	
학력	고졸 이하	74	22	52	10.343** (.006)
			29.7%	70.3%	
	대졸	516	163	353	
			31.6%	68.4%	
	대학원졸 이상	168	75	93	
			44.6%	55.4%	
전체		758	260	498	
			34.3%	65.7%	

* p<.05, ** p<.01, *** p<.001

이는 북한동포돕기운동 참여경험은 연령이 높을수록, 지도자과정의 통일관련 교육경험이 있는 대상일수록, 학력이 높을수록 북한 통포돕기운동에 참여한 경험이 많은 것으로 나타났다.

사. 대북 식량지원에 대한 인식

"북한에 대해 우리가 식량지원을 해야 한다고 생각하십니까?"라는 질문에 대해, 응답자들 중 68.3%는 지원해야 한다고 답했고, 19.3%는 지원해서는 안 된다고 답했으며, 나머지 11.9%는 관심이 없는 것으로 나타났다. 대북 인도적 지원에 대한 당위적 요청에 공감하는 반응이 높은 것으로 풀이된다.

인구문화적 변인에 따른 북한 식량지원에 대한 인식에 대해서는 연령(p<.05), 직종(p<.05), 지도자과정의 통일교육경험(p<.01), 학력 (p<.01)에 따라서 통계적으로 유의한 인식의 차이가 나타났다(<표 24> 참조).

〈표 24〉 북한 식량지원에 대한 인식

		N	지원해서는 안 된다	관심이 없다	지원해야 한다	χ^2(p)
성별	남자	342	64	35	243	2.447 (.294)
			18.7%	10.2%	71.1%	
	여자	416	86	55	275	
			20.7%	13.2%	66.1%	
연령	20대	99	28	18	53	17.826* (.023)
			28.3%	18.2%	53.5%	
	30대	206	45	21	140	
			21.8%	10.2%	68.0%	
	40대	242	46	30	166	
			19.0%	12.4%	68.6%	
	50대	158	23	19	126	
			13.7%	11.3%	75.0%	
	60대 이상	43	8	2	33	
			18.6%	4.7%	76.7%	

거주지역	시 지역	644	127	81	436	2.052
			19.7%	12.6%	67.7%	(.358)
	군 지역	114	23	9	82	
			20.2%	7.9%	71.9%	
직종	교육관련	584	109	62	413	7.122*
			18.7%	10.6%	70.7%	(.028)
	비교육관련	174	41	28	105	
			23.6%	16.1%	60.3%	
국적	대한민국	741	145	86	510	3.956
			19.6%	11.6%	68.8%	(.138)
	그 외	17	5	4	8	
			29.4%	23.5%	47.1%	
지도자 과정의 통일교육 경험	있다	82	13	2	67	10.017**
			15.9%	2.4%	81.7%	(.007)
	없다	676	137	88	451	
			20.3%	13.0%	66.7%	
학력	고졸 이하	74	17	19	38	18.887**
			23.0%	25.7%	51.4%	(.001)
	대졸	516	105	56	355	
			20.3%	10.9%	68.8%	
	대학원졸 이상	168	28	15	125	
			16.7%	8.9%	74.4%	
전체		758	150	90	518	
			19.8%	11.9%	68.3%	

* p<.05, ** p<.01, *** p<.001

이는 연령이 낮을수록 지원해서는 안 된다는 의견이 강해지거나 관심을 가지지 않는 경향이 강하며, 교육관련 직종을 가진 대상자일수록 지원해야 한다는 의견이 강하게 나타났다. 또한 지도자과정의 통일교육경험자일수록 지원을 해야 한다는 의견이 강하며 학력이 낮은 대상일수록 관심이 없는 경향이 두드러지게 높았다.

3. 사회통일교육관

사회통일관을 묻는 질문은 ① 북한 및 통일관련 과목의 설치유무,
② 통일교육 강의 진행상의 문제점, ③ 북한 및 통일교육에서 강조되
어야 할 측면, ④ 효과적인 북한 및 통일교육 방법, 그리고 ⑤ 통일교
육관련 정부지원분야에 대한 인식 등으로 구성된다.

가. 북한 및 통일관련 과목의 설치유무

"귀하가 소속한 사회교육기관이나 참여하고 있는 연구과정에는 북
한 및 통일관련 과목이 설치되어 있습니까?"라는 질문에 대해, 응답
자들 중 33.1%는 설치되어 있다고 답했고, 66.5%는 설치되어 있지 않
다고 답했다. 여전히 통일교육 관계자들이 통일교육을 접할 수 있는
기회가 제한되어 있음을 알 수 있다.

인구문화적 변인에 따른 참여연수과정 중 북한 및 통일관련과목
유무에 대해서는 지도자과정의 통일교육경험(p<.001), 학력(p<.05)에
따라서 통계적으로 유의한 인식의 차이가 나타났다(<표 25> 참조).

〈표 25〉 참여연수과정 중 북한 및 통일관련과목 유무

		N	있다	없다	x2(p)
성별	남자	342	106	236	1.769
			31.0%	69.0%	(.183)
	여자	416	148	268	
			35.6%	64.4%	
연령	20대	99	27	72	7.446
			27.3%	72.7%	(.114)

연령	30대	206	65	141	7.446 (.114)
			31.6%	68.4%	
	40대	242	77	165	
			31.8%	68.2%	
	50대	158	70	98	
			41.7%	58.3%	
	60대 이상	43	15	28	
			34.9%	65.1%	
거주 지역	시 지역	644	211	433	1.067 (.302)
			32.8%	67.2%	
	군 지역	114	43	71	
			37.7%	62.3%	
직종	교육관련	584	205	379	2.899 (.089)
			35.1%	64.9%	
	비교육관련	174	49	125	
			28.2%	71.8%	
국적	대한민국	741	246	495	1.433 (.231)
			33.2%	66.8%	
	그 외	17	8	9	
			47.1%	52.9%	
지도자 과정의 통일교육 경험	있다	82	42	40	12.944*** (.000)
			51.2%	48.8%	
	없다	676	212	464	
			31.4%	68.6%	
학력	고졸 이하	74	17	57	8.209* (.017)
			23.0%	77.0%	
	대졸	516	168	348	
			32.6%	67.4%	
	대학원졸 이상	168	69	99	
			41.1%	58.9%	
전체		758	254	504	
			33.5%	66.5%	

* p<.05, ** p<.01, *** p<.001

그 결과 참여연수과정 중 북한 및 통일관련과목 유무에 따라서는 지도자과정의 통일교육 경험자들은 관련과목이 있었다는 의견이 많았으며 학력이 높을수록 관련과목이 있었다는 의견이 많았다.

나. 통일관련 강의 진행상의 문제점

"통일관련 강의를 수강한 적이 있다면, 강의 진행상의 문제점은 무엇이라고 생각하십니까?"라는 질문에 대해, 무응답이 가장 많았고 (40.4%), 다음으로 구태의연한 연수내용(22.8%)을 문제점으로 지적했다(<그림 16> 참조). 기본적으로 무응답이 많다는 것은 통일교육에 대한 무관심 정도가 높다고도 해석할 수 있다. 그런 점에서 주목을 끌지 못하는 구태의연한 연수내용은 응답자들에게 통일교육에 대한 실망감을 안겨주는 요인이 된다.

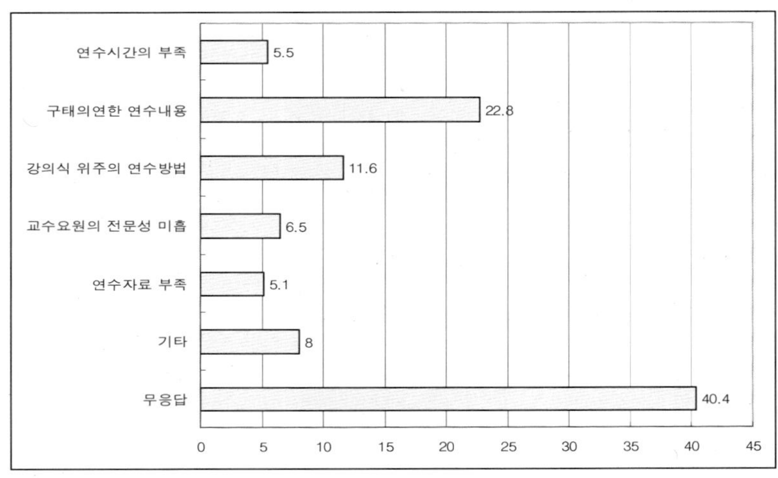

〈그림 16〉 통일관련 강의 진행상의 문제점(단위: %)

　인구문화적 변인에 따른 통일관련 강의 진행상의 문제점에 대해서
는 성별(p<.001), 연령(p<.001), 거주지역(p<.05), 직종(p<.001), 국적
(p<.001), 지도자과정의 통일교육경험(p<.001), 학력(p<.001)에 따라서
통계적으로 유의한 인식의 차이가 나타났다(<표 26> 참조).

〈표 26〉 통일관련 강의 진행상의 문제점

		N	연수시간의 부족	구태의연한 연수내용	강의식 위주의 연수방법	교수요원의 전문성 미흡	연수자료의 부족	기타
성별	남자	342	25	71	49	27	29	16
			11.5%	32.7%	22.6%	12.4%	13.4%	7.4%
	여자	416	17	102	39	22	10	45
			7.2%	43.4%	16.6%	9.4%	4.3%	19.1%
	χ2(p)		31.101***(.000)					
연령	20대	99	5	27	12	2	2	5
			9.4%	50.9%	22.6%	3.8%	3.8%	9.4%
	30대	206	9	43	18	9	8	14
			8.9%	42.6%	17.8%	8.9%	7.9%	13.9%
	40대	242	9	54	33	24	13	21
			5.8%	35.1%	21.4%	15.6%	8.4%	13.6%
	50대	158	15	32	21	9	14	15
			14.2%	30.2%	19.8%	8.5%	13.2%	14.2%
	60대 이상	43	4	17	4	5	2	6
			10.5%	44.7%	10.5%	13.2%	5.3%	15.8%
	χ2(p)		24.522***(.220)					
거주지역	시 지역	644	28	151	67	41	32	48
			7.6%	41.1%	18.3%	11.2%	8.7%	13.1%
	군 지역	114	14	22	21	8	7	13
			16.5%	25.9%	24.7%	9.4%	8.2%	15.3%
	χ2(p)		11.947*(.036)					

직종	교육 관련	584	23 7.1%	145 44.6%	64 19.7%	34 10.5%	27 8.3%	32 9.8%
	비교육관 련	174	19 15.0%	28 22.0%	24 18.9%	15 11.8%	12 9.4%	29 22.8%
	$\chi^2(p)$		29.995***(.000)					
국적	대한 민국	741	42 9.6%	172 39.4%	87 20.0%	44 10.1%	38 8.7%	53 12.2%
	그 외	17	0 0.0%	1 6.3%	1 6.3%	5 31.3%	1 6.3%	8 50.0%
	$\chi^2(p)$		30.335***(.000)					
지도자과 정의 통일교육 경험	있다	82	17 21.3%	21 26.3%	22 27.5%	12 15.0%	5 6.3%	3 3.8%
	없다	676	25 6.7%	152 40.9%	66 17.7%	37 9.9%	34 9.1%	58 15.6%
	$\chi^2(p)$		30.880***(.000)					
학력	고졸 이하	74	8 14.0%	6 10.5%	9 15.8%	4 7.0%	6 10.5%	24 42.1%
	대졸	516	25 9.1%	120 43.8%	54 19.7%	28 10.2%	18 6.6%	29 10.6%
	대학원졸 이상	168	9 7.4%	47 38.8%	25 20.7%	17 14.0%	15 12.4%	8 6.6%
	$\chi^2(p)$		62.120***(.000)					
전체		758	42 9.3%	173 38.3%	88 19.5%	49 10.8%	39 8.6%	61 13.5%

* p<.05, ** p<.01, *** p<.001

그 결과 통일관련 강의 진행상의 문제점을 살펴보면, 남자의 경우는 연수시간의 부족, 연령별로는 20대의 경우는 구태의연한 연수내용이나 강의식 위주의 연수방법을 문제점으로 인식하는 반면, 50대의 경우는 연수시간의 부족이 문제라는 의견이 강하게 나타났다. 또한 거주지역별로는 시 지역의 경우는 구태의연한 연수내용이 문제점으로 인식되었으며 군 지역은 연수시간의 부족과 강의식의 연수방법이 문제된다는 의견이 많았다. 또한 직종에 따라서는 비교육관련 직종의 경우는 기타의견이 매우 강한 반면 교육관련 직종의 경우는 구태의연한 연수내용이 매우 중요시된다는 의견이었다. 또한 국적에 따라서는 처음부터 대한민국의 국적을 가진 대상자의 경우는 구태의연한 연수내용을 문제시하였으며, 그 외 대상자의 경우는 기타의견이 더욱 많았다. 지도자과정의 통일교육경험자의 경우는 강의식의 연수내용이 문제된다는 의견이 많은 반면, 교육경험이 없는 대상의 경우는 구태의연한 연수내용을 문제시했다. 학력에 따라서는 고졸 이하의 경우는 기타의견이 많은 반면 대학원졸 이상의 경우는 구태의연한 연수내용이 매우 문제된다는 의견이었다.

다. 북한 및 통일관련 교육에서 강조되어야 할 측면

"북한 및 통일관련 교육에서 가장 강조되어야 할 측면은 무엇이라 생각하십니까?"라는 질문에 대해, 응답자들은 통일의 필요성 인식(31.3%)을 가장 중시했다(<그림 17> 참조).

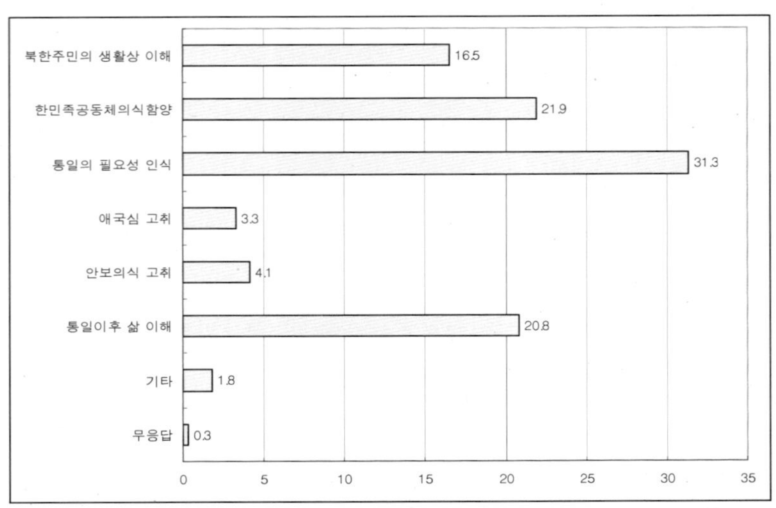

〈그림 17〉 북한 및 통일관련 교육에서 강조되어야 할 측면(단위: %)

인구문화적 변인에 따른 북한 및 통일관련 교육에서 강조되어야 할 측면에 대해서는 연령(p<.001), 직종(p<.001), 국적(p<.001), 지도자 과정의 통일교육경험(p<.05), 학력(p<.001)에 따라서 통계적으로 유의한 인식의 차이가 나타났다(<표 27> 참조).

〈표 27〉 북한 및 통일관련 교육에서 강조되어야 할 측면

		N	북한주민의 생활상 이해	한민족 공동체 의식 함양	통일의 필요성 인식	애국심 고취	안보의식 고취	통일 이후 삶 이해	기타
성별	남자	342	65	70	108	11	17	66	5
			19.0%	20.5%	31.6%	3.2%	5.0%	19.3%	1.5%
	여자	416	60	96	131	14	14	92	9
			14.4%	23.1%	31.5%	3.4%	3.4%	22.1%	2.2%
	χ2(p)		5.384(.496)						

연령	20대	99	21	19	33	3	2	20	1
			21.2%	19.2%	33.3%	3.0%	2.0%	20.2%	1.0%
	30대	206	24	54	74	0	11	42	1
			11.7%	26.2%	35.9%	0.0%	5.3%	20.4%	0.5%
	40대	242	39	50	78	3	9	59	4
			16.1%	20.7%	32.2%	1.2%	3.7%	24.4%	1.7%
	50대	158	36	32	43	16	8	28	5
			21.4%	19.0%	25.6%	9.5%	4.8%	16.7%	3.0%
	60대 이상	43	5	11	11	3	1	9	3
			11.6%	25.6%	25.6%	7.0%	2.3%	20.9%	7.0%
	χ2(p)		60.814***(.000)						
거주지역	시 지역	644	107	145	197	19	28	138	10
			16.6%	22.5%	30.6%	3.0%	4.3%	21.4%	1.6%
	군 지역	114	18	21	42	6	3	20	4
			15.8%	18.4%	36.8%	5.3%	2.6%	17.5%	3.5%
	χ2(p)		6.958(.325)						
직종	교육관련	584	86	142	189	16	26	123	2
			14.7%	24.3%	32.4%	2.7%	4.5%	21.1%	0.3%
	비교육관련	174	39	24	50	9	5	35	12
			22.4%	13.8%	28.7%	5.2%	2.9%	20.1%	6.9%
	χ2(p)		46.600***(.000)						
국적	대한민국	741	117	164	238	25	31	154	12
			15.8%	22.1%	32.1%	3.4%	4.2%	20.8%	1.6%
	그 외	17	8	2	1	0	0	4	2
			47.1%	11.8%	5.9%	0.0%	0.0%	23.5%	11.8%
	χ2(p)		24.903***(.000)						
지도자과정의 통일교육경험	있다	82	16	16	26	8	3	12	1
			19.5%	19.5%	31.7%	9.8%	3.7%	14.6%	1.2%
	없다	676	109	150	213	17	28	146	13
			16.1%	22.2%	31.5%	2.5%	4.1%	21.6%	1.9%
	χ2(p)		14.315*(.026)						
학력	고졸 이하	74	20	10	17	4	1	11	11
			27.0%	13.5%	23.0%	5.4%	1.4%	14.9%	14.9%
	대졸	516	80	125	160	15	21	114	1
			15.5%	24.2%	31.0%	2.9%	4.1%	22.1%	0.2%

학력	대학원졸 이상	168	25	31	62	6	9	33	2
			14.9%	18.5%	36.9%	3.6%	5.4%	19.6%	1.2%
	χ2(p)		94.402***(.000)						
전체		758	125	166	239	25	31	158	14
			16.5%	21.9%	31.5%	3.3%	4.1%	20.8%	1.8%

* p<.05. ** p<.01. *** p<.001

연령에 따라서는 연령이 적을수록 통일의 필요성에 대한 인식을 강조하여야 한다는 의견이 더욱 강하며, 특히 20대와 50대는 북한주민의 생활상에 대한 이해가 필요하다는 의견이 많으며, 40대의 경우는 통일 이후 삶을 이해하는 것이 매우 중요하다는 의견이었다. 직종별로는 교육관련 직종의 경우는 통일의 필요성에 대한 인식이 중요하다는 의견이 강하며, 비교육관련 직종에서는 북한주민의 생활상을 이해하는 것이 중요하다는 의견이 많았다. 국적에 따라서는 처음부터 대한민국 국적이었던 경우는 통일의 필요성에 대한 인식이 중요하다는 의견이 강하며, 국적을 다시 취득한 경우는 북한주민의 생활상을 이해하는 것이 중요하다는 의견이 많았다. 또한 지도자과정의 통일교육경험이 없는 경우에는 통일 이후의 삶에 대한 이해가 매우 필요하다는 의견이었다. 학력에 따라서는 고졸 이하의 경우는 북한주민의 생활상의 이해가 매우 필요한 반면, 대졸자의 경우는 한민족 공동체의식 함양과 통일 이후의 삶에 대해서 이해하는 것이 필요하다는 의견이 많았으며, 대학원졸 이상의 경우는 통일의 필요성에 대한 인식이 매우 중요하다는 의견이었다.

라. 사회교육기관에서 북한 및 통일관련 교육의 효과적인 방법

"사회교육기관에서 북한 및 통일관련 교육은 어떤 방법으로 하는 것이 가장 효과적이라고 생각하십니까?"라는 질문에 대해, 응답자들은 탈북자 강연을 통한 생생한 북한 실상 이해교육(35.6%)을 가장 선호했으며, 다음으로 시청각 매체를 활용한 교육(32.5%)을 선호했다(<그림 18> 참조).

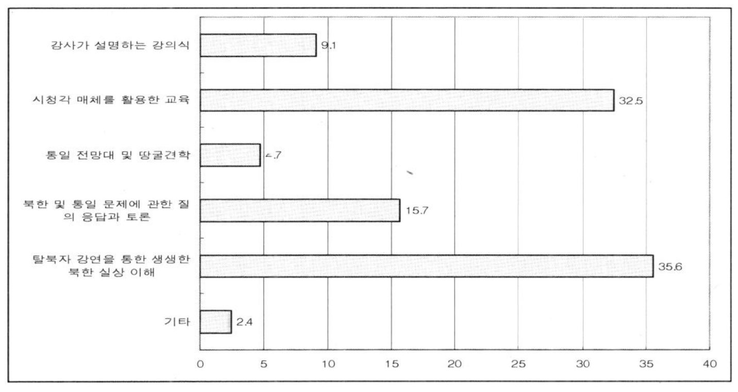

〈그림 18〉 사회교육기관에서 북한 및 통일관련 교육의 효과적인 방법(단위: %)

인구문화적 변인에 따른 사회교육기관에서 북한 및 통일관련 교육의 효과적인 방법에 대해서는 성별(p<.01), 거주지역(p<.05), 직종(p<.01), 국적(p<.001), 학력(p<.001)에 따라서 통계적으로 유의한 인식의 차이가 나타났다(<표 28> 참조).

<표 28> 사회교육기관에서 북한 및 통일관련 교육의 효과적인 방법

		N	강사가 설명하는 강의식	시청각 매체를 활용한 교육	통일 전망대 및 땅굴견학	북한 및 통일 문제에 관한 질의 응답과 토론	탈북자 강연을 통한 생생한 북한 실상 이해	기타
성별	남자	342	48	108	16	52	112	6
			14.0%	31.6%	4.7%	15.2%	32.7%	1.8%
	여자	416	21	138	20	67	158	12
			5.0%	33.2%	4.8%	16.1%	38.0%	2.9%
	χ2(p)		19.356**(.002)					
연령	20대	99	10	34	3	16	35	1
			10.1%	34.3%	3.0%	16.2%	35.4%	1.0%
	30대	206	21	61	10	35	76	3
			10.2%	29.6%	4.9%	17.0%	36.9%	1.5%
	40대	242	21	85	12	28	88	8
			8.7%	35.1%	5.0%	11.6%	36.4%	3.3%
	50대	158	16	48	11	33	57	3
			9.5%	28.6%	6.5%	19.6%	33.9%	1.8%
	60대 이상	43	1	18	0	7	14	3
			2.3%	41.9%	0.0%	16.3%	32.6%	7.0%
	χ2(p)		20.950(.400)					
거주 지역	시 지역	644	52	214	35	97	231	15
			8.1%	33.2%	5.4%	15.1%	35.9%	2.3%
	군 지역	114	17	32	1	22	39	3
			14.9%	28.1%	0.9%	19.3%	34.2%	2.6%
	χ2(p)		11.224*(.047)					
직종	교육 관련	584	49	203	31	92	201	8
			8.4%	34.8%	5.3%	15.8%	34.4%	1.4%
	비교육관련	174	20	43	5	27	69	10
			11.5%	24.7%	2.9%	15.5%	39.7%	5.7%
	χ2(p)		19.116**(.002)					
국적	대한 민국	741	69	245	35	114	263	15
			9.3%	33.1%	4.7%	15.4%	35.5%	2.0%
	그 외	17	0	1	1	5	7	3
			0.0%	5.9%	5.9%	29.4%	41.2%	17.6%
	χ2(p)		24.728***(.000)					

지도자과정의 통일교육 경험	있다	82	9	26	5	21	20	1
			11.0%	31.7%	6.1%	25.6%	24.4%	1.2%
	없다	676	60	220	31	98	250	17
			8.9%	32.5%	4.6%	14.5%	37.0%	2.5%
	χ2(p)		10.246(.069)					
학력	고졸 이하	74	7	16	2	8	31	10
			9.5%	21.6%	2.7%	10.8%	41.9%	13.5%
	대졸	516	56	178	22	80	175	5
			10.9%	34.5%	4.3%	15.5%	33.9%	1.0%
	대학원졸 이상	168	6	52	12	31	64	3
			3.6%	31.0%	7.1%	18.5%	38.1%	1.8%
	χ2(p)		60.464***(.000)					
전체		758	69	246	36	119	270	18
			9.1%	32.5%	4.7%	15.7%	35.6%	2.4%

* p<.05, ** p<.01, *** p<.001

이는 남자의 경우 강사가 설명하는 강의식이 효과적이라는 의견이 많으며, 거주지역별로는 시 지역은 시청각 매체를 활용한 교육이 효과적인 반면, 군 지역은 강사가 설명하는 강의식 교육이 더욱 효과적이라는 의견이었다. 직종별로는 교육관련직의 경우는 시청각 매체를 활용한 교육이 효과적인 반면, 비교육관련 직종의 경우는 강사가 설명하는 강의식 교육이 더욱 효과적이라는 의견이었다. 국적에 따라서는 처음부터 대한민국의 국적을 가진 응답자의 경우는 시청각 매체를 통한 교육이 효과적이라는 의견인데 비해 국적을 새로 취득한 경우에는 북한 및 통일문제에 관한 질의응답과 토론이 더욱 효과적이라는 의견이었다. 또한 학력별로는 고졸의 경우는 탈북자강연을 통한 생생한 북한실상을 이해하는 방법이 효과적이라는 의견인데 비해 대졸 이상의 경우는 시청각 교육이 더욱 효과적이라는 의견이었다.

마. 북한 및 통일관련교육 활성화를 위한 정부관련부처의 지원부분

"북한 및 통일관련교육의 활성화를 위해 관련정부부처의 지원이 가장 절실하다고 생각되는 부분은 무엇이라고 생각하십니까?"라는 질문에 대해, 응답자들은 북한 및 통일관련 정보와 자료의 지원(35%)을 가장 원했다(<그림 19> 참조).

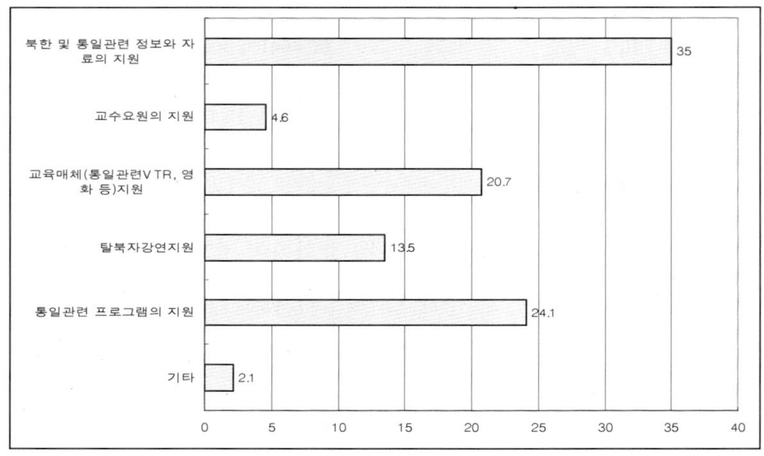

〈그림 19〉 북한 및 통일관련교육 활성화를 위한 정부관련부처의 지원부분(단위: %)

인구문화적 변인에 따른 북한 및 통일관련교육 활성화를 위한 정부관련부처의 지원부분에 대해서는 연령($p<.05$), 거주지역($p<.05$), 직종($p<.01$), 국적($p<.001$), 학력($p<.001$)에 따라서 통계적으로 유의한 인식의 차이가 나타났다(<표 29> 참조).

<표 29> 북한 및 통일관련교육 활성화를 위한 정부관련부처의 지원부분

		N	북한 및 통일 관련 정브와 자료의 지원	교수요원의 지원	교육매체 지원	탈북자 강연 지원	통일관련 프로그램의 지원	기타
성별	남자	342	116	18	63	56	83	6
			33.9%	5.3%	18.4%	16.4%	24.3%	1.8%
	여자	416	149	17	94	46	100	10
			35.8%	4.1%	22.6%	11.1%	24.0%	2.4%
	χ2(p)		6.658(.247)					
연령	20대	99	36	4	26	8	25	0
			36.4%	4.0%	26.3%	8.1%	25.3%	0.0%
	30대	206	68	11	48	28	49	2
			33.0%	5.3%	23.3%	13.6%	23.8%	1.0%
	40대	242	93	12	36	33	62	6
			38.4%	5.0%	14.9%	13.6%	25.6%	2.5%
	50대	158	56	8	42	26	32	4
			33.3%	4.8%	25.0%	15.5%	19.0%	2.4%
	60대 이상	43	12	0	5	7	15	4
			27.9%	0.0%	11.6%	16.3%	34.9%	9.3%
	χ2(p)		34.681*(.022)					
거주 지역	시 지역	644	237	25	133	85	152	12
			36.8%	3.9%	20.7%	13.2%	23.6%	1.9%
	군 지역	114	28	10	24	17	31	4
			24.6%	8.8%	21.1%	14.9%	27.2%	3.5%
	χ2(p)		11.144*(.049)					
직종	교육관련	584	204	26	130	75	143	6
			34.9%	4.5%	22.3%	12.8%	24.5%	1.0%
	비교육관련	174	61	9	27	27	40	10
			35.1%	5.2%	15.5%	15.5%	23.0%	5.7%
	χ2(p)		18.079**(.003)					

국적	대한민국	741	258	35	157	101	177	13
			34.8%	4.7%	21.2%	13.6%	23.9%	1.8%
	그 외	17	7	0	0	1	6	3
			41.2%	0.0%	0.0%	5.9%	35.3%	17.6%
	χ2(p)		26.120***(.000)					
지도자과정의 통일교육 경험	있다	82	34	4	13	6	22	3
			41.5%	4.9%	15.9%	7.3%	26.8%	3.7%
	없다	676	231	31	144	96	161	13
			34.2%	4.6%	21.3%	14.2%	23.8%	1.9%
	χ2(p)		6.068(.300)					
학력	고졸 이하	74	25	2	7	14	16	10
			33.8%	2.7%	9.5%	18.9%	21.6%	13.5%
	대졸	516	182	26	117	56	130	5
			35.3%	5.0%	22.7%	10.9%	25.2%	1.0%
	대학원졸 이상	168	58	7	33	32	37	1
			34.5%	4.2%	19.6%	19.0%	22.0%	0.6%
	χ2(p)		65.973***(.000)					
전체		758	265	35	157	102	183	16
			35.0%	4.6%	20.7%	13.5%	24.1%	2.1%

* p<.05, ** p<.01, *** p<.001

북한 및 통일관련교육 활성화를 위한 정부관련부처의 지원부분에 대해서는 20대와 50대의 경우는 교육매체 지원을 중요하게 인식하며, 60대 이상의 경우 통일관련 프로그램의 지원이 필요하다는 의견이었다. 거주지역별로는 군 지역의 경우는 통일관련 프로그램의 지원이 필요하다는 의견이 강하며, 직종별로는 교육관련직에 종사하는 대상의 경우 교육매체의 지원이 필요하다는 의견이 강하게 나타났다. 국적에 따라서는 처음부터 대한민국의 국적을 가진 경우에는 교육매체지원과 탈북자 강연지원이 필요하다는 의견이 강하며, 그 외 새로이 국적을 취득한 경우는 통일관련 프로그램의 지원이 필요하다는 의견이었다. 학력에 따라서는 대졸자의 경우 교육매체 지원이 필요하다는 의견이 강하게 나타났다.

4. 국가관

국가안보에 대한 인식척도는 크게 국내안보수준과 대외안보수준으로 나누었으며 대외안보수준은 북한과 통일관련 부분과 미국관련 부분으로 나누었다. 구체적으로 살펴보면 지역통일교육 관련자의 국가안보수준은 평균 3.48이었으며 이 중 국내안보수준은 평균 3.53, 대외안보수준은 평균 3.42로 나타나 대외안보에 대한 만족도보다는 국내안보에 대한 만족도가 높음을 알 수 있다. 대외안보수준 중 북한과 통일관련 내용에 대해서는 평균 3.71, 미국관련 내용에 대해서는 평균 3.13으로 나타나 북한과 통일에 대한 국가안보수준이 높음을 알 수 있다(<그림 20> 참조).

세부내용별로 살펴보면 국내안보에 대한 내용에서는 "국가가 있어야 개인의 행복을 보장받는다"(평균 4.16)와 "국민의 안보의식은 튼튼한 국방의 근본이다"(평균 4.07)에 대해서 가장 인식수준이 높으며, "우리나라를 튼튼히 지키기 위해서는 국방비를 늘려야 한다"(평균 2.98)에 대해서 가장 인식수준이 낮은 것으로 나타났다. 대외안보의 내용 중 북한과 통일관련 내용에서는 "남북통일은 자유민주주의 체제로 이루어져야 한다"(평균 4.15)에 대한 인식이 가장 강하며, "나를 포함한 우리 국민들은 통일을 위해 세금을 더 부담해야 한다"(평균 2.72)에 대한 인식이 가장 부정적이었다. 또한 미국관련 내용 중에서는 "안보

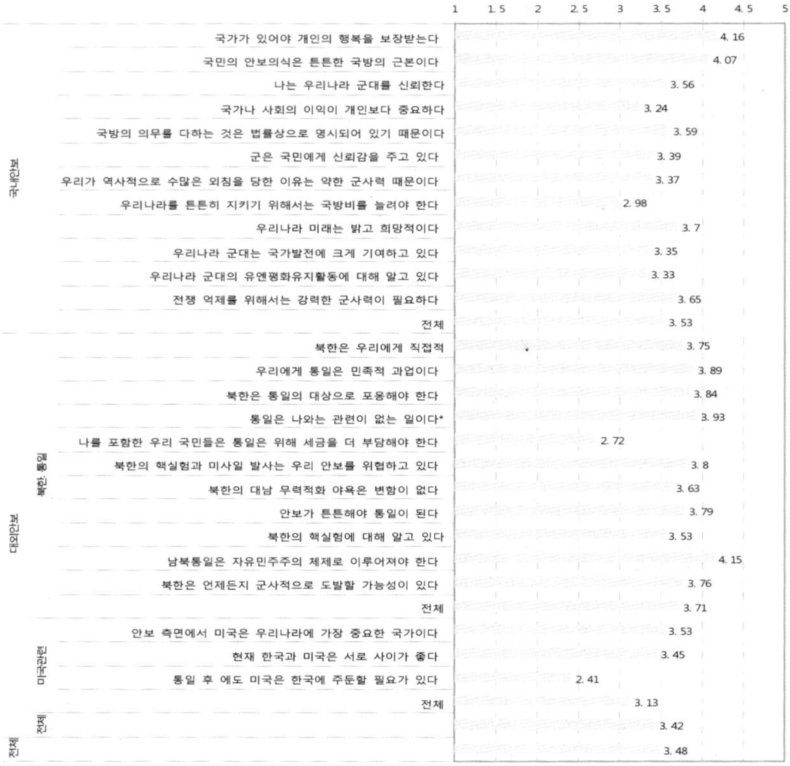

〈그림 20〉 지역통일교육 관련자의 국가관

측면에서 미국은 우리나라에 가장 중요한 국가이다"(평균 3.53)에 대한 인식이 가장 긍정적이었으며 "통일 후에도 미국은 한국에 주둔할 필요가 있다"(평균 2.41)에 대해서는 가장 부정적인 입장이었다.

인구문화적 변인에 따른 전체적인 국가안보에 대한 인식척도에 대해서는 성별(p<.01), 연령(p<.001), 거주지역(p<.01), 지도자과정의 통일교육경험(p<.001), 학력(p<.05)에 따라서 통계적으로 유의한 인식의

차이가 나타났다. 여자보다는 남자들이 더욱 국가안보의식이 강하며 연령이 높을수록 시 지역 주민보다는 군 지역 주민들의 국가안보의식이 강하며, 지도자과정의 통일교육경험이 있는 경우 안보의식이 높으며, 학력이 높은 사람일수록 국가안보의식이 더 강한 것으로 나타났다.

인구문화적 변인에 따른 국내안보에 대한 인식척도에 대해서는 연령(p<.001), 거주지역(p<.01), 지도자과정의 통일교육경험(p<.001), 학력(p<.05)에 따라서 통계적으로 유의한 인식의 차이가 나타났다. 이는 연령이 높을수록, 시 지역 주민보다는 군 지역 주민들의 국내안보의식이 강하며, 지도자과정의 통일교육경험이 있는 경우 더욱 국내안보의식이 높으며, 학력이 높은 사람일수록 더욱 국내안보의식이 강한 것으로 나타났다.

인구문화적 변인에 따른 대외안보에 대한 인식척도에 대해서는 성별(p<.001), 연령(p<.001), 거주지역(p<.05), 지도자과정의 통일교육경험(p<.001)에 따라서 통계적으로 유의한 인식의 차이가 나타났다. 이는 여자보다는 남자들이 더욱 대외안보의식이 강하며, 연령이 높을수록, 시 지역 주민보다는 군 지역 주민들의 대외안보의식이 강하며, 지도자과정의 통일교육경험이 있는 경우 더욱 대외안보의식이 높은 것으로 나타났다.

인구 문화적 변인어 따른 대외안보의식 중 북한통일관련 국가관 척도와 미국관련 국가관 척도에 대해서 살펴보면, 북한 통일에 대한 인식척도에 대해서는 성별(p<.001), 연령(p<.001), 국적(p<.05), 지도자과정의 통일교육경험(p<.001), 학력(p<.001)에 따라서 통계적으로 유의한 인식의 차이가 나타났으며, 미국관련 인식척도에 대해서는 성

별(p<.001), 연령(p<.001), 거주지역(p<.05), 지도자과정의 통일교육경험(p<.001), 학력(p<.05)에 따라서 통계적으로 유의한 인식의 차이가 나타났다. 이는 북한과 통일에 대해서는 여자보다는 남자들이, 연령이 높을수록, 지도자과정의 통일교육경험이 있는 경우, 학력이 높을수록 더욱 북한과 통일에 대한 안보의식이 높으며, 또한 여자보다는 남자들이, 연령이 높을수록, 시 지역 주민보다는 군 지역 주민들의 의식들이, 지도자과정의 통일교육경험이 있는 경우, 학력이 낮을수록 더욱 미국에 대한 의식이 높은 것으로 나타났다(<표 30> 참조).

<표 30> 국가안보에 대한 인식척도

		N	국내안보		대외안보						전체	
					북한·통일		미국관련		전체			
			M	SD	M	SD	M	SD	M	SD	M	SD
성별	남자	342	3.53	.53	3.77	.47	3.27	.67	3.52	.50	3.53	.47
	여자	416	3.53	.49	3.65	.47	3.02	.66	3.34	.46	3.43	.44
	t(p)		.051(.960)		3.506***(.000)		5.025***(.000)		5.271***(.000)		2.795**(.005)	
연령	20대	99	3.32a	.46	3.59a	.40	3.02a	.67	3.31a	.42	3.32a	.38
	30대	206	3.40ab	.44	3.62a	.47	2.97a	.63	3.29a	.44	3.35ab	.41
	40대	242	3.53b	.49	3.69a	.47	3.06a	.65	3.37a	.47	3.45b	.43
	50대	158	3.72c	.49	3.84b	.43	3.37b	.65	3.60b	.46	3.66c	.44
	60대 이상	43	3.94d	.56	4.01c	.62	3.64c	.74	3.82c	.57	3.88d	.54
	F(p)		23.125***(.000)		11.461***(.000)		16.523***(.000)		20.797***(.000)		26.142***(.000)	
거주지역	시 지역	644	3.51	.49	3.69	.46	3.11	.67	3.40	.47	3.46	.44
	군 지역	114	3.66	.55	3.79	.56	3.26	.73	3.53	.54	3.59	.52
	t(p)		-2.863**(.004)		-1.782(.077)		-2.268*(.024)		-2.597*(.010)		-2.647**(.003)	

직종	교육관련	584	3.52	.49	3.71	.46	3.10	.67	3.40	.47	3.46	.44
	비교육관련	174	3.59	.54	3.69	.52	3.25	.70	3.47	.51	3.53	.49
	t(p)		-1.828(.068)		.438(.661)		-2.590(.113)		-1.585(.113)		-1.862(.063)	
국적	대한민국	741	3.53	.51	3.71	.47	3.13	.68	3.42	.49	3.48	.46
	그 외	17	3.61	.46	3.45	.43	3.04	.62	3.25	.36	3.43	.35
	t(p)		-.654(.513)		2.230*(.026)		.561(.575)		1.485(.138)		.424(.671)	
지도자과정의 통일교육경험	있다	82	3.90	.51	3.98	.51	3.49	.79	3.73	.57	3.82	.51
	없다	676	3.49	.49	3.67	.46	3.09	.65	3.38	.46	3.43	.43
	t(p)		7.116***(.000)		5.618***(.000)		4.398***(.000)		5.374***(.000)		6.529***(.000)	
학력	고졸 이하	74	3.56ab	.49	3.53a	.50	3.33b	.66	3.43	.49	3.49ab	.45
	대졸	516	3.50a	.51	3.69b	.46	3.11a	.69	3.40	.49	3.45a	.46
	대학원졸 이상	168	3.62b	.48	3.84c	.47	3.12a	.65	3.48	.47	3.55b	.44
	F(p)		3.740*(.024)		13.084***(.000)		3.701*(.025)		1.913(.148)		3.290*(.038)	
전체		758	3.53	.51	3.71	.47	3.13	.68	3.42	.48	3.48	.45

a, b, c: Duncan's Multiple Comparison(a<b<c, α=.05)
* p<.05, ** p<.01, *** p<.001

5. 통일관련 언론보도관

가. 대중매체를 통한 북한과 통일에 대한 내용 시청도

"방송이나 신문에서 북한과 통일에 관한 내용을 어느 정도 보고 계십니까?"라는 질문에 궤해, 응답자들은 과거 10년 전과 비슷한 정도의 언론매체에 접근양상으로 보이고 있다(<그림 21> 참조).

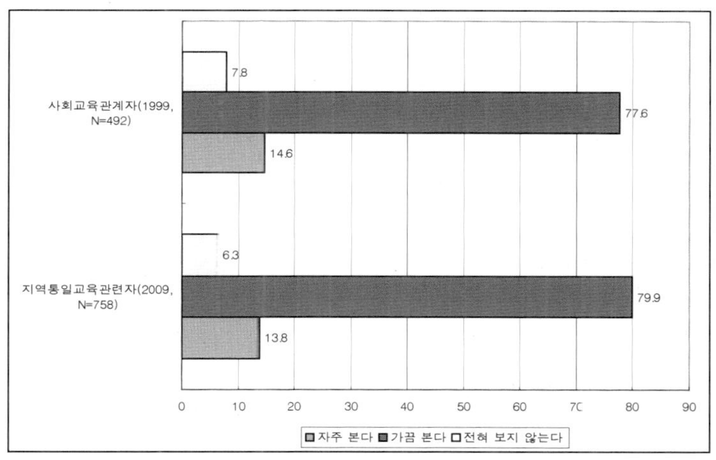

주: 사회교육 관계자의 값은 각각 한관길 외(1999: 40; 2003: 82)에서 비롯되며, 2009년도 값은 본 연구조사에서 얻은 것이다.

<그림 21> 대중매체를 통한 북한과 통일에 대한 내용 시청도(단위: %)

인구 문화적 변인어 따른 대중매체를 통한 북한과 통일에 대한 내용 시청도에 대해서는 성별(p<.001), 연령(p<.001), 거주지역(p<.01), 직종(p<.001), 국적(p<.01), 지도자과정의 통일교육경험(p<.001), 학력

(p<.001)에 따라서 통계적으로 유의한 인식의 차이가 나타났다(<표 31> 참조).

<표 31> 대중매체를 통한 북한과 통일에 대한 내용 시청도

		N	전혀 보지 않는다	가끔 본다	자주 본다	χ2(p)
성별	남자	342	10	265	67	29.322*** (.000)
			2.9%	77.5%	19.6%	
	여자	416	49	323	44	
			11.8%	77.6%	10.6%	
연령	20대	99	9	87	3	29.712*** (.000)
			9.1%	87.9%	3.0%	
	30대	206	18	168	20	
			8.7%	81.6%	9.7%	
	40대	242	22	180	40	
			9.1%	74.4%	16.5%	
	50대	158	7	124	37	
			4.2%	73.8%	22.0%	
	60대 이상	43	3	29	11	
			7.0%	67.4%	25.6%	
거주 지역	시 지역	644	45	513	86	10.752** (.005)
			7.0%	79.7%	13.4%	
	군 지역	114	14	75	25	
			12.3%	65.8%	21.9%	
직종	교육관련	584	37	478	69	26.754*** (.000)
			6.3%	81.8%	11.8%	
	비교육 관련	174	22	110	42	
			12.6%	63.2%	24.1%	
국적	대한민국	741	56	581	104	13.503** (.001)
			7.6%	78.4%	14.0%	
	그 외	17	3	7	7	
			17.6%	41.2%	41.2%	

		N				χ²
지도자 과정의 통일교육 경험	있다	82	4	45	33	48.252*** (.000)
			4.9%	54.9%	40.2%	
	없다	676	55	543	78	
			8.1%	80.3%	11.5%	
학력	고졸 이하	74	13	46	15	27.246*** (.000)
			17.6%	62.2%	20.3%	
	대졸	516	43	411	62	
			8.3%	79.7%	12.0%	
	대학원졸 이상	168	3	131	34	
			1.8%	78.0%	20.2%	
전체		758	59	588	11	
			7.8%	77.6%	14.6%	

* p<.05, ** p<.01, *** p<.001

구체적으로 살펴보면, 대중매체를 통한 북한이나 통일관련 내용 시청도는 남자이거나 연령이 높을수록, 시 지역 거주민보다는 군 지역 거주민일수록, 비교육관련 직업을 가진 경우, 처음부터 대한민국의 국적을 가진 분이 아닌 경우, 지도자과정의 통일교육을 받은 경험이 있는 경우, 학력이 대졸이 아니면 비교적 북한 및 통일관련 내용에 대한 시청도가 높은 것으로 나타났다.

나. 대중매체를 통한 북한과 통일문제에 대한 이해도움도

"방송이나 신문 보도내용이 북한이나 통일문제를 이해하는 데 얼마나 도움이 되었습니까?"라는 질문에 대해, 응답자들은 여전히 언론매체의 유용성을 높게 평가하고 있는 것으로 나타났다(<그림 22> 참조).

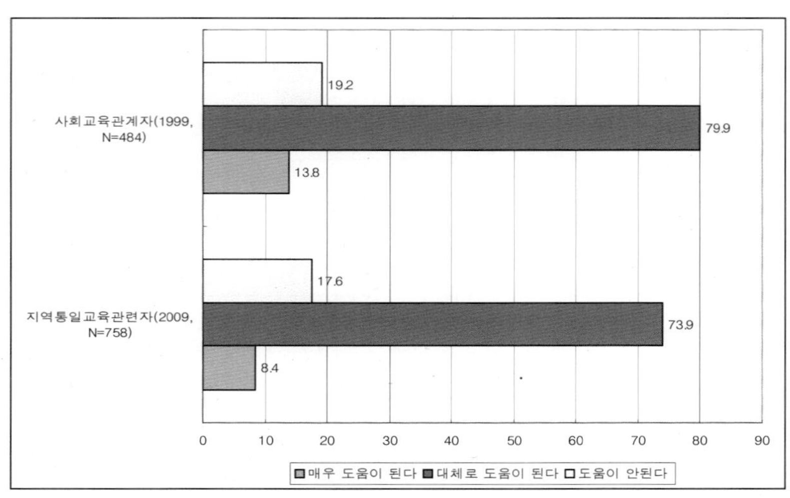

주: 사회교육 관계자의 값은 각각 한만길 외(1999: 40; 2003: 82)에서 비롯되며, 2009년도 값은 본 연구조사에서 얻은 것이다. 2009년의 조사결과 값에서 도움이 안 된다는 두 값의 합(도움이 안 된다 15.8%+전혀 도움이 안 된다 1.8%)으로 처리한다.

〈그림 22〉 대중매체를 통한 북한과 통일문제에 대한 이해도움도(단위: %)

인구문화적 변인에 따른 대중매체를 통한 북한과 통일문제에 대한 이해도움도에 대해서는 성별(p<.05), 연령(p<.001), 거주지역(p<.01), 직종(p<.01), 국적(p<.05), 지도자과정의 통일교육경험(p<.001), 학력(p<.001)에 따라서 통계적으로 유의한 인식의 차이가 나타났다(<표 32> 참조).

〈표 32〉 대중매체를 통한 북한과 통일문제에 대한 이해도움도

		N	전혀 도움 안 됨	도움 안 됨	대체로 도움	매우 도움
성별	남자	342	3	42	266	31
			.9%	12.3%	77.8%	9.1%
	여자	416	11	78	294	33
			2.6%	18.8%	70.7%	7.9%
	χ2(p)		9.702*(.021)			
연령	20대	99	0	21	77	1
			.0%	21.2%	77.8%	1.0%
	30대	206	4	35	158	9
			1.9%	17.0%	76.7%	4.4%
	40대	242	8	39	172	23
			3.3%	16.1%	71.1%	9.5%
	50대	158	1	20	126	21
			.6%	11.9%	75.0%	12.5%
	60대 이상	43	1	5	27	10
			2.3%	11.6%	62.8%	23.3%
	χ2(p)		36.946***(.000)			
거주지역	시 지역	644	10	105	484	45
			1.6%	16.3%	75.2%	7.0%
	군 지역	114	4	15	76	19
			3.5%	13.2%	66.7%	16.7%
	χ2(p)		14.303**(.003)			
직종	교육관련	584	6	91	445	42
			1.0%	15.6%	76.2%	7.2%
	비교육관련	174	8	29	115	22
			4.6%	16.7%	66.1%	12.6%
	χ2(p)		15.925**(.001)			
국적	대한민국	741	14	114	552	61
			1.9%	15.4%	74.5%	8.2%
	그 외	17	0	6	8	3
			.0%	35.3%	47.1%	17.6%
	χ2(p)		7.920*(.048)			

지도자 과정의 통일교육 경험	있다	82	1	10	53	18
			1.2%	12.2%	64.6%	22.0%
	없다	676	13	110	507	46
			1.9%	16.3%	75.0%	6.8%
	χ2(p)		21.898***(.000)			
학력	고졸 이하	74	7	20	40	7
			9.5%	27.0%	54.1%	9.5%
	대졸	516	6	79	394	37
			1.2%	15.3%	76.4%	7.2%
	대학원졸 이상	168	1	21	126	20
			.6%	12.5%	75.0%	11.9%
	χ2(p)		40.936***(.000)			
전체		758	14	120	560	64
			1.8%	15.8%	73.9%	8.4%

* p⟨.05, ** p⟨.01, *** p⟨.001

구체적으로 살펴보면, 남자보다 여자들의 이해도움도가 낮았으며, 연령이 높을수록 더욱 북한과 통일문제에 대한 이해도움도가 높은 것으로 나타났다. 거주지역별로는 시 지역보다는 군 지역 거주민의 이해도움도가 높으며, 비교육관련직이거나 지도자과정의 통일교육경험이 있는 경우 더욱 이해도움도가 높은 것으로 나타났다. 학력별로는 대학원졸인 경우 더욱 이해도움도가 높았으며 낮은 학력일수록 도움도는 적다는 의견이었다.

6. 종합 논의

가. 통일교육 수업지도자 구성그룹별 통일관에 대한 인식차이

통일교육 수업지도자 구성그룹별 통일관에 대한 인식의 차이를 살펴보면 다음과 같다. 우선 통일교육 수업지도자 구성그룹에 따른 통일관 중 남북정책에 대한 인식을 살펴보면, 사립교사나 기타직종의 경우는 통일에 대한 관심도나 필요성에 대한 인식이 매우 낮은 반면, 대학교수그룹은 모든 대상이 통일은 꼭 필요하다는 의견이 강하게 나타났다.

다음으로 현 정부의 대북정책에 대해서도 일반공무원, 교육공무원과 대학교수들은 바람직하지 못하다는 입장이 매우 강한 반면, 종교인이나 기업인은 상당히 긍정적인 방향으로 현 대북정책이 바람직하다는 의견이었다.

끝으로 통일 후 통일세 징수에 대해서는 사립교사는 매우 부정적인 입장이 강한 반면, 대학교수와 종교인은 긍정적인 입장이 강함을 알 수 있다(<표 33> 참조).

<표 33> 통일교육 수업지도자 구성그룹별 통일관에 대한 인식차이

		직종							Total
		일반 공무원 (n=43)	교육 공두원 (n=448)	사립 교사 (n=128)	대학 교수 (n=8)	기업인 (n=23)	종교인 (n=4)	기타 (n=104)	(N=758)
남 북 통 일	관심 없음	3 7.0%	8 1.8%	5 3.9%	0 0.0%	0 0.0%	0 0.0%	7 6.7%	23 3.0%

									계
남북통일	필요 없음	2	43	19	0	2	1	18	85
		4.7%	9.6%	14.8%	0.0%	8.7%	25.0%	17.3%	11.2%
	현 상태 유지	4	48	22	0	1	0	5	80
		9.3%	10.7%	17.2%	0.0%	4.3%	0.0%	4.8%	10.6%
	통일	34	349	82	8	20	3	74	570
		79.1%	77.9%	64.1%	100.0%	87.0%	75.0%	71.2%	75.2%
χ2(p)	34.624*(.011)								
대북정책	전혀 바람직하지 않음	1	41	10	0	0	0	10	62
		2.3%	9.2%	7.8%	0.0%	0.0%	0.0%	9.6%	8.2%
	바람직하지 않음	17	168	31	6	5	1	26	254
		39.5%	37.5%	24.2%	75.0%	21.7%	25.0%	25.0%	33.5%
	보통	11	101	49	0	3	1	41	206
		25.6%	22.5%	38.3%	0.0%	13.0%	25.0%	39.4%	27.2%
	바람직	10	122	29	2	10	1	23	197
		23.3%	27.2%	22.7%	25.0%	43.5%	25.0%	22.1%	26.0%
	매우 바람직	4	16	9	0	5	1	4	39
		9.3%	3.6%	7.0%	0.0%	21.7%	25.0%	3.8%	5.1%
χ2(p)	62.609***(.000)								
통일세	절대 반대	6	25	22	0	3	0	17	73
		14.0%	5.6%	17.2%	0.0%	13.0%	0.0%	16.3%	9.6%
	대체로 반대	8	113	52	0	4	0	26	203
		18.6%	25.2%	40.6%	0.0%	17.4%	0.0%	25.0%	26.8%
	보통	10	114	30	3	1	0	21	179
		23.3%	25.4%	23.4%	37.5%	4.3%	0.0%	20.2%	23.6%
	대체로 찬성	16	162	17	3	12	3	32	245
		37.2%	36.2%	13.3%	37.5%	52.2%	75.0%	30.8%	32.3%
	적극 찬성	3	34	7	2	3	1	8	58
		7.0%	7.6%	5.5%	25.0%	13.0%	25.0%	7.7%	7.7%
χ2(p)	71.802***(.000)								

* p<.05, *** p<.001

나. 통일교육 수업지도자 구성그룹별 북한관에 대한 인식차이

통일교육 수업지도자 구성그룹별 북한관에 대한 인식차이를 살펴보면, 북한지도층에 대한 인식에 있어서 사립교사나 대학교수, 기업인은 경계를 해야 하는 대상으로 강하게 인식하는 반면, 일반공무원, 교육공무원이나 종교인은 이웃과 같은 가까운 존재로 인식하는 경향이 높았다.

북한주민에 대한 인식을 살펴보면, 종교인은 경계해야 하는 대상으로 인식한 경우가 많으나 이는 대상자가 너무 적은 관계로 단정 짓기에는 조금 무리가 있다고 판단되며, 일반공무원과 교육공무원 기타 직업군에서는 북한주민을 단순이 다른 나라 시민으로 인식해도 좋다는 의견이 다소 높았다.

북한에 대한 식량지원 문제에 대해서도 대학교수를 제외한 모든 그룹에서 지원해주지 말아야 한다는 의견이 높으며 특히 일반공무원, 사립교사, 기업인, 기타직종의 의견이 강하다. 식량지원 자체에 대한 관심이 없다는 그룹 또한 사립교사나 기타직종, 종교인이 높음을 알 수 있다(<표 34> 참조).

<표 34> 통일교육 수업지도자 구성그룹별 북한관에 대한 인식차이

		직종							Total
		일반 공무원 (n=43)	교육 공무원 (n=448)	사립 교사 (n=128)	대학 교수 (n=8)	기업인 (n=23)	종교인 (n=4)	기타 (n=104)	(N=753)
북한 지도층	경계 대상	22 51.2%	181 40.4%	96 75.0%	5 62.5%	18 78.3%	1 25.0%	49 47.1%	372 49.1%

북한 지도층	다른 나라	3 7.0%	28 6.3%	13 10.2%	0 0.0%	2 8.7%	1 25.0%	18 17.3%	65 8.6%
	이웃	18 41.9%	239 53.3%	19 14.8%	3 37.5%	3 13.0%	2 50.0%	37 35.6%	321 42.3%
	χ2(p)	85.352***(.000)							
북한 주민	경계 대상	3 7.0%	10 2.2%	4 3.1%	0 0.0%	0 0.0%	2 50.0%	5 4.8%	24 3.2%
	다른 나라	4 9.3%	12 2.7%	10 7.8%	0 0.0%	1 4.3%	0 0.0%	10 9.6%	37 4.9%
	이웃	36 83.7%	426 95.1%	114 89.1%	8 100.0%	22 95.7%	2 50.0%	89 85.6%	697 92.0%
	χ2(p)	48.814***(.000)							
식량 지원	비지원	12 27.9%	69 15.4%	40 31.3%	0 0.0%	5 21.7%	1 25.0%	23 22.1%	150 19.8%
	관심 없다	5 11.6%	43 9.6%	19 14.8%	0 0.0%	0 0.0%	1 25.0%	22 21.2%	90 11.9%
	지원	26 60.5%	336 75.0%	69 53.9%	8 100.0%	18 78.3%	2 50.0%	59 56.7%	518 68.3%
	χ2(p)	41.917***(.000)							

*** p<.001

다. 통일교육 수업지도자 구성그룹별 통일언론 보도관에 대한 인식차이

통일교육 수업지도자 구성그룹별 통일언론 보도관에 대한 인식차이를 살펴보면, 북한이나 통일에 대한 방송 시청도에 대해서는 기타 직종이 가장 시청도가 낮으며, 대학교수나 기업인, 종교인의 시청도가 가장 높음을 알 수 있다. 또한 방송매체에서 알려주는 북한관련 내용에 대한 이해도를 살펴보면 기타직종은 전혀 이해되지 않는다는 의견이 많으며 대학교수나 기업인이 가장 도움이 된다는 의견이 강함을 알 수 있다(<표 35> 참조).

〈표 35〉 통일교육 수업지도자 구성그룹별 통일언론 보도관에 대한 인식차이

		직종							Total
		일반 공무원 (n=43)	교육 공무원 (n=448)	사립 교사 (n=128)	대학 교수 (n=8)	기업인 (n=23)	종교인 (n=4)	기타 (n=104)	(N=758)
방송 시청도	전혀 안 봄	3	31	6	0	0	0	19	59
		7.0%	6.9%	4.7%	0.0%	0.0%	0.0%	18.3%	7.8%
	가끔 시청	32	366	109	3	10	2	66	588
		74.4%	81.7%	85.2%	37.5%	43.5%	50.0%	63.5%	77.6%
	자주 시청	8	51	13	5	13	2	19	111
		18.6%	11.4%	10.2%	62.5%	56.5%	50.0%	18.3%	14.6%
χ2(p)		79.484***(.000)							
방송 내용 이해도	전혀 도움 안 됨	0	6	0	0	0	0	8	14
		0.0%	1.3%	0.0%	0.0%	0.0%	0.0%	7.7%	1.8%
	도움 안 됨	9	70	20	1	2	1	17	120
		20.9%	15.6%	15.6%	12.5%	8.7%	25.0%	16.3%	15.8%
	대체로 도움	30	339	101	5	14	3	68	560
		69.8%	75.7%	78.9%	62.5%	60.9%	75.0%	65.4%	73.9%
	매우 도움	4	33	7	2	7	0	11	64
		9.3%	7.4%	5.5%	25.0%	30.4%	0.0%	10.6%	8.4%
χ2(p)		46.496***(.000)							

*** p<.001

라. 통일관, 북한관, 언론보도관에 따른 통일교육 수업지도자 구성분류

앞의 통일관, 북한관, 언론보도관을 중심으로 통일교육 수업지도자 구성그룹별 인식을 살펴보았다. K-Mean Cluster에 의한 군집분석을 한 결과 표에서 제시된 바와 같이 3개의 그룹으로 군집이 형성되었으며, 그 결과 군집 1은 북한지도층에 대한 불신은 중립적이지만, 북한주민 및 식량지원과 관련된 주제에 대한 북한관은 매우 긍정적인 집단이며, 통일관도 매우 확고하고, 북한이나 통일에 대한 관심도가 매우 강한 그룹으로 볼 수 있다. 군집 2는 남북통일에 대해서는 긍정적이고 통일세 징수에 대해서는 비교적 긍정적이나 현 정부의 대북정책에는 불만이 많으며 북한에 대한 긍정적인 마인드를 가진 그룹이다. 그렇지만 언론관에 대해서는 비교적 중립적인 입장이다. 반면에 군집 3은 모든 통일관, 북한관, 언론보도관에서 매우 부정적인 그룹이라고 할 수 있다. 군집 1은 222명(29.3%)이며, 군집 2는 286명(37.7%), 군집 3은 250명(33.0%)이었다. 구성된 군집이 어느 정도 정확하게 분류가 되었는지 분류 분석을 통하여 확인한 결과 군집그룹은 99.1% 정확하게 분류된 것으로 나타났다(<표 36> 참조).

<표 36> 통일관, 북한관, 언론보도관에 따른 통일교육 수업지도자 구성그룹 군집결과

군집	n(%)	통일관			북한관			통일언론 보도관	
		남북 통일	대북 정책	통일세	북한 지도층	북한 주민	식량 지원	방송 시청도	방송 내용 이해도
1	222(29.3%)	3.86	3.96	3.57	1.76	2.93	2.75	2.20	3.08
2	286(37.7%)	3.91	2.00	3.58	2.36	2.97	2.78	2.06	2.84
3	250(33.0%)	2.94	2.88	1.88	1.59	2.75	1.92	1.96	2.77
Total	758(100.0)	3.58	2.86	3.02	1.93	2.89	2.49	2.07	2.89
F(p)		166.436 *** (.000)	501.858 *** (.000)	375.604 *** (.000)	55.695* ** (.000)	22.969* ** (.000)	124.080 *** (.000)	15.313* ** (.000)	21.128* ** (.000)

*** p<.001

K-Mean Cluster에 의한 군집분석으로 구성된 군집그룹과 통일교육 수업지도자 직종별 구성 차이를 살펴본 결과 군집 1은 종교인과 기업인이 가장 많으며, 군집 2는 대학교수가 가장 많았으며, 군집 3은 사립교사와 기타직종이 가장 많음을 알 수 있다(<표 37> 참조).

<표 37> 구성된 군집과 통일교육 수업지도자 직종 간의 관계

	일반 공무원 (n=43)	교육 공무원 (n=448)	사립교사 (n=128)	대학교수 (n=8)	기업인 (n=23)	종교인 (n=4)	기타 (n=104)	전체 (N=758)
군집 1	11 25.6%	132 29.5%	37 28.9%	2 25.0%	13 56.5%	3 75.0%	24 23.1%	222 29.3%
군집 2	19 44.2%	204 45.5%	20 15.6%	6 75.0%	3 13.0%	1 25.0%	33 31.7%	286 37.7%
군집 3	13 30.2%	112 25.0%	71 55.5%	0 0.0%	7 30.4%	0 0.0%	47 45.2%	250 33.0%
χ2(p)	79.503***(.000)							

*** p<.001

마. 주요변인 간의 상관성

각 변인 간의 연관성을 알아보기 위하여 피어슨의 선형상관계수를 이용하여 상관관계 분석을 했다. 통일관은 남북통일에 대한 의견과 현 정부의 대북정책에 대한 인식, 통일 후 북한을 지원하는 통일세 징수에 대한 의견을 포함하며, 북한관에 대해서는 북한지도층에 대한 인식, 북한주민에 대한 인식, 북한 식량지원에 대한 인식을 통하여 알아보았으며, 통일 언론보도관에 대해서는 방송이나 신문에서 북한과 통일에 대한 내용의 시청도 방송이나 신문보도가 북한이나 통일문제에 대한 이해의 도움수준을 통하여 알아보았다. 모든 값은 커질수록 긍정적인 인식이 높아지는 것을 의미한다(<표 38> 참조).

<표 38> 주요변인 간의 상관관계 분석결과

| | 통일관 | | | 북한관 | | | 통일언론보도관 | |
| | 남북통일 | 대북정책 | 통일세 | 북한지도층 | 북한주민 | 식량지원 | 방송시청도 | 방송내용이해도 |
	(1)	(2)	(3)	(4)	(5)	(6)	(7)	(8)
(1)	-							
(2)	-.007 (.853)	-						
(3)	.318*** (.000)	-.016 (.662)	-					
(4)	.085* (.019)	-.131*** (.000)	.129*** (.000)	-				
(5)	.220*** (.000)	-.107** (.003)	.183*** (.000)	.148*** (.000)	-			
(6)	.293*** (.000)	-.062 (.086)	.347*** (.000)	.172*** (.000)	.290*** (.000)	-		
(7)	.132*** (.000)	.104** (.004)	.209*** (.000)	-.001 (.968)	.090* (.014)	.139*** (.000)	-	
(8)	.162*** (.000)	.174*** (.000)	.138*** (.000)	-.024 (.506)	.122** (.001)	.139*** (.000)	.417*** (.000)	-

Pearson's Linear Correlation Coefficient(p)
* p<.05, ** p<.01, *** p<.001

각 변인 간의 상관성을 구체적으로 살펴보면, 통일관 중 남북통일에 대한 인식은 통일이 되어야 한다고 인식할수록 북한의 지도층에 대한 인식(r=.085), 북한주민에 대한 인식(r=.220), 식량지원에 대한 인식(r=.293)이 모두 긍정적이나 지도층에 대한 인식은 비교적 매우 낮은 상관성만이 존재하였다. 또한 남북통일이 이루어져야 한다고 인식할수록 북한이나 통일관련 방송시청도도 높으며(r=.132), 방송내용에 대한 이해도(r=.162)도 낮은 수준이지만 향상되는 효과가 나타났다.

통일관 중 현 정부의 대북정책에 대한 긍정적인 인식을 가질수록 북한지도층에 대한 인식(r=-.131), 북한주민에 대한 인식(r=-.107)은 부정적이며, 통일언론 보도관인 방송이해도(r=.104)와 방송내용 이해 수준(r=.174)은 높아지는 것으로 나타났다.

통일관 중에서, 통일 이후 통일세 징수에 대해선 긍정적인 입장일수록 북한관 중 북한지도층에 대한 인식(r=.129), 북한주민에 대한 인식(r=.183), 식량지원에 대한 의견(r=.347)이 매우 긍정적인 것으로 나타났다. 또한 통일언론보도관에서는 방송시청도(r=.209), 방송내용이해도(r=.138)도 높아지는 효과가 있는 것을 알 수 있다.

북한관 중 북한지도층에 대한 인식은 통일언론 보도관과는 무관하며, 북한주민에 대한 인식이 긍정적일수록 북한통일관련 방송시청도(r=.090), 방송내용에 대한 이해도(r=.122)가 다소 긍정적으로 향상됨을 알 수 있다.

북한관 중 북한에 대한 식량지원에 대한 긍정적인 인식을 가질수록 통일언론 보도관 중 방송이해도(r=.139)와 방송내용이해도(r=.135)가 모두 다소 향상되는 효과가 있는 것으로 나타났다.

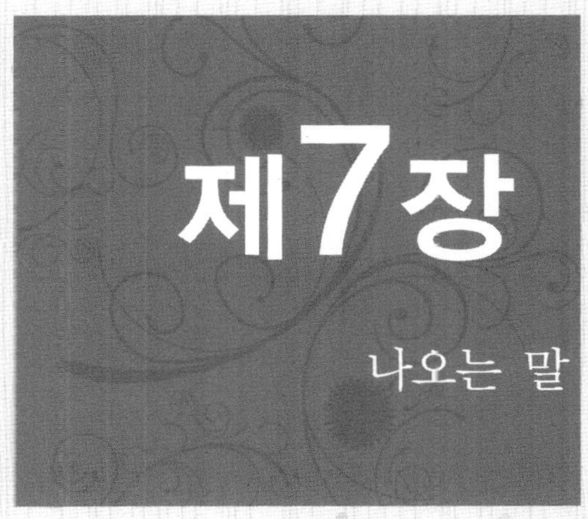
제7장
나오는 말

제7장 | 나오는 말

남북한의 통일은 한국의 중요한 국가적 과제 중의 하나이다. 한국의 통일은 민족적 문제인 동시에 국제적 문제라는 이중성을 가진다. 분단기간이 길어짐에 따라 남북한은 정치체제뿐만 아니라 의식구조도 상이해지고 있다. 따라서 국가의 자양분으로 민족의 공통적 의식구조를 모색하고, 내부적으로 통일문제에 대한 국민적 공감대를 형성하는 일은 매우 중요하다.

이를 위한 교육적 활동이 바로 통일교육이다. 올바른 통일교육을 위해서는 현재 통일교육의 피교육자들이 통일에 대해서 어떻게 인식하는지를 실증적으로 파악할 필요가 있다. 지역사회 통일교육은 크게 시민사회, 지방자치, 기능주의의 개념을 그 이론적 기초로 하며, 통일교육지원법은 지역사회 통일교육의 법적 근거가 된다. 또한 지역사회 통일교육의 정책적 근거는 통일교육지침서에서 찾을 수 있다. 이는 2000년부터 연례적으로 출판되고 있다. 우리는 독일의 경우를 지역사회 통일교육의 사례로 우리의 지역사회 통일교육의 방향을 모색할 수 있다. 독일은 계몽, 참여, 민주화를 기본이념으로 하여 중앙의 연방정치교육센터와 주정부의 정치교육센터가 중심이 되고, 각 정당의 정치재단, 교회, 노조를 통하여 정치교육을 실시하였다.

지역사회 통일교육은 지방에서 실시하는 지역주민을 대상으로 하는 통일교육이다. 지역사회의 통일교육 관련자의 특성을 고려해서 교육계획을 입안하고 실시해야 하지만, 그동안 그들이 어떠한 특성을 갖고 있는지에 대한 심층적인 분석이 이루어지지 않았다. 이 논문은 이와 같은 지역사회의 통일교육 관련자들의 통일에 대한 인식을 면밀히 분석하여, 지역사회 통일교육의 발전방향을 탐구하는 것을 목표로 했다.

이러한 목표에서 본 연구는 몇 가지 탐구주제를 설정했다. 이는 연구가설에 해당된다. 첫째, 현행 통일부의 사회통일교육시 집단구성의 기준이 되는 전문직업군(群) 간의 통일관련 인식차이는 없는가이다. 둘째, 통일인식의 범주 내에 있는 하위인식요인 간에는 인식차이가 없는가이다. 셋째, 다양한 인구 문화변인별로 통일관련 각 주제에 대해 얼마나 차이를 보이는가이다. 넷째, 통일관련 주요인식 상호간에 어떤 상관관계가 있는가이다. 마지막으로, 응답시점의 정부 통일정책에 대한 평가와 같은 성격의 특정주제에 대해 종단적 가치관의 차이점이 있는가이다.

이 연구는 지역사회 통일교육 관련자들의 통일인식을 분석하기 위

해 질문지법을 동원했다. 질문지법을 활용한 선행연구를 분석하여
본 연구를 위한 질문지를 만들었다. 주요영역으로는 통일관, 북한관,
통일교육관, 국가관, 통일관련 언론보도관 등이 있다.

본 실증연구는 다음 몇 가지 점을 발견했다. 첫째, 현행 통일부의
사회통일교육 시 집단구성의 기준이 되는 전문직업군(群) 간의 통일
관련 인식차이가 있다는 점을 발견했다. 살펴보고자 하는 전 영역, 즉
통일관, 북한관, 통일교육관, 국가관, 통일관련 언론보도관 등의 모든
영역에서 응답자의 인식상의 상이점을 찾을 수 있었다.

둘째, 다양한 인구문화변인별, 통일인식의 범주 내에 있는 하위인
식요인 간에 인식차이가 발견되었다. 통일관 영역에 있어서, 현 정부
의 대북정책에 대해 일반공무원, 교육공무원과 대학교수들은 바람직
하지 못하다는 입장이 매우 강한 반면, 종교인이나 기업인은 상당히
긍정적인 방향으로 평가하였고, 통일 후 통일세 징수에 대해 사립교
사는 매우 부정적인 입장이 강한 반면 대학교수와 종교인은 긍정적
인 입장이 강하다. 다음으로 북한관 중에 북한지도층에 대해서는 사
립교사나 대학교수, 기업인 등은 경계해야 하는 대상으로 인식하고
있는 반면 일반공무원, 교육공무원이나 종교인은 이웃과 같은 가까
운 존재로 인식하는 경향이 높았다. 한편 북한주민에 대해서는 상대
적으로 종교인들이 경계해야 할 대상으로 인식하는 경향이 높게 나
타났다.

셋째, 통일관련 주요인식 상호간에 어떤 상관관계가 있는가이다.
통일관 중 남북통일에 대한 인식은 통일이 되어야 한다고 인식할수
록 북한의 지도층에 대한 인식도, 북한주민에 대한 인식, 식량지원에
대한 인식이 모두 긍정적인 인식이 높아지나 지도층에 대한 인식은

낮은 상관관계만이 존재했다. 북한관 중 북한지도층에 대한 인식은 통일언론 보도관과는 무관하며, 북한주민에 대한 인식이 긍정적일수록 북한 통일관련 방송시청도, 방송내용에 대한 이해도가 다소 긍정적으로 향상됨을 알 수 있다.

마지막으로, 특정주제에 대해 종단적 가치관의 차이점이 있는 것으로 나타났다. 우선 "통일이 언제쯤 이루어지리라고 생각하십니까?"라는 질문에 대해, 최근에 이를수록 조속한 기간 내에 통일이 이루어져야 한다고 주장하는 강도가 약해졌다. 장기적인 맥락 속에서 통일을 이룩해야 한다는 점을 강조하고 있다.

본 연구는 다음 몇 가지의 지역사회 통일교육을 위한 시사점을 제시하고자 한다. 첫째, 지역 간의 차이, 지역 내의 차이 등 인식차이를 종합적으로 관리할 수 있는 지역사회 중심의 통일교육 네트워크를 조기에 정착시켜야 한다. 지역사회 통일교육을 활성화하기 위한 통일교육 모형은 지역사회가 중심이 되는 방식으로 재구성되어야 한다(<그림 23> 참조). 기본적으로 지역통일교육센터를 중심으로 놓아야 한다. 이를 위해 가장 우선적으로 중앙과 지역 간의 협력체계 구축을 위한 틀을 전제해야 하고, 다음으로 공공권역과 민간권역으로 구분해서 모형을 구축해야 한다. 그리고 각 권역별 지역통일교육센터와의 유기적인 협력체제 구축을 위한 협조처(contact point)를 마련해야 한다.

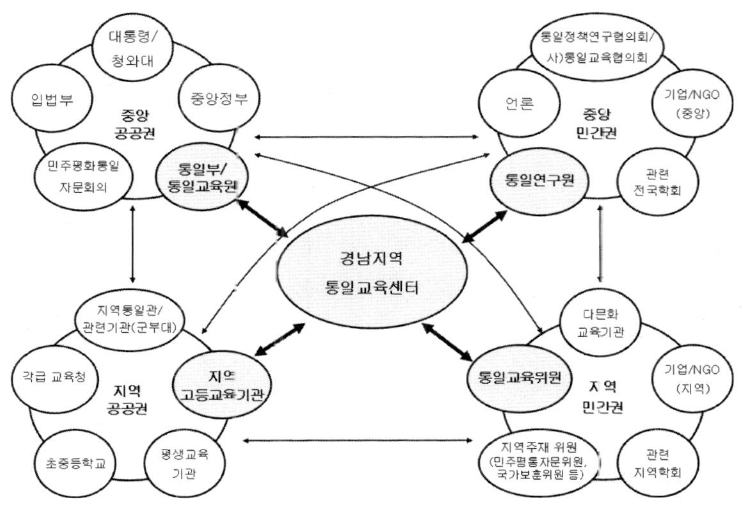

주: 양쪽 화살표는 인적자산, 정브, 예산 등의 교류를 의미하며, 실선은 그 일반적인 연결망을 말한다. 굵은
　　양쪽 화살표는 업무협조의 긴밀도가 높음을 의미한다.

〈그림 23〉 지역사회 중심의 통일교육 모형

우선 공공권역을 살펴브면, 중앙과 지역으로 구분된다. 중앙공공권
에서는 통일부와 통일교육원을 창구로 삼아 협력 체제를 구축해야
한다. 여기를 중심으로 중앙정치권 및 청와대, 민주평화통일자문회의
간의 유기적인 협력을 구축해야 한다. 한편 지역공공권에서는 지역소
재 고등교육기관을 협조처로 삼아, 다양한 관련기관과의 협력 체제를
강구해야 한다. 특히 이 고등교육 기관을 지역단위 통일교육센터르
삼아도 좋으나, 기왕에 모체가 된 기관(예컨대, 통일교육위원을 중심
으로 한 센터 등)이 있다면 상호협력 체제를 강구하여, 다양한 교육활
동을 전개할 수 있다.

둘째, 지역통일교육 관련자들의 통일인식을 주기적으로 권위 있게
조사·분석해서, 향후 전국 지방통일교육을 실시함에 있어서 참고할

수 있도록 해야 한다. 지역민들은 특정사안별로 상호 다른 의견을 보이기도 하고, 상호 같은 의견을 보이기도 한다. 이것이 사회갈등을 일으킬 정도의 유사성인지 다양성을 침해하는 과도한 동질성인지 등을 검토하기 위한 기초자료로 활용할 수 있다.

셋째, 중앙과 지역 간의 통일교육을 위한 반관(半官)·반민(半民)의 성격을 갖고 있는 통일문제연구협의회를 최대한 활용해야 한다. 통일문제연구협의회는 1998년 12월 18일 통일연구원에 사무국을 설치 출범하여, 현재 지방자치단체, 주요 연구기관, 대학 등과 권역별 지역 공동학술회의 및 워크숍 개최, 북한 통일관련 정책보고서 개발, 정보자료·소식지 발간 등의 사업을 추진해 나가고 있다.[49] 이 협의회는 북한·통일 관련 연구기관의 협조 체제를 구축, 연구방향 및 과제 등을 사전 조율함으로써 정부정책의 일관성 및 체계적인 대북통일 정책을 개발하고, 분야별 실태의 심층적 연구 및 정보자료·연구실적의 교류체제 정립을 통해 정부의 통일정책 수립에 실질적으로 기여하고, 북한·통일 연구의 활성화를 도모하며, 연구진행 과정 및 연구결과의 대국민 홍보를 통해 국민들의 통일의식 함양에 기여하고자 수립되었다. 여기에는 다양한 연구기관, 학교기관 등이 복합적으로 연결되어 있기 때문에 이들과의 교류를 통해서 지역사회 통일교육을 위한 효

---

49) 통일정책연구협의회 참여단체는 다음과 같이 42개이다. 강원발전연구원, 한국개발연구원, 한국건설기술연구원, 경기개발연구원, 한국과학기술정보연구원, 한국교육개발원, 한국교육과정평가원, 한국교통연구원, 한국국방연구원, 국토연구원, 한국노동연구원, 한국농촌경제연구원, 대외경제정책연구원, 한국문화관광연구원, 코리아하나재단, 민족통일중앙협의회, 민족화해협력범국민협의회, 한국법제연구원, 한국보건사회연구원, 북한연구소, 산업연구원, 세종연구소, 아태국제이해교육원, 에너지경제연구원, 한국여성정책연구원, 정보통신정책연구원, 한국학중앙연구원, 한국조세연구원, 한국직업능력개발원, 평화문제연구소, 한국청소년정책연구원, 통일연구원, 한국형사정책연구원, 한국해양수산개발원, 한국행정연구원, 한국환경정책평가연구원, 전국대학통일문제연구소협의회, 국방대학교, 국립국어원, 과학기술정책연구원, 한국지방행정연구원, 제주평화연구원, 통일정책연구협의회 홈페이지(http://www.tongmoon.or.kr/about/about_01_01.jsp, 2009. 12.7. 검색)

과증진의 계기를 마련할 수 있다.

넷째, 지역통일교육 관련자들의 다양한 특성을 반영하는 지역사회 통일교육 평가도구와 교육방법을 개발해야 한다. 지역사회 통일교육은 공공 사회교육기관을 비롯한 순수 민간단체들에 의하여 광범위하게 추진되고 있다. 하지만 그 교육성과를 측정할 수 있는 표준도구가 없는 실정이다. 각 기관의 역량에 따라 산발적·일회적으로 추진되어 그 실태를 종합하는 작업도 쉽지 않다. 우선 기존의 특정지역에서 산발적으로 운용되고 있는 지역사회 통일교육에 대한 평가척도를 구체화하고 타당도 제고를 위한 노력이 필요하다(<표 39> 참조).

〈표 39〉 지역사회 통일교육 프로그램 평가지표

단계	지표	세부 지표	지표의 설경
투입	목표 타당성	현 정세 반영의 적절성	교육 후 참가자의 행동(관심)과 연계
		사회적 요구사항 반영의 적절성	통일교육에 요구되는 사회적 책무이행
	대상 특화성	교육 프로그램의 전문화 정도	교육목표의 구체성, 특성화 정도
		목표와 참가자 구성의 정합성	학습고객 맵핑: 참여 예상 층의 연령, 교육, 성별, 사회적 배경, 거주지, 지식·기술·경험수준, 선호학습 스타일, 프로그램 비용부담, 참여이유 등을 파악 ⇒ 교육요구 파악 ⇒ 학습촉진, 유효성 제고
		홍보의 적정성	프로그램 취지에 적합한 계층에 대한 적정한 홍보전략 수립
과정	내용, 방법의 적절성	목표와 내용의 정합성	목표를 실현할 수 있는 내용
		방법, 교재의 적절성	목표와 내용을 적절하게 반영, 전달하고 학습자 흥미 유발
		내용 구성의 적절성	주관적 편향성 없이 내용의 위계를 고려 구조적 배치, 적절한 난이도 유지
	강사의 전문성	전문가 활용도 및 내용 전문성	이론적 전문성, 실천적 경험성 보유, 인적 자원 충분히 활용
		수업 준비도 및 진행의 적절성	충실한 준비, 교육자와 상호작용, 효율적 진행 여부

과 정	교육환경의 적절성	공간의 적절성	접근성, 쾌적성, 공간구성
		시설, 기자재 활용의 적절성	기자재 구비도, 충분한 활용도
산 출	학습자 만족도	전반적 만족도	프로그램 계획, 운영, 내용, 방법, 강사, 행정지원 등 전반 주관적, 개인적 만족도
		프로그램 내용 만족도	교육 수요자 요구에 부합 여부
		프로그램 방법 만족도	관심 유발에 적절한 방법
		행정, 운영 서비스 만족도	교육에 불편한 점 없었는지 여부
		프로그램 이수율 및 중도탈락 사유	중도탈락 원인 분석, 개선 사항 반영
	학습 효과성	지식 및 태도 변화에 대한 인식	북한, 통일문제, 정책에 대한 지식 통일 감수성 및 적극적, 긍정적 태도
		통일활동 및 후속 프로그램 참가 의향	통일 관련 자발적 활동 촉진 교육 결과 통일 실천 활동 참가로 이어질 수 있는지 여부
	예산집행의 적절성	예산 사용의 효율성	교육인원 1인당 투입 예산(프로그램 성격, 유형에 차이 있음) 최소경비로 최대효과(계량, 질적)
		예산 집행의 합리성	각 지출 항목별 적정성

출처: 통일부 경남지역 통일교육센터, 『통일교육 클러스터 구축을 위한 경남지역 통일교육커뮤니티』, 2009.3.28. pp.6~7.

교육방법 면에 있어서도 다양한 형태의 노력을 해야 한다. 통일교육원에서 하달하는 통일교육지침서상의 기본적인 원칙과 방향(<부록 9> 참조)을 참고하면서, 지역통일교육협의회 단위에서도 이를 구현하기 위한 자구적인 실천 안을 만들어서 발전시키는 것이 필요하다(<부록 10> 참조).

다섯째, 지역사회통일교육 관련자들의 특성을 고려한 지역사회 통일교육 프로그램 운영단체를 선별할 수 있는 기준을 다듬어야 한다. 현재 통일교육지원법 제6조 제3항에 따라 지역통일교육센터 지정을 위한 기준이 마련되어 있다. 실제 신청단체가 법인이 아닐 경우, 세

가지 요건을 충족하면 된다. 즉 '통일교육 전문인력의 보유현황 및 운영계획서', '업무수행에 필요한 시설·장비의 보유현황 및 운용계획서', '사업계획서(재정운용계획서 포함)' 등이다. 현재 전국의 지역 통일교육센터는 대학에서 운영하는 경우, 지역통일교육위원이 운영 하는 경우, 특정 단체가 운영하는 경우 등 다양한 형태로 그 지역 여 건에 맞게 적용되고 있다. 이러한 운영상의 장단점을 세심하게 반영 할 수 있는 지역통일교육센터 선별기준을 마련해야 한다.

마지막으로, 지역단위의 주요대학(거점 국립대학 중심)의 평생교육 기관을 활용한 통일교육의 활성화이다. 우리나라 고등교육법은 다양 한 형태의 학점을 인정하고 있으며, 그 법령의 효력이 주로 미치는 대학에 많은 것을 위임하고 있다. 대학은 학점인정 등에 관한 법률, 평생교육법 등의 입법취지에 따른 학교 공동체 주변 지역민들에게 고등교육 접근성을 더 많이 제공해야 한다. 또한 지역 초·중등 교사 들의 연수프로그램을 개발하여 연수점수를 부여할 수 있도록 다양한 프로그램을 지역교육청과 협의하여 운용할 필요가 있다. 교사의 업무 과중 등을 고려하여 지역단위 온라인 통일교육 방법을 다양하게 도 입하여 적용할 필요가 있다.

민주주의에서 '풀뿌리 민주주의' 개념이 중요한 것은 직접 민주주 의 정신을 구현하기 때문이듯, 지역사회 통일교육은 국가통일교육의 출발점이자 도착점이다. 지역사회의 특성과 지역사회 통일교육 관련 자의 특성을 복합적으로 고려하여, 국가통일교육정책을 수립·시행 해 나가야 할 것이다.

부록

〈부록 1〉

남북관계 발전에 관한 법률

[시행 2006.6.30.] [법률 제7763호, 2005.12.29. 제정]

제1장 총칙

제1조 (목적) 이 법은 「대한민국헌법」이 정한 평화적 통일을 구현하기 위하여 남한과 북한의 기본적인 관계와 남북관계의 발전에 관하여 필요한 사항을 규정함을 목적으로 한다.

제2조 (기본원칙) ① 남북관계의 발전은 자주·평화·민주의 원칙에 입각하여 남북공동번영과 한반도의 평화통일을 추구하는 방향으로 추진되어야 한다.

② 남북관계의 발전은 국민적 합의를 바탕으로 투명과 신뢰의 원칙에 따라 추진되어야 하며, 남북관계는 정치적·파당적 목적을 위한 방편으로 이용되어서는 아니 된다.

제3조 (남한과 북한의 관계) ① 남한과 북한의 관계는 국가 간의 관계가 아닌 통일을 지향하는 과정에서 잠정적으로 형성되는 특수관계이다.

② 남한과 북한간의 거래는 국가 간의 거래가 아닌 민족내부의 거래로 본다.

제4조 (정의) 이 법에서 사용하는 용어의 정의는 다음과 같다.

① "남북회담대표"라 함은 특정한 목적을 위하여 정부를 대표하여 북한과의 교섭 또는 회담에 참석하거나 남북합의서에 서명 또는 가서명하는 권한을 가진 자를 말한다.

② "대북특별사절"이라 함은 북한에서 행하여지는 주요 의식에 참석하거나 특정한 목적을 위하여 정부의 입장과 인식을 북한에 전하거나 이러한 행위와 관련하여 남북합의서에 서명 또는 가서명하는 권한을 가진 자를 말한다.

③ "남북합의서"라 함은 정부와 북한 당국 간에 문서의 형식으로 체결된 모든 합의를 말한다.

제5조 (다른 법률과의 관계) 이 법 중 남북회담대표, 대북특별사절 및 파견공무원에 관한 규정은 다른 법률에 우선하여 적용한다.

제2장 남북관계 발전과 정부의 책무

제6조 (한반도 평화증진) ① 정부는 남북화해와 한반도의 평화를 증진시키기 위하여 노력한다.

② 정부는 한반도 긴장완화와 남한과 북한 간 정치·군사적 신뢰 구축을 위한 시책을 수립·시행한다.

제7조 (남북경제공동체 구현) ① 정부는 민족경제의 균형적 발전을 통하여 남북경제공동체를 건설하도록 노력한다.

② 정부는 남북경제협력을 활성화하고 이를 위한 제도적 기반을

구축하는 등 남한과 북한 공동의 경제적 이익을 증진시키기 위한 시책을 수립·시행한다.

제8조 (민족동질성 회복) ① 정부는 사회·문화 분야의 교류협력을 활성화함으로써 민족동질성을 회복하도록 노력한다.

② 정부는 지방자치단체 및 민간단체 등의 교류협력을 확대·발전시켜 남한과 북한 간 상호이해를 도모하고 민족의 전통문화 창달을 위한 시책을 수립·시행한다.

제9조 (인도적 문제해결) ① 정부는 한반도 분단으로 인한 인도적 문제해결과 인권개선을 위하여 노력한다.

② 정부는 이산가족의 생사·주소확인, 서신교환 및 상봉을 활성화하고 장기적으로 자유로운 왕래와 접촉이 가능하도록 시책을 수립·시행한다.

제10조 (북한에 대한 지원) ① 정부는 인도주의와 동포애 차원에서 필요한 경우 북한에 대한 지원을 할 수 있다.

② 정부는 북한에 대한 지원이 효율적이고 체계적이며 투명하게 이루어질 수 있도록 종합적인 시책을 수립·시행한다.

제11조 (국제사회에서의 협력증진) 정부는 국제기구나 국제회의 등을 통하여 국제사회에서 남북공동의 이익을 증진시킬 수 있도록 노력한다.

제12조 (재정상의 책무) 정부는 이 법에 규정된 정부의 책무를 이행하기 위하여 필요한 재원을 안정적으로 확보하기 위하여 노력한다.

제13조 (남북관계발전 기본계획의 수립) ① 정부는 남북관계발전에 관한 기본계획(이하 "기본계획"이라 한다)을 5년마다 수립하여야 한다.

② 기본계획은 통일부장관이 남북관계발전위원회의 심의를 거쳐 이를 확정한다. 다만, 예산이 수반되는 기본계획은 국회의 동의를 얻어야 한다.

③ 기본계획에는 다음 각 호의 사항이 포함되어야 한다.

1. 남북관계 발전의 기본방향

2. 한반도 평화증진에 관한 사항

3. 남한과 북한 간 교류·협력에 관한 사항

4. 그 밖에 남북관계 발전에 필요한 사항

④ 통일부장관은 관계중앙행정기관의 장과 협의를 거쳐 기본계획에 따른 연도별 시행계획을 수립하여야 한다.

⑤ 기본계획 및 연도별 시행계획을 수립한 경우 통일부장관은 이를 국회에 보고하여야 한다.

제14조 (남북관계발전위원회) ① 기본계획, 그 밖에 남북관계 발전을 위한 중요사항을 심의하기 위하여 통일부에 남북관계발전위원회(이하 "위원회"라 한다)를 둔다.

② 위원회는 위원장 1인을 포함하여 25인 이내의 위원으로 구성하며, 제3항 제2호의 위원의 임기는 2년으로 한다.

③ 위원장은 통일부장관이 되고, 위원은 다음 각 호의 자가 된다. 다만, 제2호의 위원 중 7인은 국회의장이 추천하는 자로 한다.

　　1. 대통령령이 정하는 관계중앙행정기관의 차관급 공무원

　　2. 남북관계에 대한 전문지식 및 경험이 풍부한 자 중에서 위원장이 위촉하는 자

④ 위원회에 간사 1인을 두되, 간사는 통일부 소속 공무원 중에서 위원장이 지명하는 자가 된다.

⑤ 위원회의 구성·운영 등에 관하여 필요한 사항은 대통령령으로 정한다.

제3장 남북회담대표 등

제15조 (남북회담대표의 임명 등) ① 북한과 중요사항에 관하여 고섭 또는 회담에 참석하거나 중요한 남북합의서에 서명 또는 가서명하는 남북회담대표의 경우에는 통일부장관이 관계기관의 장과 협의한 후 제청하고 국무총리를 거쳐 대통령이 임명한다.

② 통일부장관은 북한과의 교섭 또는 회담 참석, 남북합의서의 서명 또는 가서명에 있어 남북회담대표가 된다.

③ 제1항 및 제2항의 경우를 제외한 남북회담대표는 통일부장관이 임명한다.

④ 대북특별사절은 대통령이 임명한다.

⑤ 2인 이상의 남북회담대표 또는 대북특별사절을 임명할 경우에는 서열을 정하고 수석남북회담대표 또는 수석대북특별사절을 지정하여야 한다.

⑥ 그 밖에 남북회담대표 및 대북특별사절의 임명 등에 관하여 필요한 사항은 대통령령으로 정한다.

제16조 (공무원의 파견) ① 정부는 남북관계의 발전을 위하여 필요한 경우 공무원을 일정기간 북한에 파견하여 근무하도록 할 수 있다.

② 공무원의 파견과 근무 등에 관하여 필요한 사항은 대통령령으로 정한다.

제17조 (정부를 대표하는 행위금지) 이 법에 의하지 아니하고는 누구든지 정부를 대표하여 다음 각 호의 어느 하나에 해당하는 행위를 할 수 없다.

① 북한과 교섭 또는 회담하는 행위

② 북한의 주요 의식에 참석하는 행위

③ 북한에 정부의 입장과 인식을 전달하는 행위

④ 남북합의서에 서명 또는 가서명 하는 행위

제18조 (지휘·감독 등) ① 통일부장관은 남북회담대표 및 파견공무원의 임무수행, 남북회담 운영에 관하여 필요한 지휘·감독을 한다.

② 남북회담대표 및 파견공무원의 임무수행, 남북회담 운영 등 그 밖에 필요한 사항은 대통령령으로 정한다.

제19조 (공무원이 아닌 남북회담대표 등에 대한 예우) 정부는 공무원이 아닌 자를 남북회담대표 또는 대북특별사절로 임명한 때에는 대통령령에 의하여 예우를 하고 수당을 지급할 수 있다.

제20조 (벌칙적용에 있어서의 공무원 의제) 공무원이 아닌 자가 남북회담대표 또는 대북특별사절로 임명되어 이 법에 의한 직무를 수행하는 때에는 「형법」 제127조 및 제129조 내지 제132조의 적용에 있어서는 이를 공무원으로 본다.

제4장 남북합의서 체결

제21조 (남북합의서의 체결·비준) ① 대통령은 남북합의서를 체결·비준하며, 통일부장관은 이와 관련된 대통령의 업무를 보좌한다.

② 대통령은 남북합의서를 비준하기에 앞서 국무회의의 심의를 거쳐야 한다.

③ 국회는 국가나 국민에게 중대한 재정적 부담을 지우는 남북합의서 또는 입법사항에 관한 남북합의서의 체결·비준에 대한 동의권을 가진다.

④ 대통령이 이미 체결·비준한 남북합의서의 이행에 관하여 단순한 기술적·절차적 사항만을 정하는 남북합의서는 남북회담대표 또는 대북특별사절의 서명만으로 발효시킬 수 있다.

제22조 (남북합의서의 공포) 제21조의 규정에 의하여 국회의 동의 또는 국무회의의 심의를 거친 남북합의서는 「법령 등 공포에 관한 법률」의 규정에 따라 대통령이 공포한다.

제23조 (남북합의서의 효력범위 등) ① 남북합의서는 남한과 북한 사이에 한하여 적용한다.

② 대통령은 남북관계에 중대한 변화가 발생하거나 국가안전보장, 질서유지 또는 공공복리를 위하여 필요하다고 판단될 경우에는 기간을 정하여 남북합의서의 효력의 전부 또는 일부를 정지시킬 수 있다.

③ 대통령은 국회의 체결·비준 동의를 얻은 남북합의서에 대하여 제2항의 규정에 따라 그 효력을 정지시키고자 하는 때에는 국회의 동의를 얻어야 한다.

부칙 [제7763호, 2005.12.29.]

① (시행일) 이 법은 공포 후 6월이 경과한 날부터 시행한다.

② (경과조치) 이 법 시행 전에 국회의 동의를 받아 체결·비준한 남북합의서는 이 법에 의한 남북합의서로 본다.

〈부록 2〉

통일교육지원법

[시행 2012.7.29.] [법률 제10972호, 2011.7.28. 일부개정]

제1조(목적) 이 법은 통일교육을 촉진하기 위하여 필요한 사항을 규정함을 목적으로 한다.

[전문개정 2008.12.31.]

제2조(정의) 이 법에서 사용하는 용어의 뜻은 다음과 같다.

① "통일교육"이란 자유민주주의에 대한 신념과 민족공동체의식 및 건전한 안보관을 바탕으로 통일을 이룩하는 데 필요한 가치관과 태도를 기르도록 하기 위한 교육을 말한다.

② "지역통일교육센터"란 지역주민을 대상으로 통일교육을 하고, 통일교육에 관한 정보를 수집·제공하는 기능 등을 수행하기 위하여 제6조의 3에 따라 통일부장관이 지정하는 기관·단체 또는 시설을 말한다.

[전문개정 2008.12.31.]

제3조(통일교육의 기본원칙) ① 통일교육은 자유민주적 기본질서를 수호하고 평화적 통일을 지향하여야 한다.

② 통일교육은 개인적·당파적 목적으로 이용되어서는 아니 된다.

[전문개정 2008.12.31.]

제3조의 2(통일교육 기본사항) ① 통일부장관은 제3조의 기본원칙에 따른 통일교육을 하기 위한 기본사항을 정한다.

② 통일부장관은 통일교육에 관한 기본사항을 정할 때에 미리 관계 중앙행정기관의 장과 협의를 하여야 한다.

[전문개정 2008.12.31.]

제4조(통일교육 기본계획의 수립) ① 통일부장관은 통일교육을 효율적으로 추진하기 위하여 통일교육 기본계획(이하 "기본계획"이라 한다)을 수립한다.

② 기본계획에는 다음 각 호의 사항이 포함되어야 한다.

　1. 통일교육의 기본원칙·추진목표와 방향

　2. 통일교육과 관련하여 각 부처 및 기관·단체의 협조에 관한 사항

　3. 통일교육에 관한 전문 인력의 양성·지원에 관한 사항

　4. 통일교육 실태의 조사·평가 및 시정에 관한 사항

　5. 그 밖에 통일교육에 관한 중요한 사항

③ 통일부장관은 기본계획을 수립할 때에 미리 관계 중앙행정기관의 장과 협의하여야 한다.

④ 통일부장관은 기본계획을 수립할 때에 통일교육에 관한 학식과 경험이 풍부한 전문가의 의견을 들을 수 있다.

[전문개정 2008.12.31.]

제5조 삭제 [2008.12.31.]

제6조(국가 및 지방자치단체의 책무) ① 국가는 이 법에서 정하는

바에 따라 통일교육의 실시, 통일문제연구의 진흥, 통일교육에 관한 전문 인력의 양성·지원, 통일교육에 관한 교재의 개발·보급, 그 밖의 방법으로 통일교육을 활성화하여야 한다. [개정 2009.10.19.]

② 국가는 통일교육을 하는 자(법인 또는 단체를 포함하며 이하 같다)에게 예산의 범위에서 대통령령으로 정하는 바에 따라 필요한 경비의 전부 또는 일부를 지원할 수 있다. [개정 2009.10.19.]

③ 지방자치단체는 지역 내 통일교육을 활성화하기 위하여 노력하여야 하며, 지역주민을 대상으로 통일교육을 하는 자에게 예산의 범위에서 필요한 재정적·행정적 지원을 할 수 있다. [신설 2009.10.19.]

[전문개정 2008.12.31.]

[제목개정 2009.10.19.]

제6조의 2(공공시설의 이용) 통일교육을 하는 자는 통일교육을 위하여 필요한 경우에는 공공시설을 그 본래의 용도에 지장이 없는 범위에서 대통령령으로 정하는 바에 따라 이용할 수 있다.

[전문개정 2008.12.31.]

제6조의 3(지역통일교육센터의 지정·운영) ① 통일부장관은 통일교육을 주된 목적으로 하거나 통일교육을 할 능력이 있다고 인정되는 기관·단체 또는 시설(이하 "기관등"이라 한다)을 지역통일교육센터로 지정할 수 있다.

② 지역통일교육센터로 지정된 기관등의 장은 그 지정된 내용 중 대통령령으로 정하는 중요사항이 변경된 경우에는 통일부장관에게 그 사실을 신고하여야 한다.

③ 통일부장관은 지역통일교육센터로 지정된 기관등이 다음 각 호의 어느 하나에 해당할 때에는 그 지정을 취소할 수 있다. 다만, 제1호에 해당할 때에는 그 지정을 취소하여야 한다.

　　1. 거짓이나 그 밖의 부정한 방법으로 지정을 받았을 때

　　2. 통일교육을 할 능력이 크게 부족하다고 인정될 때

④ 통일부장관은 지역통일교육센터로 지정된 기관등이 다음 각 호의 어느 하나에 해당할 때에는 6개월 이내의 범위에서 기간을 정하여 업무정지를 명할 수 있다.

　　1. 제3조에 따른 통일교육의 기본원칙을 위반하여 통일교육을 하였을 때

　　2. 거짓이나 그 밖의 부정한 방법으로 경비지원을 받거나 지원받은 경비를 목적 외의 용도에 사용하였을 때

　　3. 제2항에 따른 변경신고를 하지 아니하였을 때

⑤ 통일부장관은 제3항에 따라 지역통일교육센터의 지정을 취소하려면 청문을 하여야 한다.

⑥ 그 밖에 지역통일교육센터의 지정 및 운영 등에 필요한 사항은 대통령령으로 정한다.

[전문개정 2008.12.31.]

제7조(통일교육의 반영) 국가나 지방자치단체가 설립한 교육훈련기관 및 대통령령으로 정하는 사회교육기관을 설치·운영하는 자는 대통령령으로 정하는 바에 따라 교육훈련과정에 통일교육(제3조의 2 제1항에 따른 통일교육에 관한 기본사항을 포함한다)을 반영하도록 노력하여야 한다.

[전문개정 2008.12.31.]

제8조(학교의 통일교육 진흥) ① 정부는 「초·중등교육법」 제2조에 따른 학교(이하 "초·중등학교"라 한다)의 통일교육을 진흥하기 위하여 노력하여야 한다.

② 통일부장관은 대통령령으로 정하는 바에 따라 통일교육(제3조의 2 제1항에 따른 통일교육에 관한 기본사항을 포함한다)이 초·중등학교의 교육과정에 반영될 수 있도록 교육과학기술부장관 또는 특별시·광역시·특별자치시·도 및 특별자치도 교육감(이하 "교육감"이라 한다)에게 요청할 수 있으며, 요청을 받은 교육과학기술부장관 또는 교육감은 교육과정에 통일교육이 반영될 수 있도록 노력하여야 한다. [개정 2009.10.19., 2011.7.28.]

③ 정부는 대학 등 「고등교육법」 제2조에 따른 학교를 설립·경영하는 자에게 통일문제와 관련된 학과의 설치, 강좌의 개설, 연구소의 설치·운영 등을 권장할 수 있다.

[전문개정 2008.12.31.]

제9조(통일교육의 수강요청 등) ① 통일부장관은 통일교육을 하는 자, 남북교류·협력 사업에 종사하는 자, 통일대비 업무에 종사하는 자, 그 밖에 통일교육을 받을 필요가 있다고 인정되는 자에게 통일교육을 받도록 요청할 수 있다.

② 통일부장관이 제1항에 따라 통일교육 대상자를 선정하려면 미리 해당 행정기관 또는 단체의 장과 협의하여야 한다

[전문개정 2008.12.31.]

제9조의 2(통일교육 전문강사의 양성) ① 통일부장관은 통일교육원에 통일교육 전문과정을 개설하여 그 과정을 수료한 사람에게 통일교육 전문강사 자격을 부여할 수 있다.

② 제1항에 따라 개설되는 통일교육 전문과정의 운영 등에 관한 구체적인 사항은 통일부장관이 정한다.

[본조신설 2009.10.19.]

제10조(통일교육협의회) ① 통일교육을 하는 자는 효율적인 통일교육을 위한 협의·조정, 그 밖에 상호 간의 협력증진을 위하여 통일부장관의 인가를 받아 통일교육협의회(이하 "협의회"라 한다)를 설립할 수 있다.

② 협의회의 조직과 운영 등에 필요한 사항은 대통령령으로 정한다.

[전문개정 2008.12.31.]

제10조의 2(통일교육위원) ① 통일부장관은 통일교육 활동을 통하여 대국민 통일의지와 역량을 강화함으로써 평화통일 기반조성에 기여하기 위하여 통일교육위원을 위촉한다.

② 통일부장관은 다음 각 호의 어느 하나에 해당하는 사람을 통일교육위원으로 위촉한다.

　　1. 각급 교육기관 및 지역사회에서 통일교육 활동에 적극 참여하고 있는 사람

　　2. 제9조의 2에 따라 통일교육 전문과정을 수료한 사람

　　3. 그 밖에 통일문제에 관한 지식과 경험이 풍부한 사람으로 통일부장관이 인정하는 사람

③ 통일교육위원은 다음 각 호의 활동을 수행한다.

1. 통일교육의 실시

2. 통일교육 관련 행사의 지원

3. 그 밖에 통일교육 활성화를 위한 사항으로 통일부장관이 필요하다고 인정하는 활동

④ 통일부장관은 통일교육위원에게 예산의 범위에서 통일교육 활동에 필요한 경비를 지원할 수 있다.

⑤ 이 법에 따른 통일교육을 실시하는 기관, 단체 등은 통일교육위원의 활동을 장려하기 위하여 각종 행정적 지원을 할 수 있다.

⑥ 통일교육위원의 위촉 등에 필요한 사항은 대통령령으로 정한다.

[본조신설 2009.10.19.]

제11조(고발) 통일부장관은 통일교육을 하는 자가 자유민주적 기본질서를 침해하는 내용으로 통일교육을 하였을 때에는 수사기관 등에 고발하여야 한다.

[전문개정 2008.12.31.]

부칙 [제10972호, 2011.7.28.]

이 법은 2012년 7월 1일부터 시행한다.

통일교육지원법 시행령

[시행 2010.5.5.] [대통령령 제22151호, 2010.5.4. 타법개정]

제1조(목적) 이 영은 「통일교육지원법」에서 위임된 사항과 그 시행에 필요한 사항을 규정함을 목적으로 한다.

제2조(통일교육 기본계획) ① 통일부장관은 「통일교육지원법」(이하 "법"이라 한다) 제4조에 따라 수립한 통일교육 기본계획(이하 "기본계획"이라 한다)을 관계기관 및 단체의 장에게 통보하여야 한다.

② 통일부장관은 기본계획을 원활하게 시행하기 위하여 필요한 경우 관계기관 및 단체의 장에게 협조를 요청할 수 있으며, 협조를 요청받은 관계기관 및 단체의 장은 특별한 사유가 없으면 협조하여야 한다.

제3조(경비의 지원 등) ① 법 제6조 제2항에 따라 국가가 통일교육을 하는 자(법인 또는 단체를 포함하며 이하 같다)에게 지원할 수 있는 경비는 다음 각 호와 같다. [개정 2010.4.13]
    1. 통일교육 시설·설비의 설치 및 운영에 필요한 비용
    2. 통일교육 자료의 개발 및 보급에 필요한 비용
    3. 통일문제 관련 조사 및 연구에 필요한 비용
    4. 통일 관련 강좌의 개설 및 운영에 필요한 비용

5. 그 밖에 통일부장관이 통일교육을 위하여 필요하다고 인정하
는 비용

② 통일부장관은 통일교육을 하는 자의 수행 능력, 전년도 실적 및
해당 연도의 사업계획 등을 고려하여 제1항에 따른 경비를 지원할 것
인지를 결정하여야 한다.

③ 통일부장관은 법 제6조 제2항에 따른 경비지원의 효과를 지원
대상자별로 3년마다 심사하여 제1항에 따른 경비를 계속 지원할 것
인지를 결정하여야 한다.

④ 통일부장관은 거짓이나 그 밖의 부정한 방법으로 경비지원을
받거나 지원받은 경비를 목적 외의 용도로 사용하는 자에 대하여 그
지원을 중지하거나 이미 지급한 경비를 회수할 수 있다.

제4조(공공시설의 이용) ① 통일교육을 하는 자는 법 제6조의 2에
따라 통일교육을 위하여 각급 학교의 강당, 구민회관 등 공공시설을
이용하려는 경우 미리 해당 공공시설의 관리자에게 협조를 요청하
야 한다.

② 제1항에 따라 협조를 요청받은 공공시설의 관리자는 특별한 사
유가 없으면 협조하도록 노력하여야 한다.

제5조(지역통일교육센터의 지정 등) ① 법 제6조의 3 제1항에 따라
지역통일교육센터로 지정을 받으려는 자는 별지 제1호 서식의 지역
통일교육센터 지정신청서에 다음 각 호의 서류를 첨부하여 통일부장
관에게 제출하여야 한다. 이 경우 통일부장관은 「전자정부법」 제36조
제1항에 따른 행정정보의 공동이용을 통하여 법인등기부등본(신청인

이 법인인 경우에만 해당한다)을 확인하여야 한다. [개정 2010.5.4]

　　1. 정관(법인인 경우에만 해당한다)

　　2. 통일교육 전문인력의 보유현황 및 운용계획서

　　3. 업무수행에 필요한 시설·장비의 보유현황 및 운용계획서

　　4. 사업계획서(재정운용계획서를 포함한다)

　② 통일부장관은 법 제6조의 3 제1항에 따라 지역통일교육센터를 지정한 경우에는 별지 제2호 서식의 지역통일교육센터 지정서를 신청인에게 발급하여야 한다.

　③ 지역통일교육센터로 지정된 기관·단체 또는 시설의 장은 제1항 제1호 또는 제4호에 관한 사항이 변경된 경우 법 제6조의 3 제2항에 따라 통일부장관에게 그 사실을 신고하여야 한다.

제6조(통일교육의 반영) ① 법 제7조에서 "대통령령으로 정하는 사회교육기관"이란 다음 각 호의 기관을 말한다.

　　1. 「공공기관의 운영에 관한 법률」 제4조에 따른 공공기관이 설립한 교육훈련기관

　　2. 「교원 등의 연수에 관한 규정」 제2조에 따른 연수기관

　　3. 「평생교육법」에 따라 설치된 평생교육시설

　　4. 국가 및 지방자치단체로부터 통일교육을 위탁받은 기관

　　5. 그 밖에 통일부장관이 지정하는 공공연수기관

　② 국가 및 지방자치단체가 설립한 교육훈련기관과 제1항에 따른 사회교육기관은 법 제7조에 따라 해당 교육훈련과정에 다음 각 호의 구분에 따른 통일교육을 반영하도록 노력하여야 한다.

　1. 2주 이상 3개월 미만인 교육훈련과정: 1시간 이상

2. 3개월 이상 6개월 미만인 교육훈련과정: 4시간 이상

3. 6개월 이상인 교육훈련과정: 8시간 이상

③ 통일부장관은 통일교육의 기준과 내용(법 제3조의 2 제1항에 따른 통일교육에 관한 기본사항을 포함한다)에 관한 지침을 정한 경우에는 그 지침을 관계기관 및 단체의 장에게 통보하여야 한다.

제6조의 2(학교의 통일교육 진흥) 법 제8조 제2항에 따라 통일부장관은 「초·중등교육법」 제2조에 따른 학교(이하 "초·중등학교"라 한다)의 교육과정에 통일교육이 반영될 수 있도록 다음 각 호의 사항을 교육과학기술부장관 또는 특별시·광역시·도 및 특별자치도 교육감(이하 "교육감"이라 한다)에게 요청할 수 있다.

① 초·중등학교의 교육과정 중 창의적 체험활동 시간을 활용한 통일교육의 실시

② 통일교육 관련 자료의 보급 및 활용

③ 「교원 등의 연수에 관한 규정」 제2조에 따른 연수기관에 통일교육 관련 과정 개설 및 교원을 대상으로 하는 통일교육 실시

④ 통일교육 관련 연구학교의 지정 및 운영 활성화

⑤ 초·중등학교 통일교육 실태 조사 및 관련 자료 협조

⑥ 제1호부터 제5호까지에서 규정한 사항 외에 초·중등학교의 통일교육 활성화를 위하여 통일부장관이 필요하다고 인정하는 사항

[본조신설 2010.4.13.]

제7조(통일교육협의회) ① 법 제10조에 따른 통일교육협의회(이하 "협의회"라 한다)는 다음 각 호의 사업을 수행한다. [개정 2010.4.13.]

  1. 통일교육에 관한 조사 및 연구

  2. 통일교육에 관한 자료 수집 및 간행물의 발간

  3. 통일에 관한 인식 제고 및 홍보

  4. 통일교육 종사자의 자질 향상과 복리 증진

  5. 통일부장관으로부터 위탁받은 업무

  6. 그 밖에 통일교육의 진흥을 위하여 필요한 사항

② 협의회는 해당 업무를 효율적으로 수행하기 위하여 협의회에 사무국과 지방협의회를 둘 수 있다.

제8조(통일교육위원) ① 통일교육위원의 임기는 2년으로 한다.

② 통일교육위원에게는 별지 제3호서식의 통일교육위원증을 발급한다.

③ 통일부장관은 통일교육위원에게 필요한 교육을 실시할 수 있다.

[본조신설 2010.4.13.]

부칙 [제22151호, 2010.5.4.](전자정부법 시행령)

제1조(시행일) 이 영은 2010년 5월 5일부터 시행한다.

제2조 및 **제3조** 생략

제4조(다른 법령의 개정) <1>부터 <172>까지 생략

<173> 통일교육 지원법 시행령 일부를 다음과 같이 개정한다.

제5조 제1항 각 호 외의 부분 후단 중「전자정부법」제21조 제1항을「전자정부법」제36조 제1항으로 한다.

<174>부터 <192>까지 생략

<부록 4>

통일교육지원법 제정 및 개정 현황

년도 \ 조항	1999.2.5. 제정	2005.1.27. 일부개정	2008.2.29. 타법개정	2008.12.31. 일부개정	2009.10.19. 일부개정
제1조	(목적) 이 법은 통일교육을 촉진하고 지원하는데 있어 필요한 사항을 규정함을 목적으로 한다	(목적) 이 법은 통일교육을 촉진하고 지원하는데 있어 필요한 사항을 규정함을 목적으로 한다	(목적) 이 법은 통일교육을 촉진하고 지원하는데 있어 필요한 사항을 규정함을 목적으로 한다	(목적) 이 법은 통일교육을 촉진하기 위하여 필요한 사항을 규정함을 목적으로 한다. [전문개정 2008.12.31.]	(목적) 이 법은 통일교육을 촉진하기 위하여 필요한 사항을 규정함을 목적으로 한다. [전문개정 2008.12.31.]
제2조	(정의) 이 법에서 "통일교육"이라 함은 국민으로 하여금 자유민주주의에 대한 신념과 민족공동체의식 및 건전한 안보관을 바탕으로 통일을 이룩하는데 필요한 가치관과 태도의 함양을 목적으로 하는 제반 교육을 말한다.	(정의) 이 법에서 사용하는 용어의 정의는 다음과 같다. ① "통일교육"이라 함은 국민으로 하여금 자유민주주의에 대한 신념과 민족공동체의식 및 건전한 안보관을 바탕으로 통일을 이룩하는 데 필요한 가치관과 태도의 함양을 목적으로 하는 제반 교육을 말한다. ② "지역통일교육센터"라 함은 지역주민을 대상으로 통	(정의) 이 법에서 사용하는 용어의 정의는 다음과 같다. ① "통일교육"이라 함은 국민으로 하여금 자유민주주의에 대한 신념과 민족공동체의식 및 건전한 안보관을 바탕으로 통일을 이룩하는 데 필요한 가치관과 태도의 함양을 목적으로 하는 제반 교육을 말한다. ② "지역통일교육센터"라 함은 지역주민을 대상으로 통	(정의) 이 법에서 사용하는 용어의 뜻은 다음과 같다. ① "통일교육"이란 자유민주주의에 대한 신념과 민족공동체의식 및 건전한 안보관을 바탕으로 통일을 이룩하는 데 필요한 가치관과 태도를 기르도록 하기 위한 교육을 말한다. ② "지역통일교육센터"란 지역주민을 대상으로 통일교육을 히고, 통일교육에 관한	(정의) 이 법에서 사용하는 용어의 뜻은 다음과 같다. ① "통일교육"이란 자유민주주의에 대한 신념과 민족공동체의식 및 건전한 안보관을 바탕으로 통일을 이룩하는 데 필요한 가치관과 태도를 기르도록 하기 위한 교육을 말한다. ② "지역통일교육센터"란 지역주민을 대상으로 통일교육을 히고, 통일교육에 관한

		일교육의 실시와 통일교육에 관한 정보의 수집·제공 등의 기능을 수행하기 위하여 제6조의 3의 규정에 의하여 통일부장관이 지정하는 기관·단체 또는 시설을 말한다. [전문개정 2005.1.27.]	일교육의 실시와 통일교육에 관한 정보의 수집·제공 등의 기능을 수행하기 위하여 제6조의 3의 규정에 의하여 통일부장관이 지정하는 기관·단체 또는 시설을 말한다. [전문개정 2005.1.27.]	정보를 수집·제공하는 기능 등을 수행하기 위하여 제6조의 3에 따라 통일부장관이 지정하는 기관·단체 또는 시설을 말한다. [전문개정 2008.12.31.]	정보를 수집·제공하는 기능 등을 수행하기 위하여 제6조의 3에 따라 통일부장관이 지정하는 기관·단체 또는 시설을 말한다. [전문개정 2008.12.31.]
제 3 조	(통일교육의 기본원칙) ① 통일교육은 자유민주적 기본질서를 수호하고 평화적 통일을 지향하는 방향으로 실시되어야 한다. ② 통일교육은 개인적·파당적 목적으로 이용되어서는 아니 된다.	(통일교육의 기본원칙) ① 통일교육은 자유민주적 기본질서를 수호하고 평화적 통일을 지향하는 방향으로 실시되어야 한다. ② 통일교육은 개인적·파당적 목적으로 이용되어서는 아니 된다. 제3조의2 (통일교육 기본사항) ① 통일부장관은 제3조의 기본원칙에 따른 통일교육을 실시하기 위하여 통일교육에 관한 기본적인 사항을 정한다. ②통일부장관은 통일교육에 관한 기본적인 사항을 정함에	(통일교육의 기본원칙) ① 통일교육은 자유민주적 기본질서를 수호하고 평화적 통일을 지향하는 방향으로 실시되어야 한다. ② 통일교육은 개인적·파당적 목적으로 이용되어서는 아니 된다. 제3조의 2 (통일교육 기본사항) ① 통일부장관은 제3조의 기본원칙에 따른 통일교육을 실시하기 위하여 통일교육에 관한 기본적인 사항을 정한다. ②통일부장관은 통일교육에 관한 기본적인 사항을 정함	(통일교육의 기본원칙) ① 통일교육은 자유민주적 기본질서를 수호하고 평화적 통일을 지향하여야 한다. ② 통일교육은 개인적·당파적 목적으로 이용되어서는 아니 된다.[전문개정 2008. 12.31.] 제3조의 2 (통일교육 기본사항) ① 통일부장관은 제3조의 기본원칙에 따른 통일교육을 하기 위한 기본사항을 정한다. ② 통일부장관은 통일교육에 관한 기본사항을 정할 때에 미리 관계 중앙행정기관	(통일교육의 기본원칙) ① 통일교육은 자유민주적 기본질서를 수호하고 평화적 통일을 지향하여야 한다. ② 통일교육은 개인적·당파적 목적으로 이용되어서는 아니 된다. [전문개정 2008.12.31.] 제3조의 2 (통일교육 기본사항) ① 통일부장관은 제3조의 기본원칙에 따른 통일교육을 하기 위한 기본사항을 정한다. ② 통일부장관은 통일교육에 관한 기본사항을 정할 때에 미리 관계 중앙행정기관

		있어 미리 제5조의 규정에 의한 통일교육심의위원회의 심의를 거쳐야 한다. [본조신설 2005.1.27.]	에 있어 미리 제5조의 규정에 의한 통일교육심의위원회의 심의를 거쳐야 한다. [본조신설 2005.1.27.]	의 장과 협의를 하여야 한다. [전문개정 2008.12.31.]	의 장과 협의를 하여야 한다. [전문개정 2008.12.31]
제4조	(통일교육 기본계획의 수립) ① 통일부장관은 통일교육을 효율적으로 추진하기 위하여 통일교육 기본계획(이하 "기본계획"이라 한다)을 수립한다. ②기본계획에는 다음 각 호의 사항이 포함되어야 한다. 1. 통일교육의 기본방향 및 주요내용 2. 통일교육 실시와 관련하여 각 부처 및 기관·단체의 협조에 관한 사항 3. 통일교육요원 및 통일대비요원의 양성·지원에 관한 사항 4. 통일교육 실태의 조사·평가 및 시정에 관한 사항 5. 기타 통일교육에 관한	(통일교육 기본계획의 수립) ① 통일부장관은 통일교육을 효율적으로 추진하기 위하여 통일교육 기본계획(이하 "기본계획"이라 한다)을 수립한다. ②기본계획에는 다음 각 호의 사항이 포함되어야 한다. [개정 2005.1.27.] 1. 통일교육의 추진목표와 방향 2. 통일교육 실시와 관련하여 각 부처 및 기관·단체의 협조에 관한 사항 3. 통일교육에 관한 전문인력의 양성·지원에 관한 사항 4. 통일교육실태의 조사·평가 및 시정에 관한 사항	(통일교육 기본계획의 수립) ① 통일부장관은 통일교육을 효율적으로 추진하기 위하여 통일교육 기본계획(이하 "기본계획"이라 한다)을 수립한다. [개정 2008.2.29.] ②기본계획에는 다음 가 호의 사항이 포함되어야 한다. [개정 2005.1.27.] 1. 통일교육의 추진목표와 방향 2. 통일교육 실시와 관련하여 각 부처 및 기관·단체의 협조에 관한 사항 3. 통일교육에 관한 전문인력의 양성·지원에 관한 사항 4. 통일교육 실태의 조사·평가 및 시정에 관한 사항	(통일교육 기본계획의 수립) ① 통일부장관은 통일교육을 효율적으로 추진하기 위하여 통일교육 기본계획(이하 "기본계획"이라 한다)을 수립한다. ② 기본계획에는 다음 각 호의 사항이 포함되어야 한다. 1. 통일교육의 기본원칙·추진목표와 방향 2. 통일교육과 관련하여 각 부처 및 기관·단체의 협조에 관한 사항 3. 통일교육에 관한 전문인력의 양성·지원에 관한 사항 4. 통일교육 실태의 조사·평가 및 시정에 관한 사항	(통일교육 기본계획의 수립) ① 통일부장관은 통일교육을 효율적으로 추진하기 위하여 통일교육 기본계획(이하 "기본계획"이라 한다)을 수립한나. ② 기본계획에는 다음 각 호의 사항이 포함되어야 한다. 1. 통일교육의 기본원칙·추진목표와 방향 2. 통일교육과 관련하여 각 부처 및 기관·단체의 협조에 관한 사항 3. 통일교육에 관한 전문인력의 양성·지원에 관한 사항 4. 통일교육 실태의 조사·평가 및 시징에 관힌 사항

	중요한 사항 ③ 통일부장관은 기본계획을 수립함에 있어서 미리 관계중앙행정기관의 장과 협의한 후 제5조의 규정에 의한 통일교육심의위원회의 심의를 거쳐야 한다.	5. 기타 통일교육 추진에 관한 중요한 사항 ③ 통일부장관은 기본계획을 수립함에 있어서 미리 관계중앙행정기관의 장과 협의한 후 제5조의 규정에 의한 통일교육심의위원회의 심의를 거쳐야 한다.	5. 기타 통일교육 추진에 관한 중요한 사항 ③ 통일부장관은 기본계획을 수립함에 있어서 미리 관계중앙행정기관의 장과 협의한 후 제5조의 규정에 의한 통일교육심의위원회의 심의를 거쳐야 한다. [개정 2008.2.29.]	5. 그 밖에 통일교육에 관한 중요한 사항 ③ 통일부장관은 기본계획을 수립할 때에 미리 관계 중앙행정기관의 장과 협의하여야 한다. ④ 통일부장관은 기본계획을 수립할 때에 통일교육에 관한 학식과 경험이 풍부한 전문가의 의견을 들을 수 있다. [전문개정 2008.12.31.]	5. 그 밖에 통일교육에 관한 중요한 사항 ③ 통일부장관은 기본계획을 수립할 때에 미리 관계 중앙행정기관의 장과 협의하여야 한다. ④ 통일부장관은 기본계획을 수립할 때에 통일교육에 관한 학식과 경험이 풍부한 전문가의 의견을 들을 수 있다. [전문개정 2008.12.31.]
제 5 조	(통일교육심의위원회의 설치) ① 통일교육에 관한 기본정책 기타 중요사항을 심의하기 위하여 통일부에 통일교육심의위원회(이하 "위원회"라 한다)를 둔다. ② 위원회는 위원장 1인 및 부위원장 2인을 포함하여 25인 이내의 위원으로 구성한다. ③ 위원회의 위원장은 통일부장관이 되며, 위원은 통일부장관이 임명한다. 다만, 위	(통일교육심의위원회의 설치) ① 통일교육에 관한 기본정책 기타 중요사항을 심의하기 위하여 통일부에 통일교육심의위원회(이하 "위원회"라 한다)를 둔다. ② 위원회는 위원장 1인 및 부위원장 2인을 포함하여 25인 이내의 위원으로 구성한다. ③ 위원회의 위원장은 통일부장관이 되며, 위원은 통일교육에 관한 학식과 경험이	(통일교육심의위원회의 설치) ① 통일교육에 관한 기본정책 기타 중요사항을 심의하기 위하여 통일부에 통일교육심의위원회(이하 "위원회"라 한다)를 둔다. [개정 2008.2.29.] ② 위원회는 위원장 1인 및 부위원장 2인을 포함하여 25인 이내의 위원으로 구성한다. ③ 위원회의 위원장은 통일부장관이 되며, 위원은 통일	삭제 [2008.12.31.]	삭제 [2008.12.31.]

	원 중 6인은 국회의장이 추천하는 자로 한다. ④ 위원회의 구성·운영 등에 관하여 필요한 사항은 대통령령으로 정한다. ⑤ 위원회로부터 위임받은 사무를 처리하기 위하여 위원회에 실무위원회를 두며, 실무위원회의 구성·운영 등에 관하여 필요한 사항은 대통령령으로 정한다.	풍부한 자중에서 통일부장관이 위촉하는 자(이 경우 위원 중 7인은 국회의장이 추천하는 자로 한다), 대통령령이 정하는 관계 중앙행정기관의 차관급공무원 및 국무조정실 소속공무원중 당해 기관의 장이 지명하는 자가 된다.[개정 2005.1.27.] ④ 위원회의 구성·운영 등에 관하여 필요한 사항은 내통령령으로 정한다. ⑤ 위원회로부터 위임받은 사무를 처리하기 위하여 위원회에 실무위원회를 두며, 실무위원회의 구성·운영 등에 관하여 필요한 사항은 대통령령으로 정한다.	교육에 관한 학식과 경험이 풍부한 자중에서 통일부장관이 위촉하는 자(이 경우 위원 중 7인은 국회의장이 추천하는 자로 한다), 대통령령이 정하는 관계 중앙행정기관의 차관급공무원 및 국무총리실 소속공무원중 당해 기관의 장이 지명하는 자가 된다. [개정 2005.1.27., 2008.2.29.] ④ 위원회의 구성·운영 등에 관하여 필요한 사항은 대통령령으로 정한다. ⑤ 위원회로부터 위임받은 사무를 처리하기 위하여 위원회에 실무위원회를 두며, 실무위원회의 구성·운영 등에 관하여 필요한 사항은 대통령령으로 정한다.		
제 6 소	(정부의 임무) ① 정부는 이 법이 정하는 바에 의하여 통일교육의 실시, 통일문제연구의 진흥, 통	(정부의 임무) ① 정부는 이 법이 정하는 바에 의하여 통일교육의 실시, 통일문제연구의 진흥, 통	(정부의 임무) ① 정부는 이 법이 정하는 바에 의하여 통일교육의 실시, 통일문제연구의 진흥, 통	(정부의 임무) ① 정부는 이 법에서 정하는 바에 따라 통일교육의 실시, 통일문제연구의 진흥, 통	(국가 및 지방자치단체의 책무 [개정 2009.10.19.]) ① 국가는 이 법에서 정하는 바에 따라 통일교육의 실

일교육요원의 양성·지원, 교재의 개발·보급 기타의 방법으로 통일교육을 활성화한다. ② 정부는 통일교육을 실시하는 자(법인 또는 단체를 포함하며 이하 같다)에게 예산의 범위 안에서 대통령령이 정하는 바에 따라 필요한 경비의 전부 또는 일부를 지원할 수 있다.	일교육에 관한 전문인력의 양성·지원, 교재의 개발·보급 기타의 방법으로 통일교육을 활성화한다. [개정 2005.1.27.] ② 정부는 통일교육을 실시하는 자(법인 또는 단체를 포함하며 이하 같다)에게 예산의 범위 안에서 대통령령이 정하는 바에 따라 필요한 경비의 전부 또는 일부를 지원할 수 있다. 제6조의 2 (공공시설의 이용) 통일교육을 실시하는 자는 통일교육을 위하여 필요한 경우에는 공공시설을 그 본래의 용도에 지장이 없는 범위 안에서 대통령령이 정하는 바에 따라 이용할 수 있다. [본조신설 2005.1.27.] 제6조의 3 (지역통일교육센	일교육에 관한 전문인력의 양성·지원, 교재의 개발·보급 기타의 방법으로 통일교육을 활성화한다. [개정 2005.1.27.] ② 정부는 통일교육을 실시하는 자(법인 또는 단체를 포함하며 이하 같다)에게 예산의 범위 안에서 대통령령이 정하는 바에 따라 필요한 경비의 전부 또는 일부를 지원할 수 있다. 제6조의 2 (공공시설의 이용) 통일교육을 실시하는 자는 통일교육을 위하여 필요한 경우에는 공공시설을 그 본래의 용도에 지장이 없는 범위 안에서 대통령령이 정하는 바에 따라 이용할 수 있다. [본조신설 2005.1.27.] 제6조의 3 (지역통일교육센	일교육에 관한 전문인력의 양성·지원, 통일교육에 관한 교재의 개발·보급, 그 밖의 방법으로 통일교육을 활성화하여야 한다. ② 정부는 통일교육을 하는 자(법인 또는 단체를 포함하며 이하 같다)에게 예산의 범위에서 대통령령으로 정하는 바에 따라 필요한 경비의 전부 또는 일부를 지원할 수 있다. [전문개정 2008.12.31.] 제6조의 2 (공공시설의 이용) 통일교육을 하는 자는 통일교육을 위하여 필요한 경우에는 공공시설을 그 본래의 용도에 지장이 없는 범위에서 대통령령으로 정하는 바에 따라 이용할 수 있다. [전문개정 2008.12.31.] 제6조의 3 (지역통일교육센	시, 통일문제연구의 진흥, 통일교육에 관한 전문인력의 양성·지원, 통일교육에 관한 교재의 개발·보급, 그 밖의 방법으로 통일교육을 활성화하여야 한다. [개정 2009.10.19.] ② 국가는 통일교육을 하는 자(법인 또는 단체를 포함하며 이하 같다)에게 예산의 범위에서 대통령령으로 정하는 바에 따라 필요한 경비의 전부 또는 일부를 지원할 수 있다. [개정 2009.10.19.] ③ 지방자치단체는 지역 내 통일교육을 활성화하기 위하여 노력하여야 하며, 지역주민을 대상으로 통일교육을 하는 자에게 예산의 범위에서 필요한 재정적·행정적 지원을 할 수 있다. [신설 2009.10.19.] [전문개정 2008.12.31.]

	터의 지정·운영)	터의 지정·운영)	터의 지정·운영)	제6조의 2 (공공시설의 이용)
	① 통일부장관은 통일교육을 주된 목적으로 하거나 통일교육을 실시할 능력이 있다고 인정되는 기관·단체 또는 시설(이하 "기관 등"이라 한다)을 제5조의 규정에 의한 통일교육심의위원회의 심의를 거쳐 지역통일교육센터로 지정할 수 있다.	① 통일부장관은 통일교육을 주된 목적으로 하거나 통일교육을 실시할 능력이 있다고 인정되는 기관·단체 또는 시설(이하 "기관 등"이라 한다)을 제5조의 규정에 의한 통일교육심의위원회의 심의를 거쳐 지역통일교육센터로 지정할 수 있다.	① 통일부장관은 통일교육을 주된 목적으로 하거나 통일교육을 할 능력이 있다고 인정되는 기관·단체 또는 시설(이하 "기관 등"이라 한다)을 지역통일교육센터로 지정할 수 있다.	통일교육을 하는 자는 통일교육을 위하여 필요한 경우에는 공공시설을 그 본래의 용도에 지장이 없는 범위에서 대통령령으로 정하는 바에 따라 이용할 수 있다. [전문개정 2008.12.31.]
	② 지역통일교육센터로 지정된 기관 등의 장은 그 지정된 내용 중 대통령령이 정하는 중요사항이 변경된 때에는 통일부장관에게 그 사실을 신고하여야 한다.	② 지역통일교육센터로 지정된 기관 등의 장은 그 지정된 내용 중 대통령령이 정하는 중요사항이 변경된 때에는 통일부장관에게 그 사실을 신고하여야 한다.	② 지역통일교육센터로 지정된 기관 등의 장은 그 지정된 내용 중 대통령령으로 정하는 중요 사항이 변경된 경우에는 통일부장관에게 그 사실을 신고하여야 한다.	제6조의 3 (지역통일교육센터의 지정·운영)
	③ 통일부장관은 지역통일교육센터로 지정된 기관 등이 다음 각 호의 1에 해당하는 때에는 그 지정을 취소할 수 있다. 다만, 제1호에 해당하는 때에는 그 지정을 취소하여야 한다.	③ 통일부장관은 지역통일교육센터로 지정된 기관 등이 다음 각 호의 1에 해당하는 때에는 그 지정을 취소할 수 있다. 다만, 제1호에 해당하는 때에는 그 지정을 취소하여야 한다.	③ 통일부장관은 지역통일교육센터로 지정된 기관 등이 다음 각 호의 어느 하나에 해당할 때에는 그 지정을 취소할 수 있다. 다만, 제1호에 해당할 때에는 그 지정을 취소하여야 한다.	① 통일부장관은 통일교육을 주된 목적으로 하거나 통일교육을 할 능력이 있다고 인정되는 기관·단체 또는 시설(이하 "기관 등"이라 한다)을 지역통일교육센터로 지정할 수 있다.
	1. 허위 또는 부정한 방법	1. 허위 또는 부정한 방법	1. 거짓이나 그 밖의 부정한 방법으로 지정을 받았을 때	② 지역통일교육센터로 지정된 기관 등의 장은 그 지정된 내용 중 대통령령으로 정하는 중요 사항이 변경된 경우에는 통일부장관에게 그 사실을 신고하여야 한다.

		으로 지정을 받은 때 2. 통일교육 실시능력이 현저히 부족하다고 인정되는 때 ④ 통일부장관은 지역통일교육센터로 지정된 기관 등이 다음 각 호의 1에 해당하는 때에는 6월 이내의 범위에서 기간을 정하여 업무정지를 명할 수 있다. 1. 제3조의 규정에 의한 통일교육의 기본원칙을 위반하여 통일교육을 실시한 때 2. 허위 또는 부정한 방법으로 경비지원을 받거나 지원받은 경비를 목적 외로 사용한 때 3. 제2항의 규정에 따른 변경신고를 하지 아니한 때 ⑤ 통일부장관은 제3항의 규정에 의하여 지역통일교육센터의 지정을 취소하고자 하는 때에는 청문을 실시하여야 한다.	으로 지정을 받은 때 2. 통일교육 실시능력이 현저히 부족하다고 인정되는 때 ④ 통일부장관은 지역통일교육센터로 지정된 기관 등이 다음 각 호의 1에 해당하는 때에는 6월 이내의 범위에서 기간을 정하여 업무정지를 명할 수 있다. 1. 제3조의 규정에 의한 통일교육의 기본원칙을 위반하여 통일교육을 실시한 때 2. 허위 또는 부정한 방법으로 경비지원을 받거나 지원받은 경비를 목적 외로 사용한 때 3. 제2항의 규정에 따른 변경신고를 하지 아니한 때 ⑤ 통일부장관은 제3항의 규정에 의하여 지역통일교육센터의 지정을 취소하고자 하는 때에는 청문을 실시하여야 한다.	2. 통일교육을 할 능력이 크게 부족하다고 인정될 때 ④ 통일부장관은 지역통일교육센터로 지정된 기관 등이 다음 각 호의 어느 하나에 해당할 때에는 6개월 이내의 범위에서 기간을 정하여 업무정지를 명할 수 있다. 1. 제3조에 따른 통일교육의 기본원칙을 위반하여 통일교육을 하였을 때 2. 거짓이나 그 밖의 부정한 방법으로 경비지원을 받거나 지원받은 경비를 목적 외의 용도에 사용하였을 때 3. 제2항에 따른 변경신고를 하지 아니하였을 때 ⑤ 통일부장관은 제3항에 따라 지역통일교육센터의 지정을 취소하려면 청문을 하여야 한다. ⑥ 그 밖에 지역통일교육센터의 지정 및 운영 등에 필요한 사항은 대통령령으로	③통일부장관은 지역통일교육센터로 지정된 기관 등이 다음 각 호의 어느 하나에 해당할 때에는 그 지정을 취소할 수 있다. 다만, 제1호에 해당할 때에는 그 지정을 취소하여야 한다. 1. 거짓이나 그 밖의 부정한 방법으로 지정을 받았을 때 2. 통일교육을 할 능력이 크게 부족하다고 인정될 때 ④ 통일부장관은 지역통일교육센터로 지정된 기관 등이 다음 각 호의 어느 하나에 해당할 때에는 6개월 이내의 범위에서 기간을 정하여 업무정지를 명할 수 있다. 1. 제3조에 따른 통일교육의 기본원칙을 위반하여 통일교육을 하였을 때 2. 거짓이나 그 밖의 부정한 방법으로 경비지원을 받거나 지원받은 경비를 목적

	⑥ 그 밖에 지역통일교육센터의 지정 및 운영 등에 관하여 필요한 사항은 대통령령으로 정한다. [본조신설 2005.1.27.]	⑥ 그 밖에 지역통일교육센터의 지정 및 운영 등에 관하여 필요한 사항은 대통령령으로 정한다. [본조신설 2005.1.27.]	정한다. [전문개정 2008.12.31.]	외의 용도에 사용하였을 때 3. 제2항에 따른 변경신고를 하지 아니하였을 때 ⑤ 통일부장관은 제3항에 따라 지역통일교육센터의 지정을 취소하려면 청문을 하여야 한다. ⑥ 그 밖에 지역통일교육센터의 지정 및 운영 등에 필요한 사항은 대통령령으로 정한나. [전문개정 2008.12.31.]

제 7 조	(통일교육의 반영) 국가 및 지방자치단체가 설립한 교육훈련기관 및 대통령령이 정하는 사회교육기관을 설치·운영하는 자는 대통령령이 정하는 바에 따라 교육훈련과정에 통일교육을 반영하도록 노력하여야 한다.	(통일교육의 반영) 국가 및 지방자치단체가 설립한 교육훈련기관 및 대통령령이 정하는 사회교육기관을 설치·운영하는 자는 대통령령이 정하는 바에 따라 교육훈련과정에 통일교육(제3조의 2 제1항의 규정에 의한 통일교육에 관한 기본적인 사항을 포함한다)을 반영하도록 노력하여야 한다. [개정 2005.1.27.]	(통일교육의 반영) 국가 및 지방자치단체가 설립한 교육훈련기관 및 대통령령이 정하는 사회교육기관을 설치·운영하는 자는 대통령령이 정하는 바에 따라 교육훈련과정에 통일교육(제3조의 2 제1항의 규정에 의한 통일교육에 관한 기본적인 사항을 포함한다)을 반영하도록 노력하여야 한다. [개정 2005.1.27.]	(통일교육의 반영) 국가나 지방자치단체가 설립한 교육훈련기관 및 대통령령으로 정하는 사회교육기관을 설치·운영하는 자는 대통령령으로 정하는 바에 따라 교육훈련과정에 통일교육(제3조의 2 제1항에 따른 통일교육에 관한 기본사항을 포함한다)을 반영하도록 노력하여야 한다. [진문개징 2008.12.31.]	(통일교육의 반영) 국가나 지방자치단체가 설립한 교육훈련기관 및 대통령령으로 정하는 사회교육기관을 설치·운영하는 자는 대통령령으로 정하는 바에 따라 교육훈련과정에 통일교육(제3조의 2 제1항에 따른 통일교육에 관한 기본사항을 포함한다)을 반영하도록 노력하여야 한다. [진문개징 2008.12.31.]

	(학교에서의 통일교육진흥)	(학교에서의 통일교육진흥)	(학교에서의 통일교육진흥)	(학교의 통일교육 진흥)	(학교의 통일교육 진흥)
제 8 조	① 정부는 초·중등학교에서의 통일교육의 진흥을 위하여 노력하여야 한다. ② 정부는 대학 등 고등교육기관을 설립·경영하는 자에게 통일문제와 관련된 학과의 설치, 강좌의 개설, 연구소의 설치·운영 등을 권장할 수 있다.	① 정부는 초·중등학교에서의 통일교육의 진흥을 위하여 노력하여야 한다. ② 통일부장관은 제3조의 2 제1항의 규정에 의한 통일교육에 관한 기본적인 사항이 초·중등학교의 교육활동에 반영될 수 있도록 교육인적자원부장관에게 요청할 수 있으며, 요청을 받은 교육인적자원부장관은 이를 반영하도록 노력하여야 한다. [신설 2005.1.27.] ③ 정부는 대학 등 고등교육기관을 설립·경영하는 자에게 통일문제와 관련된 학과의 설치, 강좌의 개설, 연구소의 설치·운영 등을 권장할 수 있다.	① 정부는 초·중등학교에서의 통일교육의 진흥을 위하여 노력하여야 한다. ② 통일부장관은 제3조의 2 제1항의 규정에 의한 통일교육에 관한 기본적인 사항이 초·중등학교의 교육활동에 반영될 수 있도록 교육과학기술부장관에게 요청할 수 있으며, 요청을 받은 교육과학기술부장관은 이를 반영하도록 노력하여야 한다. [신설 2005.1.27., 2008.2.29.] ③ 정부는 대학 등 고등교육기관을 설립·경영하는 자에게 통일문제와 관련된 학과의 설치, 강좌의 개설, 연구소의 설치·운영 등을 권장할 수 있다.	① 정부는 「초·중등교육법」 제2조에 따른 학교(이하 "초·중등학교"라 한다)의 통일교육을 진흥하기 위하여 노력하여야 한다. ② 통일부장관은 제3조의 2 제1항에 따른 통일교육에 관한 기본사항이 초·중등학교의 교육활동에 반영될 수 있도록 교육과학기술부장관에게 요청할 수 있으며, 요청을 받은 교육과학기술부장관은 그 내용을 반영하도록 노력하여야 한다. ③ 정부는 대학 등 「고등교육법」 제2조에 따른 학교를 설립·경영하는 자에게 통일문제와 관련된 학과의 설치, 강좌의 개설, 연구소의 설치·운영 등을 권장할 수 있다. [전문개정 2008.12.31.]	① 정부는 「초·중등교육법」 제2조에 따른 학교(이하 "초·중등학교"라 한다)의 통일교육을 진흥하기 위하여 노력하여야 한다. ② 통일부장관은 대통령령으로 정하는 바에 따라 통일교육(제3조의 2 제1항에 따른 통일교육에 관한 기본사항을 포함한다)이 초·중등학교의 교육과정에 반영될 수 있도록 교육과학기술부장관 또는 특별시·광역시·도 및 특별자치도교육감(이하 "교육감"이라 한다)에게 요청할 수 있으며, 요청을 받은 교육과학기술부장관 및 교육감은 교육과정에 통일교육이 반영될 수 있도록 노력하여야 한다. [개정 2009.10.19.] ③ 정부는 대학 등 「고등교육법」 제2조에 따른 학교를 설립·경영하는 자에게 통일

| 제9조 | (통일교육수강의 요청 등) ① 통일부장관은 통일교육을 실시하는 자, 남북교류·협력 사업에 종사하는 자, 통일대비업무에 종사하는 자, 기타 통일교육을 받을 필요가 있디고 인정되는 자에게 통일교육을 받을 것을 요청할 수 있다. ② 통일부장관이 제1항의 규정에 의하여 통일교육대상자를 선정하고자 하는 때에는 미리 관계행정기관의 장 또는 그가 소속하여 있는 단체의 장과 협의하여야 한다. | (통일교육수강의 요청 등) ① 통일부장관은 통일교육을 실시하는 자, 남북교류·협력 사업에 종사하는 자, 통일대비업무에 종사하는 자, 기타 통일교육을 받을 필요가 있다고 인정되는 자에게 통일교육을 받을 것을 요청할 수 있다. ② 통일부장관이 제1항의 규정에 의하여 통일교육대상자를 선정하고자 하는 때에는 미리 관계행정기관의 장 또는 그가 소속하여 있는 단체의 장과 협의하여야 한다. | (통일교육수강의 요청 등) ① 통일부장관은 통일교육을 실시하는 자, 남북교류·협력 사업에 종사하는 자, 통일대비업무에 종사하는 자, 기타 통일교육을 받을 필요가 있다고 인정되는 자에게 통일교육을 받을 것을 요청할 수 있다. [개정 2008.2.29.] ② 통일부장관이 제1항의 규정에 의하여 통일교육대상자를 선정하고자 하는 때에는 미리 관계행정기관의 장 또는 그가 소속하여 있는 단체의 장과 협의하여야 한다. [개정 2008.2.29.] | (통일교육수강의 요청 등) ① 통일부장관은 통일교육을 하는 자, 남북교류·협력 사업에 종사하는 자, 통일대비업무에 종사하는 자, 그 밖에 통일교육을 받을 필요가 있다고 입정되는 자에게 통일교육을 받도록 요청할 수 있다. ② 통일부장관이 제1항에 따라 통일교육대상자를 선정하려면 미리 해당 행정기관 또는 단체의 장과 협의하여야 한다. [전문개정 2008.12.31.] | 문제와 관련된 학과의 설치, 강좌의 개설, 연구소의 설치·운영 등을 권장할 수 있다. [전문개정 2008.12.31.] (통일교육수강의 요청 등) ① 통일부장관은 통일교육을 하는 자, 남북교류·협력 사업에 종사하는 자, 통일대비업무에 종사하는 자, 그 밖에 통일교육을 빋을 필요가 있다고 이정되는 자에게 통일교육을 받도록 요청할 수 있다. ② 통일부장관이 제1항에 따라 통일교육대상자를 선정하려면 미리 해당 행정기관 또는 단체의 장과 협의하여야 한다. [전문개정 2008.12.31.] 제9조의 2 (통일교육 전문강사의 양성) ① 통일부장관은 통일교육 |

					원에 통일교육 전문과정을 개설하여 그 과정을 수료한 사람에게 통일교육 전문강사 자격을 부여할 수 있다. ② 제1항에 따라 개설되는 통일교육 전문과정의 운영 등에 관한 구체적인 사항은 통일부장관이 정한다. [본조신설 2009.10.19.]
제10조	(통일교육협의회) ① 통일교육을 실시하는 자는 통일교육의 효율적인 실시를 위한 협의·조정 기타 상호간의 협력증진을 위하여 통일부장관의 인가를 받아 통일교육협의회(이하 "협의회"라 한다)를 설립할 수 있다. ② 협의회의 조직과 운영 등에 관하여 필요한 사항은 대통령령으로 정한다.	(통일교육협의회) ① 통일교육을 실시하는 자는 통일교육의 효율적인 실시를 위한 협의·조정 기타 상호간의 협력증진을 위하여 통일부장관의 인가를 받아 통일교육협의회(이하 "협의회"라 한다)를 설립할 수 있다. ②협의회의 조직과 운영 등에 관하여 필요한 사항은 대통령령으로 정한다.	(통일교육협의회) ① 통일교육을 실시하는 자는 통일교육의 효율적인 실시를 위한 협의·조정 기타 상호간의 협력증진을 위하여 통일부장관의 인가를 받아 통일교육협의회(이하 "협의회"라 한다)를 설립할 수 있다. [개정 2008.2.29.] ②협의회의 조직과 운영 등에 관하여 필요한 사항은 대통령령으로 정한다.	(통일교육협의회) ① 통일교육을 하는 자는 효율적인 통일교육을 위한 협의·조정, 그 밖에 상호 간의 협력증진을 위하여 통일부장관의 인가를 받아 통일교육협의회(이하 "협의회"라 한다)를 설립할 수 있다. ② 협의회의 조직과 운영 등에 필요한 사항은 대통령령으로 정한다. [전문개정 2008.12.31.]	(통일교육협의회) ① 통일교육을 하는 자는 효율적인 통일교육을 위한 협의·조정, 그 밖에 상호 간의 협력증진을 위하여 통일부장관의 인가를 받아 통일교육협의회(이하 "협의회"라 한다)를 설립할 수 있다. ② 협의회의 조직과 운영 등에 필요한 사항은 대통령령으로 정한다. [전문개정 2008.12.31.] 제10조의 2 (통일교육위원) ① 통일부장관은 통일교육

활동을 통하여 대국민 통일 의지와 역량을 강화함으로써 평화통일 기반조성에 기여하기 위하여 통일교육위원을 위촉한다.

② 통일부장관은 다음 각 호의 어느 하나에 해당하는 사람을 통일교육위원으로 위촉한다.

1. 각급 교육기관 및 지역사회에서 통일교육 활동에 직극 참여하고 있는 사람

2. 제9조의 2에 따라 통일교육 전문과정을 수료한 사람

3. 그 밖에 통일문제에 관한 지식과 경험이 풍부한 사람으로 통일부장관이 인정하는 사람

③ 통일교육위원은 다음 각 호의 활동을 수행한다.

1. 통일교육의 실시

2. 통일교육 관련 행사의 지원

3. 그 밖에 통일교육 활성

					화를 위한 사항으로 통일부장관이 필요하다고 인정하는 활동 ④ 통일부장관은 통일교육위원에게 예산의 범위에서 통일교육 활동에 필요한 경비를 지원할 수 있다. ⑤ 이 법에 따른 통일교육을 실시하는 기관, 단체 등은 통일교육위원의 활동을 장려하기 위하여 각종 행정적 지원을 할 수 있다. ⑥ 통일교육위원의 위촉 등에 필요한 사항은 대통령령으로 정한다. [본조신설 2009.10.19.]
제11조	(고발) 통일부장관은 통일교육을 실시하는 자가 자유민주적 기본질서를 침해하는 내용으로 통일교육을 실시한 때에는 수사기관 등에 고발하여야 한다.	(고발) 통일부장관은 통일교육을 실시하는 자가 자유민주적 기본질서를 침해하는 내용으로 통일교육을 실시한 때에는 수사기관 등에 고발하여야 한다.	(고발) 통일부장관은 통일교육을 실시하는 자가 자유민주적 기본질서를 침해하는 내용으로 통일교육을 실시한 때에는 수사기관 등에 고발하여야 한다. [개정 2008.2.29.]	(고발) 통일부장관은 통일교육을 하는 자가 자유민주적 기본질서를 침해하는 내용으로 통일교육을 하였을 때에는 수사기관 등에 고발하여야 한다. [전문개정 2008.12.31.]	(고발) 통일부장관은 통일교육을 하는 자가 자유민주적 기본질서를 침해하는 내용으로 통일교육을 하였을 때에는 수사기관 등에 고발하여야 한다. [전문개정 2008.12.31.]

출처: 통일교육지원법

<부록 5>

통일부 통일교육 지침(일반사회용 중심)의 목차변천

2000년	2001년	2002년	2003년	2004년
I. 통일교육의 의미와 목표	I. 통일교육의 의미와 목표	I. 통일교육의 목표와 과제	I. 통일교육의 목표와 과제	I. 통일교육의 목표와 과제
1. 통일교육의 정의	1. 통일교육의 정의	1. 통일교육의 목표	1. 통일교육의 목표	1. 통일교육의 필요성
2. 통일교육의 목표	2. 통일교육의 목표	2. 통일교육의 과제	2. 통일교육의 과세	2. 통일교육의 목표
3. 통일교육의 과제	3. 통일교육의 괴제			3. 통일교육의 실천과제
		II. 통일교육의 내용체계	II. 통일교육의 내용체계	
II. 통일교육의 내용체계	II. 통일교육의 내용체계	1. 통일의 필요성	1. 통일의 필요성	II. 통일교육의 내용체계
1. 통일의 당위성 인식	1. 통일의 필요성	1.1 통일의 의미와 성격	1.1 통일의 당위성과 의미	1. 통일문제의 이해
1.1 통일의 의미와 성격	1.1 통일의 의미와 성격	1.2 분단의 배경과 폐해	1.2 통일문제의 성격과 평화정착	가. 분단의 배경과 폐해
1.2 분단의 배경과 폐해	가. 통일의 의미	1.3 평화통일의 필요성	1.3 분단의 배경과 폐해	나. 통일의 의미
1.3 평화교육의 필요성	나. 통일문제의 성격	2. 북한사회의 모습	2. 북한사회의 모습	다. 통일의 당위성
2. 북한문제의 올바른 이해	1.2 분단의 배경과 폐해	2.1 북한 인식의 방향	2.1 북한에 대한 인식	라. 통일문제의 성격과 평화정
2.1 북한체제의 특징	가. 분단의 배경과 성격	2.2 북한주민의 가치관 및 대남	2.2 북한주민의 가치관 및 대남	착의 중요성
2.2 북한의 현실 : 위기의 심화	나. 분단의 폐해	인식	의식	2. 북한의 이해
2.3 북한위기의 대응방식과 한계	1.3 평화통일의 필요성	2.3 북한의 정치	2.3 북한의 정치	가. 북한에 대한 인식
2.4 북한체제의 내구력	가. 평화정착의 필요성	2.4 북한의 경제	2.4 북한의 군사	나. 북한의 정치
2.5 북한의 변화가능성	나. 통일의 당위성	2.5 북한의 문화	2.5 북한의 경제	다. 북한의 군사

서 3. 한반도의 비핵화에 대한 공동선언 4. 현장 통일교육 안내 5. 대북정책 해설자료 6. 북한 및 통일문제 관련 Website	1. 통일교육의 일반적 지도원칙 1.1 객관적 사실의 전달 1.2 개방적이고 합리적인 토의 1.3 각종 교육 기법의 활용 1.4 사이버 공간을 위한 통일 논의 1.5 참여와 관찰을 통한 체험학습 1.6 수요자 중심의 통일교육 운영 2. 통일교육의 대상별 지도원칙 2.1 공통원칙 2.2 학교통일교육의 지도원칙 2.3 사회통일교육의 지도원칙 <부 록> 1. 통일교육지원법 및 동법시행령 2. 남북사이의 화해와 불가침 및 교류, 협력에 대한 합의서 3. 6·15 공동선언 4. 현장 통일교육 안내 5. 대북정책 해설자료 6. 북한 및 통일문제 관련 Website * 2001년 수시개정 부분	1.2 개방적이고 합리적인 토의 1.3 수요자 중심의 통일교육 운영 1.4 사이버 공간을 이용한 통일 논의 1.5 참여와 관찰을 통한 체험학습 2. 통일교육의 대상별 지도원칙 2.1 공통원칙 2.2 학교통일교육의 지도원칙 2.3 사회통일교육의 지도원칙 <부 록> 1. 통일교육지원법 및 동법시행령 2. 7·4 남북공동성명 3. 남북 사이의 화해와 불가침 및 교류·협력에 관한 합의서 4. 6·15 공동선언 5. 현장 및 통일교육 안내 6. 북한 및 통일문제 관련 Website 7. 색인목록	<부 록> 1. 통일교육지원법 및 동법 시행령 2. 7·4 남북공동성명 3. 남북 사이의 화해와 불가침 및 교류·협력에 관한 합의서 4. 6·15남북공동선언 5. 현장 통일교육 안내 6. 북한 및 통일문제 관련 Website 7. 북한·통일관련 방송프로그램 현황	마. 테크놀로지에 바탕을 둔 교육 바. 지식구성활동을 촉진하는 교육 3. 지도상 유의사항 가. 학교 통일교육 나. 사회 통일교육 <부 록> 1. 북한 정치체계 기구도 2. 통일교육 지도방법의 실제 3. 현장 통일교육 안내 4. 북한 및 통일문제 관련 웹사이트 5. 북한 및 통일관련 방송프로그램 현황 6. 통일교육지원법 및 시행령

2005년	2006년	2007년	2008년	2009년
	2. 북한사회의 모습 2.1 북한인식의 방향 2.2 북한주민의 가치관 및 대남 인식 2.3 북한의 정치 2.4 북한의 경제 2.5 북한의 문화 2.6 북한의 교육 2.7 북한주민의 가정생활 2.8 북한주민의 사회생활			
I. 통일교육의 필요성과 목표 1. 통일교육의 필요성 2. 통일교육의 목표 II. 일반 통일교육의 지도방법 가. 개방적이고 합리적인 대화와 토의 중시 나. 생활 관련 소재를 통한 흥미와 호기심 유도 다. 학습자의 특성에 따른 '맞춤형 교육' 라. 다양한 학습기법의 활용	I. 통일교육의 목표 II. 통일교육의 내용체계 1. 통일문제의 이해 가. 통일문제의 성격 나. 분단의 배경과 폐해 다. 통일의 필요성 라. 통일의 과정 마. 통일국가의 미래상 2. 북한 이해 가. 북한에 대한 인식 나. 북한의 정치·외교	I. 통일교육의 목표 II. 통일교육의 내용체계 1. 통일문제의 이해 가. 통일문제의 성격 나. 분단의 배경과 폐해 다. 통일의 필요성 라. 통일의 과정 마. 통일국가의 미래상 2. 북한 이해 가. 북한에 대한 인식 나. 북한의 정치·외교	I. 통일교육의 목표 II. 통일교육의 내용체계 1. 통일문제의 이해 가. 통일문제의 성격 나. 분단의 배경과 폐해 다. 통일의 필요성 라. 통일의 접근방식 마. 통일국가의 미래상 2. 북한이해 가. 북한에 대한 인식 나. 북한의 정치·외교	I. 통일교육의 목표 II. 통일교육의 내용체계 1. 통일문제의 이해 가. 통일문제의 성격 나. 분단의 배경과 폐해 다. 통일의 필요성 라. 통일의 접근방식 마. 통일국가의 미래상 2. 북한이해 가. 북한에 대한 인식 나. 북한의 성치·외교

Ⅲ. 통일교육의 내용체계	다. 북한의 경제	다. 북한의 군사	다. 북한의 군사	다. 북한의 군사
1. 통일문제의 이해	라. 북한의 군사	라. 북한의 경제	라. 북한의 경제	라. 북한의 경제
가. 분단의 배경과 폐해	마. 북한의 사회·문화	마. 북한의 사회·문화	마. 북한의 사회·문화	마. 북한의 사회·문화
나. 통일의 의미	바. 북한의 변화와 전망	바. 북한의 변화와 전망	바. 북한의 변화와 전망	3. 통일 환경의 이해
다. 통일의 필요성	3. 통일환경의 이해	3. 통일환경의 이해	3. 통일환경의 이해	가. 국제정세의 변화
라. 통일문제의 성격	가. 국제정세의 변화	가. 국제정세의 변화	가. 국제정세의 변화	나. 통일 환경 변화에 대한 비판
2. 북한 이해	나. 통일환경 변화의 의미	나. 통일환경 변화의 의미	나. 통일환경 변화에 대한 대응	4. 통일정책
가. 북한에 대한 인식	4. 통일정책과 통일을 위한 과제	4. 통일정책과 남북교류협력 현황	4. 통일정책	가. 우리의 통일방안
나. 북한의 정치·외교	가. 우리의 통일방안	가. 우리의 통일방안	가. 우리의 통일방안	나. 역대 정부의 평화통일 노력
다. 북한의 경제	나. 역대 정부의 노력	나. 역대 정부의 평화통일 노력	나. 역대 정부의 평화통일 노력	다. 상생과 공영의 대북정책
라. 북한의 군사	다. 남북교류협력의 증대	다. 남북교류협력의 현황	다. 이명박 정부의 대북정책	5. 통일을 위한 과제
마. 북한주민의 생활과 교육·문화	라. 통일을 위한 과제		5. 통일을 위한 과제	
바. 북한의 변화와 전망		Ⅲ. 사회통일교육의 지도방법		Ⅲ. 사회 통일교육의 지도방법
3. 통일환경의 이해	Ⅲ. 사회통일교육의 지도방법	가. 사실적 접근에 기초한 통일문제의 이해	Ⅲ. 사회통일교육의 지도방법	1. 사상적 접근에 기초한 통일문제의 이해
가. 국제정세의 변화	가. 사실적 접근에 기초한 북한 사회 및 통일문제 이해	나. 열린 대화와 토의의 중시	1. 사실적 접근에 기초한 통일문제의 이해	2. 열린 대화와 토의의 중시
나. 통일환경 변화의 의미	나. 개방적이고 합리적인 대화와 토의 중시	다. 생활관련 소재를 통한 흥미와 호기심 유도	2. 열린 대화와 토의의 중시	3. 생활관련 소재를 통한 흥미와 호기심 유도
4. 남북관계 발전과 교류협력 증대	다. 생활 관련 소재를 통한 흥미와 호기심 유도	라. 학습자의 특성에 따른 '맞춤형 교육'	3. 생활관련 소재를 통한 흥미와 호기심 유도	4. 학습자의 특성에 따른 '맞춤형 교육'
가. 남북관계의 발전	라. 학습자의 특성에 따른 '맞춤형 교육'	마. 현안 쟁점과 사례 중심의 통일문제 접근	4. 학습자의 특성에 따른 '맞춤형 교육'	5. 현안 쟁점과 사례 중심의 통일문제 접근
나. 남북교류협력의 증대	마. 북한 및 통일문제와 관련한 쟁점과 사례중심의 접근	바. 다양한 교수·학습방법의 활용	5. 현안쟁점과 사례 중심의 통일문제 접근	6. 다양한 교수·학습 방법의 발전적 적용
5. 통일정책과 통일 미래상			6. 다양한 교수·학습방법의	
가. 우리의 통일방안				
나. 분단국 통일사례와 교훈				
다. 통일국가의 미래상				

6. 통일준비 　가. 화해·협력을 통한 평화정 　　착과 국가안보 　나. 민족공동체 형성 　다. 민주시민의식 함양 Ⅳ. 부록 　1. 현장 통일교육 안내 　2. 북한정치체계 기구표 　3. 북한 및 통일문제 관련 웹사 　　이트 　4. 북한 및 통일문제 관련 방송 　　프로그램 현황 　5. 통일교육원 발간 교재 목록	바. 다양한 교수·학습방법의 　　활용 　사. 강의식 방법의 발전적 적용 <부 록> 　1. 통일교육협의회 회원단체 목록 　2. 현장 통일교육 안내 　3. 남북한 주요 경제지표 비교 　4. 남북한 교류 협력 현황 　5. 북한 및 통일문제 관련 웹사 　　이트 　6. 북한 및 통일문제 관련 방송 　　프로그램 현황 　7. 통일교육원 발간교재 목록	사. 강의식 방법의 발전적 적용 <부 록> 　1. 현장 통일교육 안내 　2. 통일교육협의회 회원단체 목록 　3. 북한 및 통일문제 관련 　　웹사이트 　4. 북한 및 통일문제 관련 방송 　　프로그램 현황	활용 　7. 강의식 방법의 발전적 적용 Ⅳ. 부록 　1. 현장 통일교육 안내 　2. 통일교육협의회 회원단체 목록 　3. 북한 및 통일문제 관련 웹사이트 　4. 북한 및 통일문제 관련 방송프 　　로그램 현황	7. 강의식 방법의 발전적 적용 <부 록> 　1. 현장 통일교육 안내 　2. 지역통일교육센터 현황 　3. 북한 및 통일문제 관련 웹사 　　이트 　4. 북한 및 통일문제 관련 방송 　　프로그램 　5. 통일교육지원법

출처: 통일부, 『통일교육지침서』, 각 연도(2000~2009).

〈부록 6〉

2008년도 통일부 경남지역 통일교육센터 세부추진실적

사업명	횟수	일시 (장소)	대상 (인원)	강 사				강의내용(주제)	유관기관 간 연계실적
				성 명	소 속	직 위	강의기법		
1. 통일교육 커뮤니티	1	2. 22. (지역센터사무실)	통일관련단체 (20명)	황긍섭	경남지역 통일교육센터	사무국장	간담회	2008 경남지역 통일교육센터 사업 설명회 및 클러스터 구축 논의	민주평통 · 경남교육청 · 경 남통일교육연구회와 연계
	2	3. 2. (지역센터사무실)	〃	강치상	〃	소장	〃	〃	〃
	3	3. 21. (갑을가든)	통일관련단체 임원(52명)	양재성	통일교육원	교수	주제발표 PPT활용	새 정부의 대북정책 추진방향	〃
		〃	〃	진영업	통일교육위원 경남협의회	고문	지정토론	· 〃	〃
		〃	〃	이상근	경남대학교	교수	사회 (종합토론)	〃	〃
		〃	〃	황긍섭	경남지역통 일교육센터	사무국장	주제발표 PPT활용	지역통일교육의 방향과 과제 (지역통일교육센터 사업을 중심으로)	〃

사업명	횟수	일시 (장소)	대상 (인원)	강 사				강의내용(주제)	유관기관 간 연계실적
				성 명	소 속	직 위	강의기법		
	4	6. 20. (마산M호텔)	통일관련단체 임원(75명)	오충석	통일교육원	교육지원 과장	특강 PPT활용	남북관계 현황과 대북정책 추진방향	경남평화청년연합 및 민주평통 · 경남교육청 · 경 남통일교육연구회와 연계
		〃	〃	진희관	인제대학교	교수	주제발표 PPT활용	통일교육의 활성화를 위한 통일교육 '표준화' 과제	〃
		〃	〃	장중용	한국교원 대학㎡	강사	지정토론	〃	〃
		〃	〃	이상근	경남대학교	교수	〃	〃	〃
		〃	〃	설경화	신라대학교	교수	사회 (종합토론)	〃	〃
	5	8. 06. (경상대)	통일관련단체 임원(50명)	김대군	경상대학교	교수	주제발표 PPT활용	북한의 식량난과 먹을 권리	경상대학교 통일 · 평화인권센터와 연계
		〃	〃	배병룡	경상대학교	교수	지정토론	〃	〃
		〃	〃	김형수	통일교육위원 경남협의회	위원	〃	〃	〃
	6	9. 09. (김해목화뷔페)	주민, 통일관련 단체임원(70명)	오충석	통일교육원	교육지원 과장	특강 PPT활용	남북관계 현황 및 대북정책 추진방향	민주평통김해시협의회 및 경남여성단체협의회 등 연계
		〃	〃	양재성	〃	교수	〃	북한 실상과 최근 동향(김정일의 최근 동향)	〃
		〃	〃	이상희	인제대학교	교수	사회 (종합토론)	〃	〃

사업명	횟수	일시 (장소)	대상 (인원)	강 사				강의내용(주제)	유관기관 간 연계실적
				성 명	소 속	직 위	강의기법		
	7	10. 25. (아시아레이크)	통일 관련 단체 등(50명)	장청수	통일교육위원 중앙협의회	회장	주제발표 PPT활용	남북관계의 재조명과 전망	민주평통 · 경남통일교육연구회 · 새교육공동체 등과의 연계
		"	"	황긍섭	통일교육위원 경남협의회	사무국장	사회 (종합토론)	"	"
소 계	7		710						
2. 열린 통일아카 데미	1	4. 29. (정우빌딩)	지역주민 등(60명)	강치상	통일교육위원 경남협의회	회장	강의 및 토론 PPT활용	국제환경의 변화와 북한에 대한 압박 정책의 실효성 문제에 대하여	사단법인 세계평화청년연합 경남지부 및 민주평통 연계
		"	"	최종철	가야사연구회	이사	"	공산주의 사상 비판과 통일정책	"
		"	"	하상식	창원대학교	교수	"	우리 대북정책의 딜레마 -북한경제 현황을 중심으로-	"
		"	"	김진종	세계평화청년 연합경남지부	회장	"	분단을 넘어 통일로 미래로	"
	2	7. 26. (명신고강당)	교사 및 주민 등(63명)	강석승	통일교육원	사이버통 일교육 과장	"	남북관계 현황과 대북정책 추진 방향	경남통일교육연구회 및 진산통일교육연구회 연계

사업명	횟수	일시 (장소)	대상 (인원)	강 사				강의내용(주제)	유관기관 간 연계실적
				성 명	소 속	직 위	강의기법		
		〃	〃	강치상	통일교육위원 경남협의회	회장	〃	국제환경의 변화와 북한에 대한 압박 정책의 실효성 문제에 대하여	〃
		〃	〃	이광희	인제대학교	교수	〃	통일교육의 활성화를 위한 통일교육 '표준화' 과제	〃
		〃	〃	강경렬	통일교육위원 경남협의회	운영위원	〃	통일교육의 추진방향과 과제	〃
		〃	〃	횡긍섭	〃	사무국장	〃	통일교육이 이이아 과제	〃
소 계	2(9)		895						
3.통일문 화축제	1	8. 1. (거창수승대 임시부스)	시민 및 청소년 (15,000명)	이광희	통일교육위원 경남협의회	부회장	강의 및 안내 · 설명	북한 실상 바로알기 패널 및 통일퍼즐 십자말풀이	통일교육위원경남협의회 · 민주평통거창군협의회 · 거창국제연극재단 공동주관
		〃	〃	이태헌	〃	운영위원	〃	〃	〃
		〃	〃	황긍섭	〃	사무국장	〃	〃	〃
		〃	〃	강치상	〃	회장	〃	〃	〃
		〃	〃	이상근	〃	부회장	〃	〃	〃

사업명	횟수	일시 (장소)	대상 (인원)	강 사				강의내용(주제)	유관기관 간 연계실적
				성 명	소 속	직 위	강의기법		
		〃	〃	진영업	〃	고문	〃	통일염원 3,4행 시 짓기 심사 및 북한바로알기 강의	〃
		〃	〃	이진만	〃	위원	〃	〃	〃
		〃	〃	김형수	〃	사무차장	〃	〃	〃
		〃	〃	강일랑	〃	운영위원	〃	〃	〃
		8. 2. (거창수승대 임시부스)	〃	진영업	〃	고문	〃	북한 실상 바로알기 패널 및 통일퍼즐 십자말풀이	〃
		〃	〃	강일랑	〃	운영위원	〃	〃	〃
		〃	〃	황긍섭	〃	사무국장	〃	〃	〃
		〃	〃	이태헌	〃	운영위원	〃	〃	〃
		〃	〃	강치상	〃	회장	〃	〃	〃
		〃	〃	이상근	〃	부회장	〃	〃	〃
		〃	〃	이진만	〃	위원	〃	〃	〃
		〃	〃	주경효	〃	위원	〃	〃	〃
		〃	〃	최남기	〃	위원	〃	〃	〃

사업명	횟수	일시 (장소)	대상 (인원)	강 사				강의내용(주제)	유관기관 간 연계실적
				성 명	소 속	직 위	강의기법		
		8. 3. (거창수승대 임시부스)	시민 및 청소년 (15,000명)	강치상	통일교육위 원 경남협의회	회장	강의 및 안내 · 설명	북한 실상 바로알기 패널 및 통일퍼즐 십자말풀이	통일교육위원경남협의회 · 민주평통거창군협의회 · 거창국제연극재단 공동주관
		〃	〃	손정탁	민주평통 거창군협의 회	회장	〃	〃	〃
		〃	〃	황긍섭	통일교육위 원경남협의 회	사무국장	〃	〃	〃
		〃	〃	김형수	〃	사무차장	〃	〃	〃
		〃	〃	이광희	〃	부회장	〃	〃	〃
		8. 3. (거창수승대 야외수상무대)	〃	강치상	〃	회장	〃	"도전! 통일 골든 벨을 울려라." 행사 진행 및 보조	〃
		〃	〃	설경화	〃	위원	〃	〃	〃
		〃	〃	이상근	〃	부회장	〃	〃	〃

사업명	횟수	일시 (장소)	대상 (인원)	강 사				강의내용(주제)	유관기관 간 연계실적
				성 명	소 속	직 위	강의기법		
		8. 4. (거창수승대 임시부스)	시민 및 청소년 (15,000명)	손정탁	민주평통 거창군협의회	회장	강의 및 안내 · 설명	통일염원 3,4행 시 짓기 심사 및 북한바로알기 강의 및 통일관련 전시패널 안내	〃
		〃	〃	김길수	민주평통 경남지역회의	사무국장	〃	〃	〃
		〃	〃	김봉연	통일교육위원 경남협의회	위원	〃	〃	〃
		〃	〃	설경화	〃	〃	〃	〃	〃
		8. 4. (거창수승대 야외수상무대)	〃	강경렬	〃	운영위원	〃	"도전! 통일 골든 벨을 울려라." 행사 진행 및 보조	〃
		〃	〃	김병화	〃	〃	〃	〃	〃
		〃	〃	황긍섭	〃	사무국장	〃	〃	〃
		〃	〃	이진만	〃	위원		〃	〃
		〃	〃	김형수	〃	사무차장	〃	〃	〃
		〃	〃	이태헌	〃	운영위원	〃	〃	〃
소 계	1		60,000						

| 사업명 | 횟수 | 일시
(장소) | 대상
(인원) | 강 사 | | | | 강의내용(주제) | 유관기관 간
연계실적 |
				성 명	소 속	직 위	강의기법		
4. 학교·지역 순회 통일교육	1	5. 27. (명신고강당)	주민 및 청소년 (396명)	이태섭	인제대학교 통일학부	교수	강의 및 토론 PPT활용	남북한 이질화 극복 방안	경상남도교육청과 공동개최
	2	6. 20. (명신고강당)	교사 및 학생 (435명)	한아람 외 7명	남북문화통 합교육원	간사 새터민	영상자료 활용 및 강의	통일의 길목에 새터민 청소년을 만나다!	경상남도교육청 · 남북문화 통합교육원 공동개최
	3	6. 21. (고싱 칠싱중)	주민 및 청소년 (156명)	이상근	경남대학교	교수	〃	통일의 '새'	새 교육공동체 고싱지회와 공동주최
	3	〃	〃	이진만	통일교육위 원경남협의 회	위원	〃	〃	〃
	4	10. 17. (명신고강당)	주민 및 청소년 (142명)	양재성	통일교육원	교수	〃	최근 남북관계와 북한의 동향	경상남도교육청과 공동개최
	5	11. 04. (아시아레이크사 이드호텔)	지역주민 등 (55명)	이광수	해군작전사 령부	서기관	〃	내가 본 북한 - 북한의 인권 실태 -	통일교육위원경남협의회와 공동주최
소 계	5		1184						

사업명	횟수	일시 (장소)	대상 (인원)	강 사				강의내용(주제)	유관기관 간 연계실적
				성 명	소 속	직 위	강의기법		
5. 통일교육 현장 체험학습	1	5. 22.~23. (관광버스 내)	통일교육위원 등(40명)	강치상	통일교육위원 경남협의회	회장	강의	북한 핵문제의 본질	민주평통 · 통일교육위원경 남협의 공동주체
		〃	〃	이상근	〃	부회장	영상자료	통일의 '새'	〃
	2	6. 14.~15. (관광버스 내)	〃	황긍섭	경남지역 통일교육센터	사무국장	강의	통일 관련 주제별 5분 특강 -15회 실시-	경상남도교육청과 공동개최 및 예산지원
		6. 14. (남북출입사무소)	〃	윤재훈	남북출입 사무소	과장	PPT 및 영상자료	남북출입사무소 소개 및 남북교류 현황	〃
	3	8. 02.~03. (거창 위천초 강당)	청소년 및 학부모(40명)	오충석	통일교육원	교육지원 과장	〃	남북관계 현황과 상생공영의 대북정책	〃
		〃	〃	강치상	통일교육위원 경남협의회	회장	〃	'가자미의 눈물', '새', '준의의 통일 여행' 등	민주평통고성군협의회, 새교육공동체 등과 연계 추진
	4	11. 08. (관광버스내)	지역주민 및 청소년(80명)	이상근	경남대학교	교수	강의	통일 관련 주제별 5분 특강 -15회 실시-	〃
		〃	〃	황긍섭	경남지역 통일교육센터	사무국장	〃	〃	〃
소 계	4		292						

사업명	횟수	일시 (장소)	대상 (인원)	강 사				강의내용(주제)	유관기관 간 연계실적
				성 명	소 속	직 위	강의기법		
6. 새터민 정착 지원활동	1	8. 27. (효성한우갈비)	통일교육위원, 새터민(40명)	황긍섭	경남지역통 일교육센터	사무국장	토론	경남지역 새터민 정착 지원을 위한 간담회	통일교육위원경남협의회 주관
	2	11. 04. (아시아레이크사 이드)	통일교육위원, 자원봉사자 등(30명)	이광수	해군작전 사령부	서기관	기조발표 후 질의 응답	새터민을 위한 정착 지원활동 무엇이 필요한가?	〃
수 계	2		70						
7. 2008 운영평가 보고회	1	5. 28. (동막골 한우촌)	평기위원 등(20명)	강치상	경남지역통 일교육센터	소장	토론	견난지역통일교육센터 상반기 평가	민주평통 및 통일교육위원경남협의회 연계
		〃	〃	손정탁	민주평통거 창군협의회	회장	토론	통일교육을 위한 지역클러스터 구축 협조 방안	〃
	2	11. 14. (아시아레이크사 이드)	평가위원 등 (54명)	황긍섭	경남지역통 일교육센터	사무국장	보고	사업 실적 보고	민주평통 및 통일교육위원경남협의회, 경남통일농업협력회 연계
		〃	〃	전강석	경남통일농업 협력위원회	회장	강의 및 토론 PPT활용	경남통일농업협력회의 대북사업 현황과 과제	〃
		〃	〃	권영경	통일교육원	교수	〃	대북정책과 북한정세	〃

사업명	횟수	일시 (장소)	대상 (인원)	강 사				강의내용(주제)	유관기관 간 연계실적
				성 명	소 속	직 위	강의기법		
		11. 20. (효성한우갈비)	평가위원 등 (25명)	강경렬 외	평가위원단	평가위원	평가	단위 사업평가 및 총평	〃
소 계	2		97						
합 계	7개 사업(총 22회/ 63,205명 참석)								

출처: 경남지역 통일교육센터, 『사업운영평가보고회: 추진사업 성과분석 및 평가』, 2008, pp.4~9.

(신병용) 정신교육 질문지

■ 장병 여러분의 군 생활을 그다 알차고 보람 있게 만들기 위한 조사입니다. 다음은 국가와 국가안보, 주변국에 대한 인식, 군인으로서의 임무에 대한 문항입니다. 귀하가 동의하는 정보를 나타내는 곳에 "√" 표시를 해주세요.

문항	매우 그렇다	그런 편이다	그저 그렇다	그렇지 않은 편이다	전혀 그렇지 않다
1. 국가가 있어야 개인의 행복을 보장받는다.	1	2	3	4	5
2. 국민의 안보의식은 튼튼한 국방의 근본이다.	1	2	3	4	5
3. 나라를 스스로를 지키겠다는 의식의 실천이 나의 군복무와 관계있다.	1	2	3	4	5
4. 북한은 우리에게 직접적 군사위협이다.	1	2	3	4	5
5. 안보 측면에서 미국은 우리나라에 가장 중요한 국가이다.	1	2	3	4	5
6. 국민은 우리 군대를 신뢰하고 있다.	1	2	3	4	5
7. 군인은 불편하고 거친 환경을 극복해야 한다.	1	2	3	4	5
8. 국가나 사회의 이익이 개인보다 중요하다.	1	2	3	4	5
9. 국방의 의무를 수행하는 것은 법적 구속력 때문이다.	1	2	3	4	5
10. 군은 국민에게 신뢰감을 주고 있다.	1	2	3	4	5
11. 군은 국민의 이익과 상관없이 존재한다.	1	2	3	4	5
12. 군복무는 국가에 대한 충성이라기보다는 봉사하는 것이다.	1	2	3	4	5
13. 우리에게 통일은 민족적 과업이다.	1	2	3	4	5

문항	매우 그렇다	그런 편이다	그저 그렇다	그렇지 않은 편이다	전혀 그렇지 않다
14. 북한군은 국군의 핵심적인 적이다.	1	2	3	4	5
15. 북한은 통일의 대상으로 포용되어야 한다.	1	2	3	4	5
16. 현재 한국과 미국은 서로에게 우호적이다.	1	2	3	4	5
17. 통일 후에도 주한미군의 주둔이 필요하다.	1	2	3	4	5
18. 대민봉사도 군 생활의 중요한 일부이다.	1	2	3	4	5
19. 나는 우리의 역사와 전통에 대해 자부심을 느낀다.	1	2	3	4	5
20. 대한민국 국민이란 점이 자랑스럽다.	1	2	3	4	5
21. 우리가 역사적으로 수많은 외침을 당한 이유는 약한 군사력 때문이다.	1	2	3	4	5
22. 남북관계가 변하더라도 우리 군은 확고한 군사대비 태세를 유지해야 한다.	1	2	3	4	5
23. 자주국방을 위해 국방비가 증액되어야 한다.	1	2	3	4	5
24. 내가 군복무를 하고 있는 자체가 국가에 대한 충성의 실천이다.	1	2	3	4	5
25. 전쟁에서 승리를 결정하는 것은 군인정신이다.	1	2	3	4	5
26. 우리 부대 장병들은 싸우면 이길 수 있는 대비가 잘 되어 있다.	1	2	3	4	5
27. 통일은 나하고 무관한 일이다.	1	2	3	4	5
28. 나를 포함한 우리 국민들은 통일을 위해 세금을 더 부담해야 한다.	1	2	3	4	5
29. 북한은 독자적인 무력남침 능력을 보유하고 있다.	1	2	3	4	5
30. 북한의 핵실험과 미사일 발사는 우리 안보를 크게 위협하고 있다.	1	2	3	4	5
31. 북한의 대남 무력적화 야욕은 변함이 없다.	1	2	3	4	5
32. 통일이 안 돼도 괜찮다.	1	2	3	4	5
33. 주한미군은 우리 안보의 한 축이다.	1	2	3	4	5
34. 남북관계가 발전하면 주한미군은 철수해야 한다.	1	2	3	4	5

문항	매우 그렇다	그런 편이다	그저 그렇다	그렇지 않은 편이다	전혀 그렇지 않다
35. 안보가 튼튼해야 통일이 된다.	1	2	3	4	5
36. 나는 어떤 상황에서도 지휘관의 명령에 따르겠다.	1	2	3	4	5
37. 나는 전쟁이 발발하면 목숨을 걸고 싸우겠다.	1	2	3	4	5
38. 군인은 명령에 절대 복종해야 한다.	1	2	3	4	5
39. 우리나라 미래는 밝고 희망적이다.	1	2	3	4	5
40. 우리 민족은 세계 어느 민족보다 우수하다.	1	2	3	4	5
41. 우리 군은 국가발전에 크게 기여하고 있다.	1	2	3	4	5
42. 나는 조국을 수호하기 위해 생명을 바치겠다.	1	2	3	4	5
43. 국방개혁은 미래의 국가안보를 보장하기 위한 것이다.	1	2	3	4	5
44. 우리 군의 안보태세가 평화통일에 가장 중요하다.	1	2	3	4	5
45. 나의 군복무는 국가안보에 기여하고 결국 평화통일에 기여한다.	1	2	3	4	5
46. 북한의 핵실험에 대해 알고 있다.	1	2	3	4	5
47. 남북통일은 자유민주주의 체제와 시장경제 체제로 이루어져야 한다.	1	2	3	4	5
48. 북한이 핵무기를 보유할 경우 민족공멸의 위험성을 초래할 것이다.	1	2	3	4	5
49. 북한은 언제든지 군사적으로 도발할 가능성이 있다.	1	2	3	4	5
50. 나는 다른 나라에 태어났으면 하고 바랄 때가 있다.	1	2	3	4	5
51. 군은 적을 제압할 수 있는 강한 전투력을 보유했을 때 국민의 신뢰를 얻을 수 있다.	1	2	3	4	5
52. 나를 포함한 우리 국민들은 국방을 튼튼히 하기 위해 세금을 더 부담해야 한다.	1	2	3	4	5
53. 전쟁 억제를 위해 강력한 군사력이 필요하다.	1	2	3	4	5
54. 조국을 위해 자신을 희생하는 것은 어리석은 짓이다.	1	2	3	4	5
55. 군인이라고 해서 무조건 복종하는 것은 부당하다.	1	2	3	4	5
56. 전장에서 전사하는 것은 군인 최고의 명예이다.	1	2	3	4	5
57. 우리나라는 미국의 도움이 있었기 때문에 비약적인 경제성장을 했다.	1	2	3	4	5
58. 북한은 평화공세 이후 항상 무력도발을 감행했다.	1	2	3	4	5

출처: 고려대학교 언론연구소, 『2007년 장병 정신교육 성과측정』, 국방부 정책연구보고서, 2007.

통일인식 질문지

안녕하십니까?

저는 **"지역통일교육 관련자의 통일인식에 따른 지역사회 통일교육 활성화 방안"**이라는 주제로 연구를 수행하고 있습니다.

이 연구는 기본적으로 지역사회 통일교육 활성화 방안을 도출하기 위한 전제로 지역통일교육 관련자들의 통일관련 인식의 차이에서 출발합니다. 따라서 지역통일교육 관련자의 통일관련 인식의 특징을 파악하고, 나아가 그 인식을 결정한 요인이 무엇인지를 규명하여, 향후 지역사회 통일교육의 방향을 설정하는 기초자료를 도출하고자 합니다. 따라서 이 조사지는 지역통일교육 관련자 여러분의 통일에 대한 인식을 알아보려고 합니다.

조사결과는 사회교육기관의 통일교육을 개선하고 활성화하는 데 기초자료로 활용될 것입니다. 응답 결과는 연구목적으로만 활용될 것이니, 솔직하게 응답하여 주시기 바랍니다.

감사합니다.

2009년 3월

경상대학교 대학원 박사과정 강명진 올림

1. 귀하의 성별은?

　　① 남

　　② 여

2. 귀하의 연령은?

　　① 20대　　　② 30대

　　③ 40대　　　④ 50대　　　⑤ 50대 이상

3. 귀하가 경남지역에 거주하신다면 구체적으로 어느 지역인지?

　　① 진주시내 지역

　　② 마산·창원 등 시 단위 지역

　　③ 군·읍·면 단위 지역

4. 귀하의 직종 구분은?(하나만 선택)

　　① 일반직 공무원

　　② 교육공무원(국·공립학교 교사 등)

　　③ 사립학교 교사

　　④ 대학교수(사립대학 교수 포함)

　　⑤ 기업인

　　⑥ 종교인

　　⑦ 기타

4-1. 위 4번 문항에서 교육공무원일 경우, 다음 어디에 해당하십니까?

    ① 초등학교

    ② 중학교

    ③ 고등학교

5. 귀하의 국적 또는 국적관련 경험은 다음 중 어디에 해당됩니까?

    ① 원래부터 대한민국

    ② 외국(북한제외)으로부터 귀화

    ③ 북한이탈주민

    ④ 이중국적자(대한민국과 외국영주권/시민권 동시 보유)

    ⑤ 기타

5-1. (북한이탈주민만 답하세요) 북한으로부터 한국으로 귀화해오셨다면, 몇 년도에 하셨습니까? (　　　　)년도

6. 귀하는 이전에 지도자과정의 통일교육을 받은 경험이 있습니까?

    ① 있다

    ② 없다

6-1. 귀하가 지도자과정의 통일교육을 받은 경험이 있다면, 다음 어느 과정으로 교육을 이수하였습니까?(2개 이상일 경우, 가장 최근 것을 기준으로 하나만 표기)

    ① 통일교육위원　　　　② 학교통일교육 지도자

    ③ 통일단체지도자　　　④ 종교단체 지도자

⑤ 여성단체 지도자　　　　⑥ 노동단체 지도자
⑦ 북한이탈주민 자원봉사자　　⑧ 기타

6-2. 귀하가 지도자과정의 통일교육을 받은 경험이 있다면, 지금까지
　　 통일관련 업무나 직종에서 몇 년 정도 활동하고 계십니까?
　　　　① 3년 미만　　　　　　② 3년-5년
　　　　③ 5년-10년 미만　　　　④ 10년 이상

7. 귀하의 학력은?(중도 퇴학일 경우, 이전 단계 표시, 계, '대퇴'일 경
　 우 '고졸')
　　　　① 국졸　　　　② 중졸　　　　③ 고졸
　　　　④ 대졸　　　　⑤ 대학원졸 이상

※ 다음은 통일에 관한 의견을 알아보는 문항입니다.
해당되는 칸에 　'√'　 표시를 해주시기 바랍니다.

8. 통일문제에 대해, 가족, 친구나 주위 사람과 얼마나 자주 대화를
　 하십니까?
　　　　① 자주 한다　　　　　　② 가끔 한다
　　　　③ 거의 하지 않는다　　　④ 전혀 하지 않는다

9. 남북한 통일에 대해 어떻게 생각하십니까?
　　　　① 통일에 대해 관심이 없다
　　　　② 반드시 이룰 필요는 없다

③ 현 상태를 유지하는 것이 좋다

④ 통일이 되어야 한다

10. 통일이 언제쯤 이루어지리라고 생각하십니까?

　　① 5년 이내　　　　　　　② 10년 이내

　　③ 20년 이내　　　　　　　④ 20년 이상

　　⑤ 통일이 될 것 같지 않다

11. 현 정부의 대북정책에 대해 어떻게 생각하십니까?

　　① 전혀 바람직하지 않다　　② 바람직하지 않은 편이다

　　③ 그저 그렇다　　　　　　④ 바람직한 편이다

　　⑤ 매우 바람직하다

12. 만약 통일이 이루어진다면, 우리의 삶이 전반적으로 어떻게 변화
할 것으로 생각하십니까?

　　① 매우 나아질 것이다　　② 대체로 나아질 것이다

　　③ 그저 그렇다　　　　　④ 대체로 어려워질 것이다

　　⑤ 매우 어려워질 것이다

13. 통일 이후를 대비해서 북한을 지원하기 위해 통일세(統一稅)를 징
수한다면 이에 대해 어떻게 생각하십니까?

　　① 절대 반대한다　　　　② 대체로 반대하는 편이다

　　③ 그저 그렇다　　　　　④ 대체로 찬성하는 편이다

　　⑤ 적극 찬성한다

14. 북한에 관한 정보와 지식을 주로 어떻게 얻습니까?

　　① 학교교육　　　　② 언론매체: 신문, TV, 라디오

　　③ 사회단체　　　　④ 부모·배우자·형제·친구

　　⑤ 통일교육지도자　⑥ 북한에 관한 지식이 전무(全無)함

15. 다음은 북한사회의 전반적인 상황에 대한 귀하의 생각을 알아보려고 합니다. 각 항목에 대해 어떻게 생각하는지 "√" 표시를 하세요.

	① 매우 좋다	② 약간 좋다	③ 그저 그렇 다	④ 약간 나쁘 다	⑤ 매우 나쁘 다
1) 북한 공산주의 체제					
2) 북한의 지도층					
3) 북한의 일반주민					
4) 북한의 경제상황					
5) 북한의 식량사정					
6) 북한주민의 인권					
7) 북한의 장래					

16. 북한의 김정일을 비롯한 지도층에 대하여 어떻게 생각하십니까?

　　① 우리가 경계하고 싸워야 할 적

② 우리와 관련이 없는 다른 나라 사람

③ 우리가 도와주고 함께 살아야 할 이웃

17. 북한의 학생과 주민을 비롯한 보통사람에 대하여 어떻게 생각하십니까?

① 우리가 경계하고 싸워야 할 적

② 우리와 관련이 없는 다른 나라 사람

③ 우리가 도와주고 함께 살아야 할 이웃

18. 북한에 대한 우리의 정책으로써 가장 중요하다고 생각되는 것은 무엇입니까?

① 식량이나 비료를 비롯한 북한에 대한 지원

② 경제협력을 비롯한 다양한 교류사업

③ 북한의 도발을 방어하기 위한 철저한 경계태세 확립

④ 북한지도부에 대한 대화중단과 압박

⑤ 우리 살기도 힘든데 북한을 도울 필요 없음

19. 북한동포돕기운동에 참여한 적이 있습니까?

① 참여한 적이 있다　　　　② 참여한 적이 없다

20. 북한에 대해 우리가 식량지원을 해야 한다고 생각하십니까?

① 지원해서는 안 된다　　　　② 관심이 없다

③ 지원해야 한다

※ 다음은 사회 통일교육의 실태와 방향에 관한 의견을 알아보는 문항입니다.
해당되는 칸에 '√' 크시를 해주시기 바랍니다.

21. 귀하가 소속한 사회교육기관이나 참여하고 있는 연수과정에는 북한 및 통일관련 과목이 설치되어 있습니까?

① 설치되어 있다

② 설치되어 있지 않다

21-1. ("②번 설치되어 있지 않다"를 택한 분만 답하시오) 북한 및 통일 관련 교육을 실시하고 있지 않다면 그 이유는 무엇이라고 생각하십니까?

① 직무관련 교육이 더 중요하기 때문에

② 지원체제(교육자료, 교수요원 확보 등)의 문제가 있기 때문에

③ 수강자 대부분이 통일문제에 대해 관심이 없기 때문에

④ 다른 분야의 교양과목이 많기 때문에

⑤ 기타

21-2. 귀하가 소속한 사회교육기관이나 참여하고 있는 연수과정에서 북한 및 통일 관련 과목을 설치한다면, 수강하시겠습니까?

① 수강하겠다

② 연수기관의 수강계획에 따르겠다

③ 수강하지 않겠다

22. 통일관련 강의를 수강한 적이 있다면, 강의 진행상의 문제점은
무엇이라 생각하십니까?

　　　　① 연수시간의 부족　　　　② 구태의연한 연수내용

　　　　③ 강의식 위주의 연수방법　④ 교수요원의 전문성 미흡

　　　　⑤ 연수자료의 부족　　　　⑥ 기타

23. 북한 및 통일관련교육에서 가장 강조되어야 할 측면은 무엇이라
생각하십니까?

　　　　① 북한주민의 생활상 이해　② 한민족공동체 의식 함양

　　　　③ 통일의 필요성 인식　　　④ 애국심 고취

　　　　⑤ 안보의식 고취　　　　　⑥ 통일 이후 삶 이해

　　　　⑦ 기타

24. 사회교육기관에서 북한 및 통일관련교육은 어떤 방법으로 교육
하는 것이 가장 효과적이라고 생각하십니까?

　　　　① 강사가 설명하는 강의식

　　　　② 시청각매체(VTR, 영화)를 활용한 교육

　　　　③ 통일전망대 및 땅굴 견학

　　　　④ 북한 및 통일문제에 관한 질의응답과 토론

　　　　⑤ 탈북자 강연을 통한 생생한 북한실상 이해

　　　　⑥ 기타

25. 북한 및 통일 관련 교육의 활성화를 위해 정부 관련 부처의 지원이 가장 절실하다고 생각되는 부분은 무엇이라고 생각하십니까?

① 북한 및 통일 관련 정보와 자료의 지원

② 교수요원의 지원

③ 교육매체(통일 관련 VTR, 영화 등) 지원

④ 탈북자 강연 지원

⑤ 통일관련 프로그램의 지원

⑥ 기타

※ 다음은 우리나라 대한민국에 대한 전반적인 사항에 대한 질문입니다.
여러분의 생각과 가까운 번호에 "√" 표시를 해주세요.

	문항	전혀 그렇지 않다	그렇지 않다	보통이다	그렇다	매우 그렇다
26)	국가가 있어야 개인의 행복을 보장받는다.	1	2	3	4	5
27)	국민의 안보의식은 튼튼한 국방의 근본이다.	1	2	3	4	5
28)	북한은 우리에게 직접적 군사적 위협세력이다.	1	2	3	4	5
29)	안보 측면에서 미국은 우리나라에 가장 중요한 국가이다.	1	2	3	4	5
30)	나는 우리나라 군대를 신뢰한다.	1	2	3	4	5
31)	국가나 사회의 이익이 개인보다 중요하다.	1	2	3	4	5
32)	국방의 의무를 다하는 것은 법률상으로 명시되어 있기 때문이다.	1	2	3	4	5
33)	군은 국민에게 신뢰감을 주고 있다.	1	2	3	4	5
34)	우리에게 통일은 민족적 과업이다.	1	2	3	4	5
35)	북한은 통일의 대상으로 포용해야 한다.	1	2	3	4	5

		1	2	3	4	5
36)	현재 한국과 미국은 서로 사이가 좋다.	1	2	3	4	5
37)	통일 후에도 미군은 한국에 주둔할 필요가 있다.	1	2	3	4	5
38)	우리가 역사적으로 수많은 외침을 당한 이유는 약한 군사력 때문이다.	1	2	3	4	5
39)	우리나라를 튼튼히 지키기 위해서는 국방비를 늘려야 한다.	1	2	3	4	5
40)	통일은 나와는 관련이 없는 일이다.	1	2	3	4	5
41)	나를 포함한 우리 국민들은 통일을 위해 세금을 더 부담해야 한다.	1	2	3	4	5
42)	북한의 핵실험과 미사일 발사는 우리 안보를 위협하고 있다.	1	2	3	4	5
43)	북한의 대남 무력적화 야욕은 변함이 없다.	1	2	3	4	5
44)	안보가 튼튼해야 통일이 된다.	1	2	3	4	5
45)	우리나라 미래는 밝고 희망적이다.	1	2	3	4	5
46)	우리나라 군대는 국가발전에 크게 기여하고 있다.	1	2	3	4	5
47)	북한의 핵실험에 대해 알고 있다.	1	2	3	4	5
48)	우리나라 군대의 유엔평화유지활동에 대해 알고 있다.	1	2	3	4	5
49)	남북통일은 자유민주주의 체제로 이루어져야 한다.	1	2	3	4	5
50)	북한은 언제든지 군사적으로 도발할 가능성이 있다.	1	2	3	4	5
51)	전쟁 억제를 위해서는 강력한 군사력이 필요하다.	1	2	3	4	5

> ※ 다음은 방송이나 신문의 통일관련 보도에 관한 의견을 알아보는 문항입니다.
> 해당되는 칸에 '√' 표시 또는 의견을 제시해주시기 바랍니다.

52. 방송이나 신문에서 북한과 통일에 관한 내용을 어느 정도 보고 계십니까?

    ① 전혀 보지 않는다

    ② 가끔 본다

    ③ 자주 본다

53. 방송이나 신문보도 내용이 북한이나 통일문제를 이해하는 데 얼
    마나 도움이 되었습니까?
        ① 전혀 도움이 안 된다
        ② 도움이 안 된다
        ③ 대체로 도움이 된다
        ④ 매우 도움이 된다

54. 방송이나 신문에서 북한과 통일에 관한 내용을 본 적이 있다면
    기억나는 프로그램은 무엇인지 쓰십시오.

※ 북한 및 통일에 관해 귀하가 하고 싶은 말씀이 있다면, 간략하게
기술해주시면 감사하겠습니다.

♥ 고생 많으셨습니다. 대단히 감사합니다. ♥

통일교육의 지도방법

(출처: 통일부 통일교육원, 『통일교육지침서』(일반용),

2011, pp.16~20.)

　통일교육의 효과는 통일교육의 지도방법과 밀접한 연관성을 지닌다. 지도방법은 교육수준의 적절한 설정, 내용전달의 효율적 방식 선택, 기자재의 활용 여부 등을 포함한다. 통일교육의 목표와 내용체계가 적절히 설정되었다고 할지라도 지도방법이 유기적으로 잘 결합되어 실시되지 않으면 성공적인 교육효과를 거두기 어렵다는 점에서 지도방법의 중요성은 아무리 강조해도 지나침이 없을 것이다.

1. 사실적 접근에 기초한 통일문제의 이해

　사회통일교육은 통일문제에 대한 객관적인 사실의 전달을 통해 학습자들이 문제의 본질을 정확하게 판단하는 데 도움을 줄 수 있어야 한다. 통일문제에 대한 정확한 정보와 지식이 확보될 경우 학습자는 이를 바탕으로 합리적인 판단을 수행할 것이며, 나아가서 해당 이수에 대한 올바른 태도를 형성할 수 있을 것이다.

　물론, 객관적 사실이 제공되더라도 학습자의 편향된 가치체계, 왜곡된 이념 성향, 논리적 합리성의 결여 등은 오도된 판단과 태도를 초래하는 요인이 될 수 있다.

이러한 가능성에도 불구하고, 통일문제에 대한 대부분의 오해와 편견이 부정확한 사실의 보유로부터 비롯된다는 점을 감안할 때 객관적 사실의 전달이 사회통일교육의 핵심과제를 구성하는 것임은 의문의 여지가 없다.

사회통일교육은 학습자들이 북한사회와 주민생활을 객관적이고 합리적으로 이해할 수 있는 관점을 제시해주어야 한다. 북한에 대한 올바른 이해를 위해 북한주민의 실상에 대한 정보를 전달하고 학습자가 자율적으로 판단할 수 있는 기회를 제공하는 한편, 학습자가 간과할 수 있는 사안을 재확인시키는 교육을 수행하는 방식이 고려될 수 있을 것이다.

통일환경 및 통일정책과 관련해서도 우선적으로 정확한 사실을 전달하는 것이 학습자들의 균형적인 판단을 유도하는 핵심적 요건이 될 것이다.

2. 열린 대화와 토의의 중시

일반적으로 학습자들은 열린 대화와 토의 과정을 통해 타인 의사의 존중, 의사 경청의 자세 습득, 합의도출의 역량 배양 등 민주적인 의사결정의 요건들을 습득하게 된다. 통일은 합리적 토론과 민주적 절차를 통해 수렴된 국민적 합의를 거쳐 이루어나가야 하므로 대화와 토의의 문화 정착은 통일의 선결 조건이 아닐 수 없다.

학습자들이 통일문제를 객관적으로 이해하고 합리적으로 판단할 수 있도록 하기 위해서는 교수자의 일방적인 주입식 교육에 의존하기보다는 열린 대화와 토의의 장을 학습자들에게 제공하는 것이 효율적일 수 있다. 대화와 토의는 통일문제에 대한 학습자들의 관심을 고취하고 자율적인 해결방안의 모색 등 통일에 대한 학습자들의 능동적 자세를 견인하는 데도 유용할 것이다.

3. 생활관련 소재를 통한 흥미와 호기심 유도

교수자는 학습자의 호기심을 유발할 수 있는 질문과 소재를 중심으로 학습효과를 제고시킬 수 있어야 한다.

예컨대, 북한 사회의 빈부격차나 소비 행태를 우리 사회와 비교하면서 7·1 경제관리 거선조치 이후의 북한 사회의 변화를 논의할 수 있을 것이다.

특히 최근 시장 확대 현상이 북한주민과 사회에 미친 영향, 북한청소년의 문화생활이나 가정 내 남녀 간의 역할 분담 등을 우리 사회와 비교하는 것 등도 북한사회에 대한 이해를 흥미롭게 이끄는 방안이 될 수 있을 것이다.

또한, 교수자는 학습자로 하여금 통일이 그들의 실제적인 삶과 어떻게 관련되어 있는가를 생각하게 함으로써 통일문제의 논의를 추상적이 아닌 구체적 수준에서 진행할 수 있다.

예를 들어, 통일의 필요성에 대하여 학습할 경우 "분단으로 인하여 여러분은 지금 어떠한 불이익과 제약을 받고 있는가" 혹은 "통일이 여러분에게 가져다줄 혜택과 이익은 무엇인가"와 같은 질문을 활용하며 문제에 구체적으로 접근하는 것이 가능할 것이다.

4. 학습자의 특성에 따른 '맞춤형 교육'

사회통일교육의 대상은 학교통일교육과 달리 연령적, 성향적 다양성을 지닌다. 학습자들은 교사, 공무원, 군인에서부터 일반 사기업의 직장인이나 주부에 이르기까지 직업별 특성도 차이를 보인다.

사회통일교육의 효율성이 확보되기 위해서는 학습자 집단의 특성에 맞는 교수내용이나 기법 상의 변화가 필요하다. 학습자 집단의 연령별, 직능별 및 성별가치와 사고의 정향성이나 지적 수준 등에서 차이를 나타낼 수 있기 때문이다.

한편 사회통일교육은 학습자의 전문성에 부응하는 특성화 교육을 병행해야 한다. 다시 말해 특정 그룹에 대한 특정 통일분야의 교육을 강화하는 것이다. 예컨대 교사들의 경우 북한의 교육제도, 북한 청소년의 생활상 등 학교 현장에서 실제 통일교육시 활용할 수 있는 내용을 강화할 필요가 있다.

공무원이나 군인 혹은 일반 직장인의 경우도 직능별 특성에 맞는 통일교육이 이루어질 경우, 현재의 직무 수행에 도움이 되는 정보를 집중적으로 제공함으로써 학습자의 관심을 촉진시키고 교육효과를 제고할 것이다.

5. 현안 쟁점과 사례 중심의 통일문제 접근

사회통일교육의 대상이 통일문제 전반에 관한 기본적 지식을 가지고 있는 경우에는 현안 문제들을 중심으로 논의하거나 특정 사례를 중심으로 접근하는 교육기법이 바람직하다. 현안 쟁점이나 사례 중심

의 통일문제 접근은 학습자의 교육에 대한 관심을 제고시키고 교육
의 지루함을 완화시키는 데 도움이 될 수 있을 것이다.

분단국의 교류협력 및 통일사례, 우리 역사상의 통일사례가 주는
시사점 등은 통일문제를 논의하는 데 활용할 수 있는 적합한 사례들
이라고 할 수 있을 것이다.

6. 다양한 교수·학습방법의 활용

강의식 교육은 학습자의 지식 필요 욕구와 교육자의 전문적 역량
이 맞아 떨어지는 경우 가장 효율적인 지식전달 방식이 될 수 있다.
문제는 지식의 전달이 일방적 형태로 이루어지기 때문에 학습자의
입장에서는 쉽게 집중력이 떨어질 수 있다는 점이다.

강의식 방법의 한계를 극복하기 위해서는 학습자들을 능동적으로
교육에 참여시키는 교육 기법이 가미될 필요가 있다.

최근 통일교육에서 많이 활용되는 지도기법들은 다음과 같다.

첫째, 에듀테인먼트(Edutainment)형 통일교육으로서 여기에는 게임,
퍼즐풀이, 퀴즈 등이 포함된다.

둘째, 과제분담학습(Jigsaw), 보상중심 협동학습(Teams Games Tournament),
PMR(Plus Minus Reconstruction), 이슈중심 접근법, 프로젝트수업, 신문
활용교육(NIE: Newspaper in Education), 이야기 구연(Story-telling), 마인
드맵(Mind map), 딜레마 토론 등을 포함하는 구성주의적 통일교육이다.

셋째, 영화, 드라마, 예술 다큐멘터리 등 시청각 매체를 활용하는
통일교육 방법이다.

넷째, 북한 풍물, 인문지리 등의 가상체험을 활용하는 통일교육 방

법이다.

다섯째, 통일관 견학, 남북출입사무소 견학 등 현장체험학습을 활용하는 통일교육이다.

여섯째, 북한이탈주민의 초청 강연이나 대담은 북한의 실상을 이해하는 데 현실감을 부여하는 통일교육이 될 수 있다. 북한이탈주민을 통일교육에 초청하고자 할 경우에는 북한이탈주민지원재단(02-591-3822)에 문의하면 도움을 받을 수 있다.

일곱째, 세미나 혹은 워크숍 등을 통한 통일교육도 강의식 교육의 단조로움을 회피할 수 있다.

여덟째, 최근 각광을 받고 있는 통일교육방법으로 ICT(Information Communication Technology) 활용 통일교육이 있다.

여기에는 웹자료, VOD, CD 등을 활용한 통일관련 정보 안내하기, 웹서핑, 웹도우미를 활용한 북한 및 통일문제 관련 정보검색·분석하기, 웹토론을 통한 통일문제 관련 국민적 합의능력 증대하기, 웹게시판을 활용한 통일관련 경험 공유하기, 웹출판을 활용한 통일신문 만들기, 컴퓨터 시뮬레이션을 활용한 생활문화 체험하기, 플래시 또는 동영상을 활용하는 통일교육 등이 포함된다.

한편, 지역 주민들이 함께 할 수 있는 지역행사 등을 통일축제로 구성하는 경우 주민들이 자연스럽게 통일문제를 인식하고 통일에 대한 의지를 확인할 수 있을 것이다. 이러한 행사의 경우 가족단위로 참석이 가능하여 통일에 대한 세대 간, 성별 견해 등이 자유롭게 교환될 수 있는 장점을 보유한다.

통일교육위원협의회(서울)
사회통일교육 매뉴얼

(출처: 통일교육위원협의회 서울협의회,
『2010교육매뉴얼 및 콘텐츠』, 2010, pp.37~52)

제1절 교육효과 제고 매뉴얼

○ 통일교육위원이 각기 다양한 통일교육 현장에서 사회통일교육
을 수행할 경우 교육효과를 제고하기 위해 필요한 사항을 매뉴얼트
제시하면 다음과 같다.

1. 강의 특성에 맞는 강사를 섭외해야 한다.

○ 강사 섭외가 사회통일교육의 첫째 관건이란 점에서 강의 특성
과 목표를 성공적으로 수행할 수 있는 강사를 섭외해야 한다.

○ 통일부 통일교육원과 통일교육협의회 등에서 확보하고 있는 통
일교육 강사진 가운데 지역에서 요청하는 강사자격과 요건을 고려,
이에 맞는 강사를 적극 추천하여 유능한 강사의 현장 활용도를 높여
야 한다.

○ 지역차원에서 한정된 강사로 운영하는 강사 활용의 경직성을 극복할 수 있는 제도적 지원과 보완이 필요하다.

○ 지역차원에서 예산집행 기준과 예산부족으로 인해 중앙의 유능한 강사를 섭외하기 어려운 점을 고려, 예산집행의 탄력성과 보조지원을 제도화하는 인식의 전환이 필요하다.

2. 교육대상에 맞는 주제선정과 강의안이 필요하다.

○ 통일교육이라고 해서 반드시 제목에 통일교육만 고집하지 않는 주제선정의 유연성과 강의대상, 강의장소, 강의시기 등에 맞는 시의적절한 강의내용이 필요하다.

○ 강의안과 강의내용이 일치하지 않는 강의가 진행되지 않도록 교육 담당자는 강사에게 분명한 강의방향과 강의대상의 특성을 전달하여 교육대상에 맞는 강의주제와 강의내용이 구성되도록 해야 한다.

○ 행사보고용 원고와 실제 강의대상에게 배포할 원고가 별도로 필요한 경우에는 강사에게 이런 상황을 미리 알려 강사에게 과도한 부담이 되지 않도록 유의해야 한다. 실제로 강의 대상에게 배포할 원고는 당일 강의내용을 들으면서 참고할 수 있도록 간결하고 짜임새 있는 강의안 개요의 형태로 구성해야 한다.

3. 교육시간에 맞는 교육내용을 준비해야 한다.

○ 지역현장에서 개최되는 사회통일교육의 경우, 대부분이 60분 이내로 진행된다. 이를 고려하여 강사는 교육시간에 부합하는 교육내용을 준비해야 한다.

○ 종종 자신의 논문을 그대로 나눠주고 이를 설명해가는 강사도 있는데, 이런 강사는 통일교육의 효과를 저하시키고 교육대상의 흥미를 반감시키는 결과를 초래하므로 통일교육에 도움이 되지 않는다.

○ 1시간 미만의 강의일 경우 강의안은 A4용지 2~3매를 넘지 않을 정도로 핵심내용을 간결하고 분명하게 전달할 수 있는 형식을 갖춰야 한다.

○ 강의내용과 관련하여 별도로 참고할 자료가 있을 경우에는 강의 종료 이후 참고할 수 있도록 별도의 자료집을 만들거나 참고할 수 있는 목록을 안내하면 된다.

○ 같은 강사가 연속 강의를 할 경우에는 시간별 강의주제와 핵심을 강의시작과 함께 분명하게 알려 교육대상자들이 강의에 대한 호기심과 기대치를 유지하도록 해야 한다.

4. 강의 호응과 반응은 강사의 책임이다.

○ 통일교육도 예외 없이 강의에 대한 호응과 반응은 전적으로 강사의 책임이라는 의식에서 실행되어야 한다.

○ 학교교육과는 달리 장소와 분위기의 생소함, 교육대상의 비동질성 등의 교육여건이 주어져 있음에도 불구하고, 통일교육에 대한 책임은 강사가 진다는 생각에서 진행되어야 한다.

○ 따라서 통일교육에 대한 확신과 전문성 없이 교육현장에 서는 일은 없어야 할 것이다. 남북관계의 변화, 국제정세의 흐름, 교육대상의 특성과 취향 등을 고려하지 않은 채 강사 자신의 경험담만 늘어놓고 자신의 견해만으로 교육시간을 채우는 구태의연한 강사는 강단에 설 수 없도록 강사에 대한 평가를 적극 활용해야 한다.

○ 사전에 예측하지 못한 상황이 현장에서 발생하더라도 이를 유연하게 수용하면서 준비한 강의내용을 명확하게 그리고 설득력 있게 전달할 수 있는 숙련된 강사가 통일교육을 담당할 수 있도록 교육진행 담당부서와 현장 담당자 등이 노력해야 한다.

○ 교육대상의 대부분이 졸거나 딴 짓을 하는 경우에도 이를 강의로 통제하지 못한다면 이미 그 교육과 강의는 실패한 것이나 다름없다는 책임의식을 가져야 한다. 그만큼 사회통일교육에 있어서 강사의 역할과 사명은 막중하다.

○ 학교교육과 같이 교육대상을 평가할 수 있는 기회와 권한이 없는 점이 사회통일교육 작동체계의 특징임을 정확하게 인지하고 이를 극복할 수 있는 강의의 전달력과 호소력 제고에 노력하야 할 것이다

5. 연속강의와 강사진 연합강의가 진행될 경우 강의구성의 짜임새를 갖춰야 한다.

○ 같은 강사가 한 강좌 이상 강의하는 경우와 복수의 강사진이 연합강의를 진행할 경우, 통일교육의 목표와 추진 방침에 맞게 강의구성이 이루어져야 한다.

○ 개별강좌의 독립성도 유지하면서 강좌 간 연계가 유지될 수 있도록,통일교육 계획을 수립하는 단계에서 철저한 검토와 명확한 강의지침이 수반되어야 한다.

○ 단순히 개별강좌의 조합으로 진행하게 되면 강의내용의 중복, 강의 핵심의 불일치, 교육대상의 집중도 저하 등 강의효과를 떨어드리는 요인이 발생하게 된다.

○ 연속강좌를 계획할 경우 너무 빡빡한 일정 수립으로 교육대상의 피로도를 높이지 않도록 유의해야 하며 휴식시간을 충분히 마련하여 수강생의 만족드를 제고해야 한다. 통일교육의 실적을 남기는 것이 목적이 아니라 교육효과를 제고하는 것이 목표라는 점을 우선적으로 고려하여, 교육을 듣고 남는 것이 있다는 평을 듣게끔 계획을

현실성 있게 수립해야 한다.

　○ 민주평통에서 실시하고 있는 '통일시대시민교실'의 경우 하루
에 연속 4강좌를 실행함으로써 실적은 쌓았지만, 마지막 강좌의 참여
율이 극히 저조하거나 대부분 강의가 제대로 이뤄지지 않는 양상을
초래한 점을 값진 교훈으로 삼아야 한다. 이런 문제점을 피하기 위해
하루 한 강좌를 실시하게 되면, 지역행사를 주관하는 주최 측의 재정
부담이 너무 커지는 문제가 발생하게 된다. 따라서 통일교육을 실행
하는 과정에서 현실적 상황과 목표치 달성의 균형과 조화를 이뤄내
는 협조가 필요하다

　○ 통일교육의 실적도 내야 하고, 현장에서의 애로사항도 고려해
야 하는 통일교육 현장의 실상을 정확히 파악하여, 지역에서 실시하
는 사회통일교육이 이벤트나 일회성 잔치로 전락하지 않도록 사회통
일교육을 관장하는 담당부서와 담당자가 노력해야 한다.

6. 질의 · 응답을 통해 교육생과의 소통과 대화를 시도한다.

　○ 사회통일교육에 참가하는 교육 참여자들의 질의를 받아 응답하
는 방식을 시간 말미에 두는 것을 적극 권장한다.

　○ 일방적으로 교육내용을 주입하는 것이 아닌 쌍방향 소통의 구
조를 형성한다는 차원에서 교육효과를 제고하는데 도움이 된다.

○ 단, 사회통일교육의 경우 질의 시간을 통해 자신의 주장만 늘어 놓거나 강사의 강의내용을 근거 없이 물고 늘어지거나 비난하는 사례 가 종종 발생하고 있어 이를 효과적으로 방지하는 지혜가 필요하다.

○ 교육 운영담당자의 사회로 질의·응답 시간을 진행, 정상적인 교육 분위기를 저해하는 참석자의 발언을 조기에 차단하여야 하며, 필요한 경우 서면으로 질문을 제출하도록 유도, 강사가 질문내용을 충분히 검토하면서 답을 할 수 있도록 교육을 운영해야 한다.

○ 질의·응답 시간은 강사가 교육 분위기와 주제를 감안하여, 자율 적으로 설정하되 참석자와 감정 섞인 설전을 벌여 교육 분위기를 의도 하지 않은 결과로 만들지 않도록 자제와 인내심을 잃지 않아야 한다.

○ 사회통일교육 프로그램을 운영·관장하는 주무부서의 경우, 질 의·응답을 의무적으로 강요하는 사례가 빈번하고, 질의·응답 내용 을 보고하게 하는 경우가 많은데, 이는 행사를 진행하는 담당자와 강 사의 자율과 판단에 맡기는 것이 교육효과 제고에 도움이 된다.

7. 강의 종료 후 강사 자신이 강의진단을 실시한다.

○ 사회통일교육의 교육효과를 제고하기 위해서는 강의 종료 이후 강사 자신이 오늘의 강의를 진단하는 자기진단 프로그램이 필요하다.

○ 오늘 강의는 어떠했는가, 원래 목표로 했던 강의주제와 강의내

용을 정확하게 제대로 전달했는가, 너무 어렵거나 제대로 강의를 진
행하지 못해 강의반응이 신통치 않았는가, 아니면 강의가 순조롭게
진행돼 강사 자신도 만족스러운가, 통일교육의 효과를 제대로 거두었
는가, 강의진행을 도와주는 담당자의 도움이 적절했는가, 아니면 교
육 외 행사에 치중한 나머지 강의시간을 제대로 확보해주지 않았는
지 등의 자기진단 평가가 필요하다.

○ 자기진단 평가내용을 의무적으로 제출하거나 보고하는 것이 아
니더라도 강사 자신이 강의를 재검토하면서, 다음 강의를 위해서는
무엇이 더 보완되어야 하고 어떤 개선이 필요한가를 성찰하는 기회
를 통해 보다 나은 교육을 할 수 있도록 노력하는 새로운 접근과 인
식이 필요하다.

○ 이를 통해 건의할 사항이나 보완·개선할 사항이 있으면 강의
종료 이후 운영자나 교육담당 주무부서에 익명 또는 실명으로 전달
하는 시스템을 구축, 강사와 운영자 사이의 피드백 기능이 작동하는
것을 적극 권장한다.

8. 교육담당자는 강의 반응 및 강사 호응도를 평가한다.

○ 교육담당자 또한 통일교육을 담당한 강사의 태도와 강의 반응
도 등을 자체평가 후 기록으로 남겨, 다음 강사 선정의 참고자료로
활용하고 업무 인계인수를 후임자가 참고할 수 있도록 하는 방안이
마련되어야 한다.

○ 반응이 좋은 통일교육의 이유가 무엇인지 평가하여 다음 강의를 기획하고 강사를 선정할 때 시행착오를 줄일 수 있는 참고자료로 활용해야 한다.

○ 목표했던 통일교육이 제대로 이루어졌을 경우 어떤 요건이 갖추어져야 교육이 성공적으로 이루어질 수 있는가를 다른 교육 담당자들이 공유할 수 있드록 홈페이지를 적극 활용하거나 교육평가 자료집을 만드는 방안을 고려해야 한다.

9. 통일교육 일지를 작성, 업무 연속성을 제고한다.

○ 일회성 통일교육의 반복이 아니라, 통일교육의 실적을 중장기적으로 쌓아갈 수 있는 시스템 구축이 필요하다.

○ 지역차원에서 연 몇 회밖에 실시하지 않는 교육이기 때문에 기관장이나 교육책임자가 바뀌게 되면 지난 통일교육에 대한 리뷰도 없이 새로운 기획에 의거, 통일교육이 실시되는 것이 지금까지의 관례였다. 통일교육 기획의 중요요건이 지금까지 무엇을, 어떻게, 누가 해 왔는가를 고려하는 것이 아니라, 쓸 돈이 얼마인가에 좌우되고 있기 때문에 지금까지의 통일교육 실적에 대한 기록이나 업무일지가 연속성에 갖춰진 경으는 거의 없는 실정이다.

○ 이러한 교육현장의 실정을 감안하여, 사회통일교육과 관련한 과거·현재·미래를 축적해 가는 새로운 인식과 실천이 필요하다.

10. 지역 실무(사무)간사의 역할이 중요하다.

○ 사회통일교육의 경우 지역차원에서 실무 일을 도맡아 하고 있는 간사의 역할과 비중이 대단히 중요하다.

○ 지역의 특성과 교육의 성격을 비롯하여, 교육 운영의 한계와 문제 등을 꿰뚫고 있는 지역 협의회의 실무 간사 또는 사무간사(직원)의 역할이 사회통일교육 운영에 미치는 영향이 막중하다.

○ 민주평통의 경우 지역협의회장과 임원이 바뀌어도 여성 사무간사 또는 직원은 교체되지 않는 시스템으로 바뀌었기 때문에, 이들이 사회통일교육의 속사정을 누구보다도 잘 알고 무엇을 준비해야 하는지를 잘 알고 있다. 따라서 이들의 조력 없이는 통일교육을 제대로 수행하기가 어려운 상황이다.

○ 특히 사무간사 또는 직원 사이의 활발한 커뮤니케이션을 통해 어떤 강사가 교육효과를 성공적으로 높일 수 있는지를 즉시 공유하기 때문에 강사선정과 교육성과 달성에도 지대한 역할을 수행하고 있다. 실무를 담당하는 이들과 행사장 입구에서 참석자들을 맞이하는 이들은 이구동성으로 "오늘 강의 좋았어", "강의 들으러 오길 잘했어"라는 말을 들으면 뛸 듯이 기쁘다고 말한다. 그와 반대로 "이 강의 들으라고 오라고 한 거야?", "다 아는 거 뭘 들을 게 있어?", '바쁜데 왔더니 시간만 낭비 했네" 등의 평을 들으면 정말 죽을 맛이라고 한다. 이런 사정에 놓여 있기 때문에 교육 효과를 높이는 강사를 만나

면 여기저기 홍보한다는 점을 놓쳐서는 안 될 것이다.

○ 이런 현실을 감안 통일교육 주무부서에서는 이들에 대한 지속적인 관리와 재교육을 실행하고 이들의 자긍심과 사기 진작에도 관심을 두어 보조인력의 실무인력화를 도모해야 한다.

제2절 교육내용 전달 매뉴얼

1. 보통 때보다 천천히 말해야 한다.

○ 통일교육의 효과를 높이기 위해서는 강사가 전달하고자 준비한 내용이 교육대상에게 제대로 전달되는 것이 가장 중요한 사안이다. 그러기 위해서는 교육내용에 대한 호감여부도 중요하지만 무엇보다도 교육대상에게 교육내용이 잘 전달되어야 한다.

○ 일선 현장에서 진행되는 사회통일교육 실태를 보면, 강사 대부분의 말이 빠르다는 평가가 나오고 있다. 또 무슨 말을 하는지 잘 모르겠다는 평가도 적지 않게 나오고 있다.

○ 평소 말하는 속도보다 느리게 천천히 또박또박 얘기해야 교육대상의 이해도가 높아진다는 사실에 유의하여 교육현장에서 빠른 속도로 교육내용을 전달하고 있는지 여부를 강사는 항상 체크해야 한다.

○ 교육 담당자도 강사 섭외 과정이나 교육 시작 전에 이 점을 강사에게 정중하게 전달하여 교육효과를 제고하는 데 노력해야 한다.

○ 교육효과 제고와 직결된 요건이면서 항상 소홀히 하는 요건이기 때문에 교육내용 전달 매뉴얼의 첫째로 언급한다.

2. 오늘 강의의 핵심을 먼저 분명하게 전달한다.

○ 사회통일교육이 통상 60분 이내에 종료되는 일회성 교육이란 점을 감안하여, 강의는 두괄식으로 전개하는 것이 바람직하다.

○ 강의 모두에서 오늘 강의의 핵심이 무엇이며 왜 이 내용이 중요한가를 먼저 제기한 다음, 교육대상의 공감대를 유도하는 강의를 진행해야 한다.

○ 사회통일교육 현장의 분위기가 산만하기 쉽고 강의 후반부로 갈수록 교육대상의 집중도가 떨어지는 경향이 높기 때문에 강의 핵심을 강의 초반부에는 분명하게 전달하면서 관련주제를 설명해 가는 교육내용 전달방식을 적극 고려해야 한다.

3. 강의 주안점을 반복해서 강조해야 한다.

○ 강의 핵심을 강의 전반부에 먼저 제시하는 방식과 함께 강의 주안점을 반복해서 강조하는 교육전달 방식을 적극 고려해야 한다.

○ 일반 성인을 대상을 하는 경우 교육대상의 전문성이 높지 않다는 점을 전제로 중요한 내용을 반복해서 전달하는 것이 교육효과를 높이는 방안이다.

○ 특히 강의를 종료하기 전에 오늘 강의핵심을 강사가 직접 다시

강조하고, 강의를 계기로 통일과 관련하여 앞으로 실천해야 할 점을 상기시키는 교육방법이 효과적이다.

○ 강의를 하다보면 강의시간을 잘못 조절하여 오늘 해야 할 강의 핵심을 제대로 전달하지 못한 채 쫓기듯 마치는 경우가 종종 발생하게 된다. 강사가 시간에 쫓겨 강의를 종료하게 될 경우 교육대상에게 미치는 효과가 긍정적이지 않기 때문에, 이점에 유의하여 강의 시간 배분에 신경을 써야 할 것이다.

4. 절대로 많은 것을 전달하려고 욕심내서는 안 된다.

○ 간혹, 정해진 교육시간에 다 전달할 수 없을 정도로 많은 내용을 소화해내려는 열정을 가진 강사를 볼 수 있는데, 이는 교육효과 차원에서 바람직하지 못하다.

○ '중소도시에 사는 고졸 출신 40대 아줌마'를 대상으로 칼럼을 써야 한다는 말이 있듯이, 일선에서 진행되는 사회통일교육도 평범한 일반 성인을 대상으로 한다는 점을 항상 유념해야 한다.

○ 대학생을 대상으로 하는 교육에 익숙한 강사들이 일반 성인을 대상으로 하는 강의현장에서 너무 많은 것을 전문적으로 전달하려는 경향이 있어 오히려 교육내용 전달에 효과적이지 않은 사례가 종종 발생하고 있다.

○ 절대로 많은 것을 전달하려는 욕심을 내지 말자에서부터 일선 사회통일교육의 성공은 시작된다는 점을 명심해야 한다.

5. 논문발표가 아님을 명심해야 한다.

○ 앞에서도 지적했듯이, 강사 중에는 간혹 자신의 논문을 그대로 가져와 통일교육 현장에서 발표하는 사례가 발생한다.

○ A4 20매 이상의 강사 자신이 집필한 논문을 강의안으로 나눠주고는 강의를 시작하는 경우도 있다.

○ 심한 경우는 그런 강의안을 읽어가는 것으로 강의시간 대부분을 할애하는 강사도 간혹 있다.

○ 유명세가 붙은 강사이거나 정부의 대북정책 및 통일정책 수립에 동참하고 있음을 과시하는 강사에게서 종종 발생하는 사례라는 점에서 교육 운용담당자가 이런 사례가 반복되지 않도록 사전조율에 신경을 써야 한다.

6. 졸지 않는 강의를 해야 한다.

○ 교육대상이 졸지 않는 강사와 강의가 명강사 명강의라는 말이 있듯이, 강사는 교육대상이 졸지 않는 강의를 할 수 있도록 최선을 다해야 한다.

○ 꾸벅꾸벅 조는 사람이 대부분인 경우에도 아랑곳하지 않고 자기 강의만 하는 강사는 훌륭한 강사라고 하기 어렵다. 내용이 지루하든가, 강사 목소리가 졸게 만든다든가, 들으나마나 하는 강의를 하는 경우 대부분 교육대상은 졸게 된다는 사실에 주목하여 강사는 교육대상 대부분이 졸거나 딴전을 펴는 강의를 하지 않도록 최선의 노력과 방법을 강구해야 한다.

○ 졸지 않게 만드는 강사만의 비법을 활용하여 교육대상의 시선을 끄는 노력을 아끼지 말아야 한다.

7. 파워포인트(ppt)는 꼭 필요할 때만 사용한다.

○ 최근 들어 파워포인트(ppt)가 강의수단으로 전용되는 추세이지만, 학교교육 현장인 교실이 아닌 사회통일교육 현장에서 파워포인트가 교육내용 전달에 효과적인가의 여부는 냉정하게 객관적으로 검토할 필요가 있다.

○ 경제교육과 같이 그래프와 표의 활용도가 높은 경우에는 효과적이지만, 논리와 공감대 형성을 위해 노력하는 통일교육에서 파워포인트가 반드시 필요한 것은 아니다.

○ 오히려 파워포인트 남용으로 강의집중도를 저하시키는 양상을 초래하고, 시각적 효과만으로 강의를 채우는 경우 통일교육 효과를 제대로 도출하지 못할 수 있음에 유의해야 한다.

○ 특히 사회통일교육이 이뤄지는 일선 교육현장의 빔프로젝터가 오래되거나 조명시설이 낙후한 경우, 파워포인트로 작성한 내용이 잘 보이지 않아 교육내용 전달에 문제가 생기는 경우가 종종 발생하고 있어 교육 운영 담당자와의 사전점검이 꼭 필요하다.

○ 파워포인트로 작성한 강의안을 USB에 담아온 경우 강의 시작과 함께 현장에서 제대로 작동하지 않는 실제상황에서의 시행착오를 교훈 삼아, 정보화 기자재 활용 시 사전준비의 중요성이 배가되고 있다.

○ 통일교육은 관련내용의 파편화된 조합소개가 아니라 강의를 통해 공감하는 메시지와 주제의 전달이 있어야 하기 때문에 필요한 자료제시와 비교가 필요한 경우를 제외하고는 강의 전체를 파워포인트 활용으로 채우는 교육내용 전달방식은 되도록 피해야 한다.

○ 더욱이 깨알 같은 글씨체로 가득 채운 파워포인트 화면은 교육대상의 흥미와 집중도를 단번에 저하시킨다는 점에 유의하여 일선 사회통일교육용 파워포인트 만들기 기준 마련도 필요한 상황이다.

8. 호기심과 관심을 불러일으키는 교육기법을 적극 활용한다.

○ 일선 교육현장에서 진행되는 사회통일교육은 1회전으로 승부를 내야 하는 단판승부이며 집중교육이란 점에서 교육대상의 호기심과 관심을 불러일으키는 강사만의 비법과 창의적 교육기법이 필요하다.

○ 기존에 소개된 교육지도 방법을 포함하여 실제로 교육현장에서 효과적으로 활용할 수 있는 교육기법을 적극 동원해야 한다.

○ 북한 말투로 북한 실상을 소개한다든가, 북한 실상을 담은 생생한 짧은 동영상을 보여준다든가, 최신 유행하는 북한 노래를 직접 불러준다든가 하는 파격적인 교육기법을 활용해 교육대상의 관심과 호기심을 불러일으켜야 한다.

○ 통일문제와 관련해서도 통일되면 군대를 가지 않아도 되는가라는 문제제기부터 통일되었을 때 유망한 직업이 무엇인지 등의 교육대상이 흥미와 관심을 가질 만한 주제를 던져, 교육대상의 반응을 보면서 강의를 진행하는 방식을 고려해야 한다.

○ 강의시간 전체를 통해 교육대상을 존중하면서 뭔가 새로운 것을 전달하려고 노력한다는 느낌을 줄 수 있도록 준비하고 전달해야 한다. 예컨대, 이번 통일교육 시간을 통해 여러분에게만 처음으로 소개하는 새로운 사실이라는 점을 전제하게 되면 교육대상도 자긍심을 느끼고 강사에 대한 의존도도 높아질 수 있음에 착목하여, 교육대상과 함께 호흡하는 교육내용 전달기법을 활용해야 한다.

제3절 교육시간 활용 매뉴얼

1. 교육시작 전에 도착, 교육장소의 분위기를 먼저 파악한다.

○ 통일교육이 이뤄지는 교육현장에 미리 도착하여 교육장소의 분위기를 익히는 것이 강사가 교육을 원활하게 이끄는 눈에 보이지 않는 요소이다.

○ 강의시간에 맞춰 빠듯하게 도착하여, 바로 교육에 들어가는 것보다는 미리 여유 있게 도착하여 낯선 교육장 분위기를 익혀 두는 것이 교육을 성공적으로 이끄는 요인으로 작용한다.

○ 사회통일교육 장소는 상황에 따라 결정되기 때문에, 강의장소까지 다다르는 방법과 소요시간이 일정치 않아 강사에게는 적지 않은 부담이 된다. 따라서 강의를 섭외하는 쪽에서 강사에게 강의장소까지 오는 방법을 상세하게 반복해서 알려주어야 하고, 강사는 강의시작 전에 미리 교육장소에 도착할 수 있도록 필요한 준비를 해야 한다.

○ 통일교육의 시작은 강사가 교육장소로 출발하는 시점부터 시작된다는 생각을 교육운영 담당자와 함께 강사가 공히 가져야 한다.

2. 교육의 성격과 참석대상을 사전에 파악한다.

○ 통일교육이라도 어떤 의도에서 이뤄지는 통일교육인가가 행사 주체에 따라 달라질 수 있음을 고려해서 ,교육 담당 강사는 교육의 성격과 함께 교육에 참석하는 대상을 강의 수락단계뿐만 아니라 미리 도착해서 사전에 충분히 파악해 두는 준비가 필요하다.

○ 연령대, 성별, 직업군, 정치적 성향 등에 대한 사전지식을 교육 담당자에게 문의하여 파악한 후 교육을 시작하는 것은 교육의 비중과 핵심을 어디에 둘 것인가를 결정하는 데 도움을 주어 통일교육의 성과를 높이는 결과를 가져올 수 있다.

○ 강의시작을 어떤 내용으로 할 것인가를 정하는데 교육대상 사전파악은 결정적인 도움을 줄 수 있다. 그리고 강의시작은 강의 전체의 성패를 결정짓는 중요한 요소라는 점에서 적극 고려해야 할 사안이다.

3. 강의시간과 분위기에 맞는 강의가 명강의이다.

○ 주어진 강의시간을 훌쩍 넘기는 강사는 좋은 강사가 아니다.

○ 특히 강의 뒤에 마련돼 있는 다른 강의나 행사가 있는 경우, 강의종료 시간을 맞춰주는 것은 강사의 의무이며 책무임에도 불구하고, 실제로 강의 종료시간을 가볍게 여기는 강사가 생각보다 많다. 이로

인해 행사 전체 일정이 두로 예정된 일정을 제대로 소화해내지 못하
는 경우가 가끔 발생한다.

○ 강의시간 준수를 통해 강의 외적요소로 강의효과를 반감시키지
않도록 유의해야 하며, 교육 프로그램 운영자도 강사가 약속한 시간
에 강의를 할 수 있도록 강의시간 보장을 위해 노력해야 한다.

○ 길어야 1시간 이내에 종료해야 하는 일선 사회통일교육의 특성
을 강사가 충분히 고려하여 강의준비를 했음에도 불구하고, 이따금
일정상 강의시간을 탄력적으로 조정해야 할 상황이 발생할 경우가
있다. 이런 경우 강의내용의 구성과 주안점을 융통성 있게 변용하여
50분, 40분, 30분 강의 요청에도 부응할 수 있는 탄력성을 보여줄 수
있어야 한다.

4. 질의 · 응답 시간을 활용,교육효과를 높인다.

○ 강사의 일방적 강의보다는 교육대상과 질의하고 응답하는 시간
을 통해 교육대상의 궁금증과 의문을 해소하도록 해야 한다.

○ 단,일선 사회통일교육 현장에서 강의분위기를 훼손하는 질문이
나 엉뚱한 주장을 늘어놓음으로써 교육 분위기를 망치는 사례가 적
지 않아, 교육 운영 담당자와 강사는 질의·응답을 대면식으로 할 것
인지 아니면 서면으로 받은 후 실행할 것인지를 결정해야 한다.

○ 질의·응답 시간을 진행하는 사회자를 별도로 두어 강사와 교육대상이 직접 소통하지 않는 방안도 필요한 경우 활용할 수 있으며, 강의주제와 관련이 없는 질문은 삼가 달라는 사전안내를 통해 교육분위기를 관리해나가야 한다.

○ 질의·응답을 시간을 갖는다고 사전에 고지해놓고서, 시간에 쫓겨 지키지 않는 경우는 되도록 피해야 한다.

○ 질의 응답 시간의 활용은 강사의 재량에 맡겨 유용하게 활용할 수 있도록 이끄는 것이 바람직하다.

5. 강의 주안점을 반복·강조하면서 강의를 맺는다.

○ 통일교육의 효과를 제고하기 위해서 강사는 강의 주안점과 핵심을 강의 말미에 반복하고 강조하면서 종료해야 한다.

○ 오늘 강사가 전달하고자 하는 핵심은 무엇이며, 이와 함께 통일과 관련하여 무엇을 실천해야 하는가를 강조하는 것이 반드시 필요하다.

○ 일반 성인을 대상으로 강의할 경우, 무엇이 중요한 사안인지를 반복하여 교육대상에게 각인시키는 것이 교육의 중요한 목표라는 점을 인식, 이를 소홀히 하지 않아야 한다.

○ 강의 전체를 정리하는 차원에서 강의핵심과 주안점을 강조하면, 강사가 강의체계를 숙지하고 강의한다는 인상을 주어 강사의 수준과 능력을 높이 평가하는 경향이 있음을 참고해야 한다.

6. 강의진행 계획에 맞춰 강의를 진행한다.

○ 강사는 사전에 어떤 내용을 어떤 식으로 강의한다는 강의진행 계획을 수립, 이를 준수하는 것이 필요하다.

○ 이는 강사만의 강의 노하우로써 교육시작 후 10분까지는 이런 내용을 강의하고, 30분경에는 저런 내용을 강의한다는 강의진행 계획을 수립하여, 이를 맞추는 노력을 함으로써 강의의 안정감과 체계가 뒷받침될 수 있도록 해야 한다.

○ 강의안 목차를 중심으로 각 소주제마다 어느 정도의 시간을 할당할 것인지를 마음속으로 정한 후 이를 지켜나가는 노력이 필요하다.

○ 이런 강사의 숨은 노력과 준비가 강사의 여유와 노련함으로 비춰져서 교육대상과 공감대를 형성하고 교육 분위기를 주도할 수 있어야 한다.

7. 교육시간 주역인 강사를 제대로 예우해야 한다.

○ 통일교육의 성과는 강사의 대우에 따라 달라진다는 사실을 고

육프로그램 운영자는 간과하지 말아야 한다.

○ 대부분의 강사가 강의 대가로 받게 되는 강사료를 모른 채 강의를 수락하고 교육에 임하는 경우가 허다하다. 강사를 섭외하는 담당자는 반드시 강사료가 어느 정도인가를 명확하게 전달하고, 원거리를 이동하는 경우 달라지는 강사대우에 대해서도 정확하게 전달하여야 한다.

○ 강사가 대우와 조건을 묻는 것이 강사 체면상 어울리지 않는다는 생각에 묻지도 않고 강의를 한 다음, 받게 되는 강사료가 생각보다 적어 강사의 자긍심과 자존심을 다치게 하는 경우를 주위에서 흔히 볼 수 있다.

○ 재정 여건상 충분한 대우를 하지 못한다 하더라도, 사전에 강사를 예우하는 절차와 예규를 지켜 강사의 권위를 훼손시키지 않도록 해야 한다.

○ 특히 교육 전에 치러지는 식전 행사에만 참가하고 강의 시작과 동시에 우루루 퇴장해 버리는 기관장이나 지역유지들의 행태가 강의 분위기를 훼손시키지 않도록, 교육프로그램 담당자는 운영의 묘를 살리는 아이디어를 반영하여 강사의 권위가 교육현장에서 반감되는 일이 없도록 유의해야 한다.

참고문헌

[1]

강명구, 「한국의 분권과 자치: 발전론적 해석」, 『지방행정연구』, 제23권 제3호, 한국지방행정연구원, 2009.

강원택, 「남남갈등의 이념적 특성에 대한 경험적 분석」, 경남대 극동문제연구소 편, 『남남갈등 진단 및 해소방안』, 2004.

경남지역 통일교육센터, 『사업운영평가보고회: 추진사업 성과분석 및 평가』, 각 연도.

국방대학교 안보문제연구소, 『범국민안보의식 설문조사』, 1989~2009.

김갑식, 「한국사회 남남갈등: 기원, 전개과정 그리고 특성」, 『한국과 국제정치』, 제23권 2호, 2007.

김근식, 「남남갈등을 넘어: 진단과 해법」, 경남대 극동문제연구소 편, 『남남갈등 진단과 해소방안』, 2004.

김병로 외, 『2007 통일의식조사』, 서울대학교 통일연구소, 2007.

김병로, 「남남갈등의 지형 분석: 지역과 이념」, 『2009년 남북관계와 국민의식 일상 속의 통일: 세대, 지역, 젠더, 이념』, 서울대학교 통일평화연구소, 2009.11.5. pp.85~109.

김병로, 「통일·북한에 대한 국민의식 변화와 사회적 합의」, 『남북관계에 대한 사회적 합의와 국민통합』, 민족화해협력범국민협의회 주최 2008 정당·종교·시민사회단체 공동회의, 2008.12.11.

김성윤, 「지역 통일교육의 발전과 과제」, 『정책과학연구』, vol 16, no. 1, 단국대학교 정책과학연구소, 2006, pp.3~17.

김용대 외, 『북한의 정치와 사회 & 통일』, 경상대학교 출판부, 2006.

김재한, 「남남갈등과 대북 강온정책」, 『국제정치연구』, 제9집 2호, 2006.

김학성, 『서독의 분단질서관리 외교정책 연구: 한국 통일외교에 대한 시사점 모색』, 민족통일연구원, 1995.

김현옥, 「남한의 통일의식과 갈등구조」, 한국사회학회 2001년도 춘계특별심포지엄, 2001.5. pp.19~20.

김형수, 「한국통일교육 거버넌스 구성과 실행과제」, 『한국동북아논총』, Vol. 51, 한국동북아학회, 2009.

민주평화통일자문회의, 『국민여론조사』, 각 연도.

박광기, 「한반도 평화교육 거버넌스 실태 조사」, 『한반도 평화·번영 거버넌스의 분야별 현황과 과제(협동연구 학술회의 발표논문집)』, 2006.

박균열, 『국가윤리교육론』, 철학과 현실사, 2005.

박균열, 『안보관련 교과서 연구』, 양서각, 2009.

박명규 외, 『2008 통일의식조사』, 서울대학교 통일평화연구소, 2008.

박명규 외, 『2009 통일의식조사』, 서울대학교 통일평화연구소, 2009.

박영호, 『통일 이후 국민통합 방안연구』, 민족통일연구원, 1994.

박정란, 「남남갈등에서의 세대와 젠더: 2009 통일의식조사를 통해서 본 차이와 공감」, 『2009년 남북관계와 국민의식 일상 속의 통일: 세대, 지역, 젠더, 이념』, 서울대학교 통일평화연구소, 2009.

박종철 외, 『통일관련 국민적 합의를 위한 종합적 시스템 구축방안: 제도혁신과 가치합의』, 통일연구원, 2005.

박찬석, 『남남갈등 대립으로 끝날 것인가』, 고양: 인간사랑, 2001.

박찬석, 『통일교육의 성립과 과정』, 고양: 한국학술정보(주), 2007.

서창록, 「한반도 평화번영의 거버넌스 구축을 위한 이론적 틀」, 『한반도 평화·번영 거버넌스의 분야별 현황과 과제』, 통일연구원, 2006.

손호철, 「남남갈등의 기원 및 전개과정」, 경남대 극동문제연구소 편, 『남남갈등 진단 및 해소방안』, 2004.

송영대, 『사회통일교육의 현황과 개선방안』, 평화문제연구소, 2001.

송정호, 「남남갈등 해소를 위한 국민합의의 민주적 제도: 참여적 의사결정을 중심으로」, 『정치·정보연구』 제12권 1호, 한국정치정보학회, 2009.

송정호, 「대북정책 거버넌스와 시민사회의 역할」, 『사회과학연구』 제32집 1호, 전북대학교 사회과학연구소, 2008.

송정호·조정아, 「이명박 정부의 통일교육정책과 통일교육 거버넌스의 개선 방향」, 『평화학 연구』, 제10권 제1호, 세계평화통일학회, 2009.

심익섭, 「독일 정치교육 조직체계에 관한 연구: '연방정치교육원'을 중심으로」, 『한국민주시민교육학회보』, 3호, 한국민주시민교육학회, 1998.

심익섭, 「통일대비 남·북한 이질화 극복방향에 관한 연구: 민주시민교육을 중심으로」, 『행정논집』, vol. 25, 동국대학교 행정대학원, 1997.

양영식, 『통일정책론』, 박영사, 1997.

양호민 외, 『남과 북 어떻게 하나가 되나』, 나남, 1992.

양호민 외, 『민족통일론의 전개』, 형성사, 1986.

오기성 외, 『통일교육 지침체계 재정립에 관한 연구』(2003년 통일부 용역과제), 통일부, 2003.

오수열, 「한국사회의 남남갈등과 그 해소를 통한 국민통합 방안: 지역갈등을 중심으로」, 『정책과학연구』, 제15권 2호, 2005.

오일환, 「지역통일교육의 과거, 현재, 미래」, 『정책과학연구』, vol. 16, no. 1, 단국대학교 정책과학연구소, 2006, pp.31~55.

유영옥, 「남남 이념갈등 극복을 위한 연구」, 『한국동북아논총』, 제27집, 2003.

유영옥, 「남북한 이질화 감소와 동질화 확대를 위한 방안(상)」, 『국제문제』, 12월호, 1997.

이규영, 「독일의 정치교육과 민주시민교육」, 『국제지역연구』, 제9권 제3호, 한국외국어대학교 국제지역연구센터, 2005.

이온죽, 「남북한 사회통합의 이론적 탐색」, 이온죽 외, 『남북한 사회통합론』, 삶과 꿈, 1997.

이우영, 「북한관과 남남갈등: 여론조사와 신문기사를 중심으로」, 경남대 극동문제연구소 편, 『남남갈등 진단 및 해소방안』, 2004.

이우영, 『통일문제에 대한 세대 간 갈등해소 방안』, 민족통일연구원, 1995.

이정희, 「통일관련 사회단체의 이념적 차별성 연구: 남북관계와 대북정책의 인식을 중심으로」, 『국제정치논총』, 제42집 4호, 2002.

이진우, 『탈이데올로기 시대의 정치철학』, 문예출판사, 1993.

임성학, 「동서양 거버넌스: 수렴과 분화」, 『신아세아』, 제13권 제2호, 신아시아연구소, 2006.

임혁백, 「평화통일정책과 남남갈등의 극복」, 경남대 극동문제연구소 편, 『남남갈등 진단 및 해소방안』, 2004.

임희섭, 「세계화 시대의 사회통합」, 한국정치학회·한국사회학회 공편, 『한국사회의 새로운 갈등과 국민통합』, 고양: 인간사랑, 2007.

전숙희, 「성인 통일교육 프로그램에 관한 비판적 연구」, 숙명여자대학교 대학원 박사학위논문, 1999.

전태국, 「한국인의 변화하는 통일의식과 권력 엘리트의 영향」, 『통일 전후 동독 엘리트의 사회적 지위변화』, 한독사회학회·통일연구원, 2009.9.13. pp.99~121.

정석홍, 「지역 통일교육의 네트워크 구축 방안」, 『정책과학연구』, vol. 16, no. 1, 단국대학교 정책과학연구소, 2006, pp.19~29.

정용석, 『분단국 통일과 남북통일』, 다나, 1992.

주성수, 「시민사회의 '민주화' 지표 국제비교: 대표성, 책무성, 투명성, 자율성, 인권을 중심으로」, 『시민사회와 NGO』, 제7권 제1호, 한양대학교 제3섹터연구소, 2009.

최용섭, 「한국의 정당과 사회 제 집단의 북한·통일관: 남남갈등을 중심으로」, 『한국동북아논총』, 제20집, 2001.

최창윤, 『국제정치론: 이론과 접근법』, 박영사, 1996.

카르스텐 필, 「독일인의 정신적 통합」, 평화문제연구소 한스자이델재단, 『변화된 세계 새로운 통일론』, 평화문제연구소, 1994.

통일교육원, 『통일교육원 30년사: 통일교육의 발자취(1972~2002)』, 통일교육원, 2002.

통일부 경남지역 통일교육센터, 『통일교육 클러스터 구축을 위한 경남지역 통일교육커뮤니티』, 2009.3.28.

통일부 통일교육원, 『2009년도 통일교육 운영계획』, 통일교육원 교육운영과, 2009.

통일부 통일교육원, 『통일교육지침서(일반용)』, 각 연도.

통일부 통일교육원, 『통일교육지침서(학교용)』, 각 연도.

통일부, 『2001 통일교육기본지침서 개정(수시지침)』, 2001.

통일부, 『통일백서』, 각 연도.

통일연구원, 『통일문제 국민여론조사』, 통일연구원, 1994.

평화문제연구소 한스자이델재단, 『기다리는 통일, 준비하는 통일: 독일의 경험을 중심으로』, 평화문제연구소, 1995.

한만길 외, 『각급학교 및 사회교육기관 통일교육 실태조사와 활성화 방안 연구』, 한국교육개발원, 1999.

한만길 외, 『통일교육의 실태조사 및 성과분석』, 통일연구원, 2003.

한상진 외, 『하버마스: 이성적 사회의 개혁, 그 논리와 윤리(사회비평 제15호)』, 나남, 1996.

한준·설동훈, 「한국사회·이념갈등의 현황과 구조」, 한국정치학회·한국사회학회 공편, 『한국사회의 새로운 갈등과 국민통합』, 고양: 인간사랑, 2007.

황병덕, 「독일 정치교육 연구: 한반도 통일대비 정치교육을 위한 시사점 도출」, 『유럽연구』, 제5호, 한국유럽학회, 1997.

황병덕, 『동서독 간 정치통합연구』, 민족통일연구원, 1996.

[2]

Allemann, U., Partizipation-Demokratisierung-Mitbestimmung, Opladen, 1975.

Anheier, H., Civil Society: Measurement, Evaluation, Policy, London: Earthscan, 2004.

Barber, B., A Place for Us: How to Make Society Civil and Democracy Strong, New York: Hill & Wang, 1998.

Beetham, D., The Legitimation of Power, London: Macmillan, 1991.

Berger, P. and Neuhaus, R., To empower People: From State to Civil Society, Washington, D.C.: AEI Press, 1996.

Berry, J., Portney, K. and Thompson, K., The Rebirth of Urban Democracy, Washington. D.C.: Brookings Institution, 1993.

Brown, L. David David, Khagram, Sanjeev, Moore, Mark H. and Frumkin, Peter, "Globalization, NGOs and Multi-Sectoral Relations", The Hauser Center for Nonprofit Organizations, Working Paper, No.1(July), 2000

Cohen, Jean L. and Andrew Arato., Civil Society and Political Theory Cambridge, MA, MIT Press, 1997.

Collingwood, Vivien, "Non-governmental organizations, power and legitimacy in international society." Review of International Studies, 32. No. 3(July), 2006.

Dougherty, James E. & Robert L. Pfaltzgraff, Jr., Contending Theories of International Relations: A Comprehensive Surey, Harper & Row, 1990.

Edwards, M. and A. Fowler, eds., The Earth scan Reader on NGO Management, London: Earthscan, 2002.

Edwards, M., "Legitimacy and Values in NGOs and International Organizations: Some Sceptical Thoughts." D. Lewis ed. International Perspectives on Voluntary Action: Reshaping the Third Sector, London: Earthscan, 1999.

Edwards, M., NGO Rights and Responsibilities: A New Deal for Global Governance London: Foreign Policy Centre, 2000.

Goldschmidt, Walter, "Functionalism", in Encyclopedia of Cultural Anthropology, vol 2, David Levinson and Melvin Ember, eds., New York: Henry Holt and Company, 1996.

Goodhart, Michael, "Civil Society and the Problem of Global Democracy." Democratization 12. No.1(February), 2005.

Gross, A., "The Design of Direct Democracy" Kaufmann, B. and Waters, M. eds Direct Democracy in Europe, Durhan: Carolina Academic Press, 2004.

Haas, Ernst B., The Uniting of Europe: Political, Social and Economic Forces, 1950~

1957, Stanford, 1968.

Jarvie, I. C., Functionalism, Minneapolis: Burgess Publishing Company, 1973.

Klijn, E. H. and J. F. M. Koppenjan, "Politicians and Interactive Decision Making: Institutional Spoilsports or Playmakers", Public Administration, vol. 78, no. 2, 2000.

Lockwood, D., "Social Integration and System Integration", 1964, G. K. Zollschan and W. Hirsch, eds., Social Change: Explorations, Diagnoses and Conjectures, N.Y.: Join Wiley & Sons.

Mickel, W. W. & Zitzlaff, D., (Hrsg.), Handbuch zur politischen Bildung, Bonn: Bundeszentrale für politische Bildung, 1988.

Mitrany, David, "The Functional Approach to World Organization", International Affairs, XXIV, July, 1948.

Mitrany, David, A Working Peace System, Chicago: Quadrangle Books, 1966.

Randall, Stephen J. & Roger Gibbins, Federalism and the New World Order, University of Calgary Press, 1994.

Rhodes, R. A. W., "The New Governance: Governing without Government", Political Studies, vol. 44, no. 3, 1996.

Schneider, H., "Bundeszentrale und Landeszentrale für politische Bildung", W. Mickel & D. Zitzlaff, (Hrsg.), Hnadbuch zur politischen Bildung, Bonn: BpB, 1988.

Scholte, Jan Aart, "Civil Society and Democracy in Global Governance." Rorden Wilkinson, ed., The Global Governance Reader. London and N.Y.: Routledge, 2005a.

Scholte, Jan Aart, "Civil Society and Democratically Accountable Global Governance." David Held and Mathias Koenig-Archibugi, eds. Global Governance and Public Accountability, Oxford: Blackwell, 2005b.

Scholte, Jan Aart, "Global civil society." N. Woods ed. The Political Economy of Globalization. New York: St Martins Press, 2000.

Smith, D., Grassroots Associations, Thousand Oaks: Sage Publications, 2000.

Stehr, Nico and Richard V. Ericson, "The Ungovernability of Modern Societies: States, Democracies, Markets, Participation, and Citizens", Governing Modern Societies, Toronto: University of Toronto Press, 2000.

Stein, G., "Politische Bildung zwischen Politik und Pedagogik", in W. Mickel, (Hrsg.), Politikunterricht im zusammenhang mit seinen Nachbarfachern, München, 1979.

Turner, Jonathan H. & Alexandra Maryanski, "Functionalism", in Encyclopedia of Sociology, vol. 2, Edgar F. Borgatta, ed., New York: MacMillan Publishing Company, 1991.
Van Til, Growing Civil Society, Bloomington Indiana University Press, 2000.

강명진

통일부 통일교육위원 중앙위원(현)
경남지역통일교육센터 소장 역임
영남대학교 법학과(학사)
경상대학교 교육대학원(석사)
경상대학교 대학원(박사)
sang3840@hanmail.net

박균열

경상대학교 사범대학 윤리교육과 교수(현)
육군3사관학교 교수 역임
국방대학교 안보문제연구소 전문연구원 역임
UCLA 한국학센터 방문학자 역임
경상대학교 사범대학 윤리교육과(학사)
서울대학교 대학원(석사박사)
pgy556@paran.com

지역사회 통일교육

─경남지역을 중심으로

초판인쇄 | 2011년 12월 14일
초판발행 | 2011년 12월 14일

지 은 이 | 강명진 · 박균열
펴 낸 이 | 채종준
펴 낸 곳 | 한국학술정보㈜
주   소 | 경기도 파주시 문발동 파주출판문화정보산업단지 513-5
전   화 | 031) 908-3181(대표)
팩   스 | 031) 908-3189
홈페이지 | http://ebook.kstudy.com
E-mail | 출판사업부 publish@kstucy.com
등   록 | 제일산-115호(2000. 6. 19)

ISBN   978-89-268-2873-1 93370 (Paper Book)
         978-89-268-2874-8 98370 (e-Book)

내일을여는지식 ■은 시대와 시대의 지식을 이어 갑니다.